Neville, Versteh' deinen Hund

Peter Neville

Versteh' deinen Hund

Müller Rüschlikon Verlags AG
Cham · Stuttgart · Wien

Aus dem Englischen übersetzt von Orit Tempelman.
Titel des englischen Originals: Do Dogs Need Shrinks?, erschienen bei Sidgwick & Jackson Ltd., London.
ISBN 3.275.01023.9 – 1/5-92. – Printed in Germany.

Inhaltsverzeichnis

Danksagung

Ich danke Claire und Gill, den großen Verhaltensexperten, dafür, daß sie mir beim Schreiben dieses Buches immer attraktive Belohnungen vor Augen hielten, aber weniger dafür, daß sie bei Bedarf die Peitsche benützt haben. Ich danke dem nicht kleinzukriegenden Bandit und der ach so wunderbar häßlichen Cass, und ich gedenke auch meines Dobermanns Colonel, den ich sehr vermisse (er verschwand im Dezember 1989 im Wald), sowie Muttley, Pest und Hamisch, der anderen Hunde in meinem bisherigen Leben. Ich danke auch allen Tierärzten, die mir interessante Fälle überweisen oder mir ihre Praxen und Kliniken zur Verfügung stellen. Vielen Dank meinen Eltern und Claires Eltern für ihre Unterstützung, und herzlichen Dank auch meinen Kollegen der »Association of Pet Behaviour Consultants« für ihre weisen Ratschläge und für ihre Erfahrungen, von denen ich profitieren durfte. Und schließlich bin ich natürlich allen Hunden und ihren Herrchen und Frauchen überall zu Dank und nochmaligem Dank verpflichtet.

Einführung

»Ich weiß alles von den Höhen und Tiefen, von den täglichen, um nicht zu sagen stündlichen Veränderungen unserer Stimmungen, die für uns überempfindliche Menschen anscheinend eine notwendige Begleiterscheinung der Liebe sind. Hunde sind diesen Stimmungsänderungen nicht unterworfen. Wenn sie ihre Liebe geben, geben sie sie ganz und bleiben treu bis zu ihrem letzten Atemzug. Auf diese Weise möchte ich geliebt werden.« Elisabeth Russel

»Herr Neville? Entschuldigen Sie bitte die Störung zur Essenszeit, aber es geht um meinen Hund... nein, eigentlich geht es um meine Frau. Sie sagt, der Hund müsse fort. Er habe es einmal zuviel getan, und jetzt gehe entweder er oder sie ... und Sie sind meine letzte Hoffnung.«

So wird einmal mehr ein Essen erkalten! Behutsam entferne ich meine beiden friedlich schlafenden, problemlosen (aber nur im Schlaf) Siamesenkatzen aus meinem Schoße und begebe mich in mein Büro zum zweiten Telefonanschluß. Wie gewohnt stemmt Cass Claire's Bullmastiff ihre gut fünfzig Kilogramm Lebendgewicht aus ihrem Hundekorb, wedelt mit dem Schwanz und verzieht ihr häßliches Hundegesicht zu einer ach so hoffnungsvollen »Es-muß-Essenszeit-oder-Zeit-zum-Spazierengehen-sein«-Miene. Mein eigener Hund, der eindeutig verrückte Münsterländer Bandit, der momentan auf seinem Lager döst, öffnet ein Auge und fragt sich, wer hier im Hause eigentlich der wahre Spinner ist... Von ihm kommt kein fröhliches »gehen wir!« Nach einem durchdringenden Blick, wie man ihn nur von einem harten, überintelligenten Deutschen erwarten kann, läßt er bloß ein Seufzen hören und schläft wieder ein, noch während ich zum Telefonhörer greife.

»Also, Herr...«

»Appleby.«

»Wir sollten das Problem logisch anpacken, so daß ich mir ein besseres Bild machen kann. Erstens: welche Hunderasse haben Sie, ist es ein Rüde oder ein Weibchen, und wie alt?«

»Flash ist ein einjähriger Colliebastard-Rüde. Wir haben noch einen anderen Hund, seinen Bruder, und sie vertragen einander meist gut, aber er macht es einfach immer wieder!«

»Was macht er, Herr Appleby?«

»Nun, er beißt Gordon, unseren anderen Hund. Aber er beißt ihn nicht wirklich – eigentlich packt er ihn mehr so um den Nacken, aber ab und zu geraten auch die Ohren dazwischen. Und dann ist die Hölle los. Und jedesmal, wenn ich versuche, sie auseinander zu bringen, werde ich gebissen. Mir macht es nicht viel aus, aber meiner Frau, wenn ich nicht dort bin. Es macht sogar den Anschein, daß sie noch viel mehr miteinander kämpfen, wenn ich nicht zu Hause bin – aber Sie wissen, wie Frauen sind, sie haben keinen Sinn für Humor!«

Als Mann verstehe ich auch herzlich wenig Spaß, wenn es um einen Hundebiß geht, oder wenn man mich ausgerechnet während des Essens mit solchen Geschichten stört.

»Seit wann verhalten sich Flash und Gordon so?«

»Seit ungefähr drei Monaten, als ich zu Saisonbeginn mit dem Kricketspielen begonnen habe. Ich könnte mich nicht von den Hunden trennen, möchte aber auch meine Frau nicht verlieren.« Ich wette, es war nur der Gedanke, seine Kricketsachen selbst waschen zu müssen, der diesen rührenden Liebesgedanken hervorrief. Sie war währenddessen wahrscheinlich glücklich mit Teetrinken beschäftigt, und ich wünschte mir, ich hätte vorher den Telefonbeantworter eingeschaltet, um jetzt dasselbe tun zu können.

Es handelt sich um einen typischen Fall für einen Hundeverhaltensforscher. Ein normales, sehr geliebtes Haushundepärchen hat angefangen, seinen Rang in der Familienhierarchie festzulegen. Da beide als Wurfbrüder gleicher Abstammung und vermutlich auch gleicher Größe und Stärke sind und außerdem von den Applebys gleich behandelt werden, war es ihnen bisher unmöglich, eine normale hündische Rangordnung festzulegen, wo einer der Hunde den höheren Rang einnimmt und der andere sich problemlos unterordnet. Es handelt sich um ein landläufiges Problem bei Wurfbrüdern, die in derselben Familie gehalten werden. Monatelang geht alles gut, und plötzlich tritt das gefürchtetste Entwicklungsstadium, die Pubertät, ein. Beim Menschen ist dieses Stadium gleichbedeutend mit Pickeln, Selbsterkenntnis, dem Gefühl, man werde als Kind behandelt, obwohl man sich ja längst erwachsen wähnt, dem Versuch, an einer Bar bedient zu werden und, wenn man männlichen Geschlechts ist, dem inbrünstigen Wunsch, der Stimmbruch möge bald eintreten und die Brustbehaarung möge wachsen. Beim Hund ist es mehr eine Sache der Rangordnung und der dadurch bedingten Rechte innerhalb der Meute, aber wenn es sich um einen gleich entwickelten Meutegenossen handelt, genügen Einschüchterungen nicht immer, so daß unter Umständen bald einmal die Zähne ernsthaft eingesetzt werden.

Oft passiert das erstmals dann, wenn der Hausherr abwesend ist, so daß Frau Applebys Angabe, die Probleme hätten angefangen, als ihr Mann zu Beginn der Kricketsaison zum Spielen fortgegangen sei, tatsächlich zutrifft. Der Ehemann ist, in Hundebegriffen ausgedrückt, nicht unbedingt der »Führer-Hund« der Gruppe, aber möglicherweise derjenige, der sich am meisten mit den Hunden abgibt, was einen entscheidenden Einfluß auf ihr Konkurrenzverhalten hat. Doch auch wenn sich die Hundekämpfe zuerst vor allem dann ereignen, wenn Frau Appleby allein mit Flash und Gordon ist, treten sie bald immer häufiger und in jeder beliebigen Situation auf. Die Hunde verscherzen sich bald die Sympathie mindestens eines Familienmitglieds und die Beziehungen zwischen den Hundehaltern sind eindeutig gespannt. Möglicherweise bin ich die letzte Instanz, aber das Los der Hunde, und möglicherweise sogar der Ehe, hängt unter Umständen von meiner erfolgreichen Behandlung der Probleme ab.

Zuerst bitte ich Herrn Appleby, am nächsten Morgen mit seinem Tierarzt zu sprechen, um abzuklären, ob keine medizinische Ursache vorliegt, die das Verhalten der Hunde erklären könnte, und um mit ihm zu besprechen, ob ich den Fall übernehmen soll.

Am nächsten Nachmittag mache ich einen Hausbesuch bei den Applebys, um mir das Problem näher anzuschauen. Zwei Stunden später haben wir uns notiert, wie und warum die Hunde sich derart verhalten, und haben ein Behandlungsschema festgelegt, in dem die Neustrukturierung der Beziehung zwischen den Hunden und deren Halter, insbesondere Herrn Appleby, enthalten ist, sowie ein radikaler Wechsel in der Haltung der Hunde, in der die Demokratie überhaupt keine Rolle spielt. Ich empfehle außerdem eine leichte Unterstützung mittels einer vom Tierarzt zu verabreichenden Injektion von antimännlichen Hormonen für Gordon, dem unterlegenen Hund. Innert weniger Tage sollte sich die Lage entspannen und die Hunde sollten in der Lage sein, ihre sozialen Beziehungen innerhalb der Familie ohne nennenswerte Zwischenfälle neu zu ordnen... eigentlich genau das, was man von zwei Jugendlichen erwarten würde, die ihren Weg zum Erwachsenwerden suchen!

Als ich die Applebys verlassen wollte, bemerkte ich noch beiläufig, daß der Haarverlust auf Gordons Rücken und Schwanz wie eine Flohallergie aussehe.

»Oh, das! Er beißt sich dort hinten, seit er sechs Monate alt ist. Der Tierarzt hat uns ein Anti-Flohmittel gegeben, und wir haben die Hunde, die Teppiche, das ganze Haus, sogar meinen Kricketsack behandelt, aber er macht es immer noch! Ist das psychisch bedingt?«

Gordon kratzt sich nicht nur, sondern er rupft sich auch die Haare aus. Das ist zwar selten, aber gar nicht angenehm für den Hund und kein schöner Anblick für den Hundehalter. Möglicherweise wird dieser Fall uns etwas länger beschäftigen. Jede Form von Selbstverstümmelung ist eine derart bizarre Verhaltensstörung, daß es sich immer lohnt, die Dinge etwas näher unter die Lupe zu nehmen; es geht ja darum, die Leiden des Hundes zu lindern, auch wenn jeder Fall meist ganz anders gelagert ist und einen solchen Denkaufwand verlangt, daß ich manchmal nahe daran bin, mir selbst die Haare auszureißen!

In seltenen ruhigen Momenten frage ich mich, warum ich ausgerechnet diesen Beruf eines Seelenklempners für Haustiere wählen mußte. Auch der Tiernarr, der ich als Kind war, hätte dies nicht voraussehen können oder gar ahnen, daß ich dereinst meine Arbeitstage, Wochenenden und sogar Essenszeiten unter anderem damit verbringen würde, aggressive, zerstörerische, autojagende, nervöse, nicht stubenreine und sich selbst verstümmelnde Hunde zu behandeln. In den rund zwanzig Jahren, die seit meiner Kindheit vergangen sind, hat sich unsere Gesellschaft drastisch verändert, und es ist eigentlich erstaunlich, daß es so etwas wie einen Hunde-Verhaltensforscher überhaupt gibt. Vor fünfzig Jahren war der Hund ein Tier, das seinen Lebensunterhalt als Wächter, Jäger oder Spielgefährte für die Kinder verdienen mußte und bloß Tischreste zu fressen bekam, falls solche überhaupt vorhanden waren. Sonst mußte er selbst schauen, ob sich auf der Gasse oder im Müll etwas finden ließ. Tierärztliche Pflege war nur denjenigen Hunden vorbehalten, die das Glück hatten, einem Reichen zu gehören, oder Ausstellungshunden oder wertvollen Arbeitstieren wie Jagdhunden. Während viele Unterrichtsmethoden für Arbeitshunde schon seit Jahrtausenden angewendet werden, war die Behandlung des durchschnittlichen Familienhundes durch einen Hundepsychologen noch in den frühen sechziger Jahren völlig undenkbar und wäre mit Gelächter zur Kenntnis genommen worden.

Die Zeiten müssen sich geändert haben, und unsere Beziehungen und Erwartungen zu und von unseren Hunden müssen auch mich so verändert haben, daß ich eben das tue, was ich heute tue. Dieses Buch handelt von meiner Arbeit und von den Fällen, die ich behandle, von den Leuten und Hunden, denen ich begegne, und richtet sich an all diejenigen, die wie ich immer fasziniert sind von der engen und vielschichtigen Art und der Geschichte unserer Beziehungen zum Hund. Ich hoffe aber daß dieses Buch kein zusätzliches Elaborat ist über Hundeverhalten und Hundeerziehung, worüber schon so viele Leute dasselbe gesagt haben und wozu ich nicht vieles hinzuzufügen hätte. Denjenigen, die sich für die Kunst der Verhaltenstherapie beim Hund und das Arbeitsleben eines Seelenklempners für Hunde interessieren, für seine Höhen und Tiefen, für seine Behandlungsmethoden, für seine humorvollen aber auch trotzigen Seiten, ist dieses Buch gewidmet.

1

Hunde, Katzen und Menschen

»Liebe ohne wenn und aber« Sigmund Freud

Der Hund ist seit jeher vom Menschen für seine Aufgaben geschätzt worden, die er übernehmen kann. Zu Beginn war er vermutlich ein Anhängsel, das sich mit Übriggebliebenem glücklich schätzte und irgendwo in unserer Nähe übernachtete. Es war eine symbiotische Beziehung: wir erhielten Schutz, Ansehen und Kameraderie, und der Hund durfte Mitglied eines starken Rudels sein, erhielt Futter, Schutz und Freundschaft. Zumindest in der westlichen Welt verliert der Hund jetzt möglicherweise seinen Platz als bester Freund des Menschen zugunsten der kompromißloseren und in gewisser Hinsicht schmarotzenden Katze. In den USA werden mehr Katzen als Hunde gehalten, und wahrscheinlich wird es Mitte der neunziger Jahre auch im nördlichen Europa soweit sein.

Denkbar wäre die Züchtung einer Hundeart, die weiterhin allen unseren modernen Bedürfnissen Rechnung trüge – schließlich sind wir quer durch die Geschichte immer äußerst erfolgreich beim Verändern der Grundzüge des Hundes gewesen, um sie den unterschiedlichsten Zwecken anzupassen. Wir haben die Gene des Hundes manipuliert, um ungeheuerliche Variationen in Phenotyp (Aussehen) und Funktion zu erreichen, vom Chihuahua zum Mastiff, was die Größe anbelangt, vom Mexikanischen Nackthund zum zapfenlockigen Ungarischen Puli, in bezug auf das Fell, und vom Cavalier King Charles bis zum Collie und zum Afghanischen Windhund, was den Gebrauch betrifft.

Die verblüffende Elastizität des hündischen Genotyps (seiner genetischen Zusammensetzung) ist wahrscheinlich der Schlüssel zu seinem erfolgreichen Bündnis mit uns. Sie hat ihm die Möglichkeit gegeben, unter neuem Aussehen zu uns zu kommen und neue Aufgaben zu übernehmen, oder alte Aufgaben in modernen Zusammenhängen, so wie unsere eigene soziale Entwicklung sich von der frühen landwirtschaftlichen Viehaltung zum moderenen High-Tech-Zeitalter gewandelt hat. Die Rolle des Hundes als territorialen Beschützer gegen Wölfe und andere Gefahren hat sich je länger je mehr zu jener des Kameraden und weniger zu jener der billigen Arbeitskraft in der menschlichen Gesellschaft gewandelt, obwohl viele Versicherungsgesellschaften seine Fähigkeit zum Bellen schätzen und seinen Haltern deswegen billigere Versicherungspolicen anbieten. Damit unterscheidet sich der Hund stark von der genetisch weniger veränderlichen und bezüglich ihres Verhaltens weniger manipulierbaren Katze. Die Katze kann selten zu irgendeiner Aufgabe abgerichtet werden und besitzt nur wenige natürliche Eigenschaften, abgesehen von der Kontrolle der Ratten- und Mäuseplage, die sie für uns nützlich erscheinen lassen.

Die Katze besitzt auch keinen ausgeprägten Sinn für soziale Hierarchien, und wir können für ein Tier, das allein jagt, nicht die Rolle eines Rudelführers übernehmen. Wir sind aber trotzdem bereit, für unsere Katze die Rolle eines Hotelbesitzers zu spielen, und sie betrachten uns ihrerseits ihr Leben lang freundlichst als eine Art Mutterfigur – zumindest wenn sie zu Hause sind.

Beim Hund ist ein Preis zu bezahlen. Es ist der Preis der körperlichen Abhängigkeit, indem man ihm den nötigen Auslauf gewährt, ihn wäscht und pflegt, das Haus von seinen Haaren und vom Schmutz säubert, und die Anstrengung auf sich nimmt, ein lebensbestimmender, Entscheidungen treffender Rudelführer zu sein. Vergißt man diese Pflichten, leidet der Hund und infolgedessen auch unsere Beziehung zu ihm. Wir fühlen uns schuldig, wenn wir dem Hund nicht die Zeit und die Beachtung schenken können, die er braucht. Es ist schwierig, sich in Gesellschaft von Tieren oder Menschen gefühlsmäßig zu entspannen, wenn wir uns schuldig fühlen, weil wir nicht so für sie sorgen, wie wir sollten. Bei der anpassungsfähigeren, selbstsichereren Katze gibt es weniger physische Anforderungen, und die Folgen beispielsweise einer unpünktlichen Heimkehr von der Arbeit verursachen uns meist weniger Gewissensbisse. Die Wahrscheinlichkeit ist groß, daß sie ohnehin draußen im Garten ist und uns nicht mit verschränkten Pfoten zu Hause sehnlichst erwartet.

Unsere Vorliebe für die Katze ist hauptsächlich die Folge unserer eigenen veränderten Lebensgewohnheiten und nicht irgendeiner Anpassungsschwierigkeit des Hundes; möglicherweise schlagen wir bei der Wahl unserer nicht menschlichen Gefährten ganz einfach den bequemeren Weg ein. Daß das Halten sowohl von Hunden wie von Katzen immer noch so überaus beliebt ist, zeigt unseren umfassenden Wunsch, sie als Kameraden zu behalten; nur ist das, was wir von ihnen erwarten, und unser eigenes Sozial- und Tätigkeitsverhalten in rascher Veränderung begriffen.

Heutige Aufgaben

Früher hielt man Hunde ihrer Schnelligkeit und jagdlichen Eignung wegen, die unsere eigenen Überlebenschancen verbesserten. Heutzutage wird ihr außergewöhnlicher Geruchssinn klugerweise für die Suche nach Drogen und Sprengstoffen ausgenützt, und ihre Abrichtbarkeit ist von unschätzbarem Wert für Blinde, Behinderte und für die Polizei bei ihrer Jagd auf die immer zahlreicher werdenden Verbrecher. Obwohl die Anzahl Hundehalter in den USA und in Europa in die Millionen geht, führen immer weniger von uns einen Lebensstil, der uns den Luxus erlaubt, uns einen Hund einfach als Gefährten, als besten Freund des Menschen, zu halten. Diejenigen Hunde, die sich noch dazu eignen, sind meist Vertreter einer Klein- oder Zwergrasse, die weniger Bemühungen erfordern und sich besser unseren städtischen Lebensbedingungen anpassen. Die größeren, härteren Wachhunde werden nach wie vor zu unserem eigenen Schutz und zum Schutz unseres Eigentums gehalten – vielleicht ein Zeichen dafür, daß die moderne Bestimmung des Hundes wieder vermehrt die eines »Nutztiers« wird, wie in all den vergangenen Jahrtausenden. Nur daß wir selbst, und nicht der Wolf, heute unsere schlimmsten Feinde sind.

Der Schutz eines beeindruckenden Rottweilers oder bellenden Deutschen Schäferhundes mögen in gewissen Quartieren unserer Großstädte, wo man sich Gegensprechanlagen bei der Eingangstüre nicht leisten kann, für unser Überleben nötig sein. Man fühlt sich jedoch nicht so recht wohl beim Gedanken, die Aggressivität eines Hundes zu ermutigen, und fragt sich, ob der Mensch sie trotzdem noch unter Kontrolle zu behalten vermag. Sorgen der Umweltbewußten bezüglich der Benützung von Parks und offenem Gelände, geschweige denn von Trottoirs, als Hundetoiletten, und die Angst vor Verwurmung und anderen durch den Hundekot auf den Menschen übertragbaren Krankheiten erhöhen den Druck, der auf in überbevölkerten Städten lebende Hunde ausgeübt wird. Der Hund mag uns noch so gut beschützen, aber er ist bei vielen Nicht-Hundehaltern immer unbeliebter, und der Ruf, in den Medien und unter Politikern, nach strengeren gesetzlichen Bestimmungen über Besitz und Haltung wird immer häufiger und lauter, und es wird sogar verlangt, die Haltung gewisser Hunderassen einzuschränken.

Der Hund mag sich in unseren Städten heutzutage unter Druck befinden und Mühe haben, gegenüber der Katze seinen Platz an unserer Seite zu verteidigen, aber er hat Tausende von Jahren zu uns gehalten. Während unsere Beziehungen angesichts unserer sich verändernden Gesellschaft und Lebensbedingungen angespannt sind und sich weiterentwickeln, entstehen neue Forderungen und neue Antworten darauf, und dieses Buch befaßt sich mit dem Wohlbefinden des Hundehalters und des Hundes unter veränderten Bedingungen.

2

Domestikation – die Wandlung einer Beziehung

»Dann wird der Wolf bei dem Lamm zu Gast sein und der Panther neben dem Böcklein sein Lager beziehen. Kalb und Löwe werden gut Freund sein, und ein kleiner Junge wird sie zusammen mit dem Mastvieh hüten.« Jesaja 11: 6

Es sind zahlreiche Theorien über die Herkunft des Haushundes, *Canis familiaris,* aufgestellt worden, inklusive die Vermutung, daß er zumindest teilweise vom Schakal abstammt – der große Verhaltensforscher Konrad Lorenz ist dieser Meinung – oder von einem heute ausgestorbenen Kaniden, der dem Dingo geglichen haben soll. Für gewöhnlich wird jedoch allgemein der Wolf, *Canis lupus*, als ursprünglicher Urahne aller unserer modernen Hunderassen anerkannt. Der Hund besitzt 78 Chromosomen, genau wie der Wolf. Andere Hundeartige haben meist weniger, aber bei allen vermutet man cirka 40000 Gene.

Ausgedehnte Studien haben Gemeinsamkeiten im Verhalten des Hundes und des Wolfes aufgezeigt – auch Laien können dies feststellen, wenn sie beobachten, wie die einzelnen Tiere eines Wolfsrudels sich untereinander verhalten, sogar im Zoo. Dieses Verhalten unterscheidet sich eindeutig von dem der Füchse oder Schakale. Zudem glauben viele, daß die Gestalt des modernen Hundes nur darum so anpassungsfähig und bezüglich Form und Größe so unterschiedlich sein kann, weil die originale genetische Zusammensetzung und Form seiner Ahnen ebenfalls hoch anpassungsfähig war. Schakal, Fuchs und viele andere Hundeartige haben sich erfolgreich anpassen können und verschiedene ökologische Nischen überall auf der Welt gefüllt, der Wolf aber ist neben dem Menschen eines der erfolgreichsten und anpassungsfähigsten Säugetiere, die jemals unsere Erde bevölkerten. Während Tausenden von Jahren war der Wolf des Menschen einziger Rivale in den arktischen Gegenden, da er sich in der nördlichen Hemisphäre genau so gut an ein weites Spektrum von Umwelt- und Wetterverhältnissen anpassen konnte und auch als genau so erfolgreicher Jäger und Aasvertilger wirkte. Kein Wunder, daß Mensch und Wolf bezüglich der Nahrung und Zufluchtsorte einander immer konkurrenzierten, und daß der Mensch den Wolf seit jeher verfolgte.

Der Wolf existiert gegenwärtig in nicht weniger als 23 Unterarten, die enorme Unterschiede in ihrem Aussehen aufweisen, vom weißen Fell des arktischen Wolfs bis zu den rabenschwarzen Arten, die überall in den nordamerikanischen Wäldern vorkommen, während der spanische Wolf bräunlichgrau ist und rostrote oder gelbe Flecken auf Ohren und Rute aufweist. Im Norden herrschen die größeren Formen, die bis zu 100 Kilogramm wiegen, vor, während die kleineren Formen mit nur 20 Kilogramm Körpergewicht eher im Süden auftreten. Leider sind mindestens sieben Unterarten des Wolfs in diesem Jahrhundert ausgerottet worden, und viele sind gefährdet, entweder durch die ständige Verfolgung durch den Menschen oder indirekt durch Kreuzung mit streunenden Hunden. Infolgedessen kommt der Wolf in den meisten Gegenden, in denen er früher weitverbreitet war, selten vor, vor allem in Europa. Bemühungen, ihn unter Schutz zu stellen, stabilisieren jedoch die Populationen oder erlauben sogar, in gewissen Gebieten von Spanien, Jugoslawien und Rußland, eine leichte Vermehrung. Unser steigendes Verständnis der echten Natur des Wolfs läßt auch die überlieferten Vorurteile und Mißverständnisse in bezug auf sein angebliches Fressen von Kindern und seine entfesselte Wildheit wegschmelzen, die leider um dieses prachtvolle Tier herum aufgebaut wurden.

Vom Wolf zum Hund

Die ältesten bekannten Vorfahren des Wolfs und demzufolge des heutigen Haushundes traten vor rund 40 bis 60 Millionen Jahren im Oligozän auf, in Form von kleinen, eher katzenartigen, *Miacinen* genannten Raubtieren. Später entwickelten sich daraus zwei Arten, die mit den Bären verwandten Marderartigen, und die *Cynodictis* genannte, hundeähnlichere Form, die als Urahne aller Hundeartigen gilt. *Cynodictis* hatte einziehbare Krallen, und die vielen Abkömmlinge dieser Art lebten auf Bäumen. Vermutlich stammen von ihm auch die Katzenartigen ab, und später der mit der Hyäne verwandte *Cynodesmus,* der die Ebenen bewohnte. Bevor dieser ausstarb, entwickelte sich aus ihm eine neue Linie mit dem *Tomarctus*, den wir uns marderähnlich vorstellen können und von dem der moderne

Wolf, der Kojote, der Schakal, der Fuchs, der Fennek und der Hund abstammen.

Einige glauben, daß alle Hunde von einer kleineren Unterart, dem Asiatischen Wolf aus dem Nahen Osten, abstammen, während andere überzeugt sind, daß vier Wolfsarten aus verschiedenen Teilen der Erde beteiligt waren. So soll der Nordamerikanische Wolf der Ahnherr des Eskimohundes sein, und tatsächlich gleicht diese Hunderasse heute ihrem vermutlichen Vorfahren. Aus dem Chinesischen Wolf sollen der Chow-chow und vielleicht auch der Pekinese entstanden sein, während der Indische Wolf als der Ahnherr vieler Windhunde, wie Greyhound, Saluki und Afghane, und auch der Vorfahre des Dingos sein soll. Der europäische Wolf, sowohl in seiner reinen wie in seiner mit dem indischen Wolf gekreuzten Form, wird als Vorfahre der meisten gängigen Hunderassen betrachtet, wie des Mastiffs, der Bulldogge, des Neufundländers, der Deutschen Dogge, des Bernhardiners, der Schäferhunde, der Spitze, der Terrierfamilie und der Jagdhunde wie Spaniels.

Die Domestikation einer oder mehrerer Unterarten des Wolfs und seine Entwicklung zum Hund setzte vermutlich im Mesolithicum, vor 10000 bis 14000 Jahren ein, ungefähr gleichzeitig wie die Entwicklung zu einer echten landwirtschaftlichen Lebensweise beim Menschen. Somit wäre der Hund eine der ersten domestizierten Tierarten, unmittelbar vor anderen Abfallverwertern wie das Schwein und die Ente. Etwas später folgten die leicht zu haltenden Arten wie das Schaf und die Ziege, die dem Menschen erlaubten, sein Leben als voll- oder halbnomadisierender Jäger/Sammler in eine seßhaftere Form zu wandeln.

Der Wolf fühlte sich wahrscheinlich von den zeitweiligen Siedlungen des umherziehenden Menschen angezogen, insbesondere im Winter und während Zeiten magerer Beute, weil er sich von den Abfällen ernähren konnte. Doch die engeren Bande zwischen Mensch und Wolf entstanden vermutlich durch die Aufzucht von Wolfswelpen innerhalb der Menschenfamilien und deren weitere Haltung, zumindest solange sie keine aggressiven Neigungen aufwiesen. Zweifellos geschah dies unzählige Male, und in den meisten Fällen starben die Welpen oder wurden wieder ausgesetzt, zurückgelassen oder vom Menschen aus Gründen des Selbstschutzes oder der religiösen Opferung getötet.

Das Bündnis zwischen Mensch und Wolf bewirkte zweifellos eine

Verbesserung der Lebensqualität der menschlichen Familie und ihrer Überlebenschancen. Bald wird sich derartiges herumgesprochen haben und weitere Familien werden dem Beispiel gefolgt sein. Und wenn der Halter eines besonders freundlichen und tüchtigen Wolfs den Halter eines andersgeschlechtlichen Wolfs traf, wurde vermutlich bereits selektive Zucht betrieben, um die besten Eigenschaften beider Tiere zu kombinieren. Und dann fanden sie heraus, daß die gezielte Zucht bestimmter Wesensmerkmale gar nicht so einfach war, und sie mußten ihre Bemühungen vertiefen und erweitern. Doch während der Mensch bewußt eine eigene Wolfsart in genetischer Isolation produzierte, setzte er seine systematische Zerstörung des wilden Urwolfs fort, bis zu den wenigen Überlebenden unserer Tage. Der menschliche Wolf, der Hund, hat sich zusammen mit seinem Schöpfer überall im alten Verbreitungsgebiet des Urwolfs etabliert und gefestigt.

Die Domestikation wird üblicherweise so definiert, daß Zucht, Pflege und Fütterung des Tiers unter menschlicher Kontrolle stehen, und dabei müssen viele der ursprünglichen, instinktgesteuerten und überlebensorientierten Verhaltensweisen des Wildtiers durch selektierte Zucht unterdrückt und dann ausgemerzt werden. Dies bedeutet fast unweigerlich, daß die ersten Wölfe, die vom Menschen gehalten wurden, eingesperrt wurden und so gehalten werden mußten, daß mit ihnen gezüchtet werden konnte. Die Zucht in Gefangenschaft wird, meiner Meinung nach, oft fälschlicherweise als Erfolgsnachweis bestimmter Käfig- und Zwingerformen sowie der Zootierhaltung ausgelegt. Viele Tiere vermehren sich frischfröhlich in fast jeder Umgebung, mag diese noch so verdreckt und scheinbar ungeeignet sein. Es darf angenommen werden, daß die ersten in menschlicher Gefangenschaft gehaltenen Wölfe sich ungeachtet ihrer Haltungsbedingungen vermehrten.

Die Domestikation setzt generell eine genetische Neigung zur Folgsamkeit oder, was im Falle des Wolfs noch wichtiger ist, zur Geselligkeit voraus, die der Mensch ausnützen und bewußt herauszüchten kann, um seine Gefährten Aggressivität und Furcht zu nehmen, so daß er leichter zu führen ist. Eindeutig wurden die modernen Hofhunde ursprünglich – und werden immer noch – streng nach Leistungskriterien ausgesucht, aber die Folgsamkeit war ebenfalls ein wichtiger Aspekt, sollten sie sicher eingesperrt und gehalten werden. Die ursprüngliche Selektion des neudomestizierten Wolfs basierte vermutlich weitgehend auf Lenksamkeit und Duldung der menschlichen Anwesenheit, vielleicht sogar auf Gelehrigkeit, und diejenigen Individuen, die keine solchen Merkmale aufwiesen, oder sogar unerwünschte »natürliche« Eigenschaften des Wolfs zeigten, wurden weggescheucht oder wahrscheinlicher, getötet und verzehrt. Erst nach jahrtausendealter Selektion für die Erlangung stabiler Charaktereigenschaften fingen wir wirklich an, die genetische Natur des Hundes zu manipulieren, um sein Aussehen zu verändern, was zur Entstehung aller heute bekannten, rund 450 Hunderassen führte.

3

Lernverhalten und Entwicklung

»Der Hund wird zu Recht als Inbegriff der Treue betrachtet. Wo denn sonst kann man vor der endlosen Verstellung, der Falschheit und dem Verrat des Menschen Zuflucht finden, wenn nicht beim Hund, dessen ehrliches Wesen ohne Mißtrauen betrachtet werden kann.«

Arthur Schopenhauer

Die Domestikation ist für viele Tierarten ein Kompromiß; einerseits sind sie dadurch geschützt vor den Anforderungen, die das Überleben in der Wildbahn stellt, andererseits werden sie kontrolliert, eingeschränkt und zu anderen Zwecken verändert. Für den Hund sind wir ein Mitgeschöpf in einer sozialen Gruppe und üblicherweise ein Rudelführer – ein Napoleon, der Entscheidungen trifft, das Leben regelt, die »Höhle« und die anderen Mitglieder des Rudels beschützt und Zugang zur Nahrung gewährt.

Es ist heute noch möglich, einen Wolfswelpen aufzunehmen, ihn aufzuziehen und zu pflegen, bis er erwachsen ist, und eine freundliche und enge Beziehung mit ihm aufrechtzuhalten. Was aber erlaubt uns diese spezielle Freundschaft mit dem jungen Wolf oder sogar mit dem älteren Wolf und mit unserem eigenen Wolf, dem Hund? Die Geschichte begann mit der Domestikation und der Selektion vieler kindlicher Merkmale und Eigenschaften, in bezug sowohl auf das Aussehen wie auf die Bestimmung des Hundes, und sie setzt sich fort mit jedem neuen Welpen, durch die Beziehungen, die wir vom Moment seiner Geburt an mit ihm unterhalten.

Nach einer Trächtigkeit von 63 Tagen (plus/minus fünf Tage) bringt die Hündin einen Wurf von ein bis zwölf Welpen, je nach Rasse, aber von durchschnittlich fünf oder sechs Welpen. Den Rekord hält ein amerikanischer Jagdhund, der im Jahre 1945 einen Wurf von 23 Welpen hatte. Bei der Geburt besitzen die Welpen nur Tastsinn, Geschmackssinn und Geruchssinn, aber sie können auch Wärme und Kälte unterscheiden und Schmerz sowie Hunger spüren. Fast unmittelbar nach der Geburt fangen sie an zu saugen; während also das erste Überleben offensichtlich stark von den mütterlichen Fähigkeiten der Hündin abhängt, muß auch jeder Welpe imstande sein, zu wissen, wo seine Mutter ist, und sie aufzusuchen, um von ihrer Wärme und von ihrem Schutz zu profitieren und um sich eine Zitze als Nahrungsquelle zu sichern, damit er die ersten kritischen Stunden und Tage überlebt.

Die anfänglich blinden Welpen besitzen einen außergewöhnlich gut entwickelten Geruchssinn. Wichtig für die Beziehung zwischen Mensch und Hund ist die Fähigkeit des neugeborenen Welpen, sich jeden Geruch, inklusive den des Menschen, einzuprägen. Demnach ist die vom Menschen geleistete Geburtshilfe und die dadurch zustandekommende Manipulation der Welpen vermutlich ein wichtiges, aber oft vernachlässigtes Sozialisierungselement. Sie könnte die Aussichten einer guten Beziehung zum Züchter, und vielleicht auch zum Menschen im allgemeinen, günstig beeinflussen, wenn der Welpe nach ungefähr zehn Tagen die Augen öffnet und beginnt, ein Bild mit dem Geruchsprofil des Menschen, oder zumindest des Halters seiner Mutter, zu verbinden.

Bis zum Alter von etwa zwei Wochen schlafen die Welpen während neun Zehnteln der Zeit und verbringen den Rest mit dem Versuch, sich der mütterlichen Nahrungsquelle zu nähern. Mit jedem zusätzlichen Tag entwickelt sich das Nervensystem und befähigt den Welpen bald, seine Bewegungen und die einzuschlagende Richtung besser zu organisieren, so daß er gezielt einen warmen Schlafplatz in der Nähe seiner Mutter aufsuchen und verteidigen kann.

Obwohl sich die Augen bereits im Alter von zehn Tagen öffnen, entwickelt sich die Sicht erst allmählich über die kommenden zehn bis vierzehn Tage. Stärkere Welpen schneiden dann im Konkurrenzkampf um die mütterlichen Nahrungs- und Wärmequellen besser ab, wachsen schneller und haben die besseren Überlebenschancen als schwächere Wurfgeschwister.

Bis zu diesem Zeitpunkt war es dem Welpen noch unmöglich, sich ohne körperliche Stimulierung zu versäubern (d. h., zu urinieren und zu koten); normalerweise leckt die Hündin dazu seinen Bauch oder seine Aftergegend. Jetzt aber bringt seine eigene Aktivität die Dinge ins Fließen. Diese entwicklungsbedingte Eigenart hat den offensichtlichen Vorteil, daß der noch ans Nest gebundene Welpe sich nur dann säubern kann, wenn ihn die Mutter dazu stimuliert und demzufolge gleich daneben ist, um die Absonderungen sofort zu entfernen und so der Verschmutzung des Nests, gepaart mit der Ansteckungsgefahr durch Bakterien, vorzubeugen. Diese anfängliche Erziehung zur

»Stubenreinheit« kann bei Hunden, die zu Hause unsauber sind, wieder angewendet werden – wir werden später darauf zurückkommen.

Mit 28 bis 35 Tagen sind Welpen beweglich genug, um das Nest zu verlassen und sich willkürlich zu versäubern. Im Alter von 35 bis 40 Tagen sind sie voll ausgerüstet, um auf ihre Umwelt angemessen zu reagieren, obschon sie immer noch durch ihre Mutter beschützt werden.

Reaktion und Sozialisierung

Die Fähigkeit, von der Umwelt stammende Informationen zu koordinieren und im Alter von 21 bis 28 Tagen darauf zu reagieren befähigt die Welpen, auf bewußtere Art auf seine Wurfgeschwister, auf Mutter und Umwelt, und bis zu einem gewissen Grad auch auf den Menschen, zu reagieren. Die Zeit ab jetzt und bis zu Entwöhnung im Alter von ungefähr 42 Tagen wird, wie man es sich denken kann, als kritische Sozialisierungsphase im Leben des Welpen betrachtet. Es war die berühmte Arbeit von Scott und Fuller, Mitte der sechziger Jahre, welche die Bedeutung dieser ersten Sozialisierungsphase in der Entwicklung des Welpen zum geselligen Säugetier aufzeigte. Der Welpe hat, besonders inmitten eines wilden Rudels, normalerweise kaum eine andere Wahl, als sich mit den anderen Hunden seiner Aufzuchtgruppe zu sozialisieren. Interessanterweise wurde jedoch auch erwiesen, daß in kompletter Isolierung von ihren Wurfgeschwistern oder von ihrer Mutter aufgezogene Welpen im Alter von sechs bis sieben Wochen nicht zwangsweise unfähig waren, und daß sie den während dieser Zeit durch Mangel an Umwelteinflüssen verlorenen Boden bald wieder gutmachen konnten. Solche Welpen brauchten bloß zusätzliche Gelegenheit, sich mit anderen Welpen auseinanderzusetzen, eine Mutterfigur und vermehrten Anreiz von einer anderen Umwelt, um bezüglich ihrer Fähigkeit zur Geselligkeit dasselbe Niveau zu erreichen.

Schnelles Lernen

Im Alter von sechs Wochen sind die Sinne voll funktionstüchtig, und das Gehirn kann sich mit einem weiten Spektrum an Informationen auseinandersetzen. Unser kleiner Welpe kommt in die aktivste Lernphase seines Lebens. Jetzt lernt er, durch das Beobachten seiner Wurfgeschwister und erwachsener Hunde, besonders seiner Mutter, viele der Dinge, die er brauchen wird, um mit seinesgleichen auszukommen und mit den Problemen des Lebens fertigzuwerden, denen er später begegnen wird. In diesem Stadium fühlt sich der Welpe von jeder Änderung und von jeder Neuheit angezogen; während seine wachsame Mutter ihn vor jeder unmittelbaren Gefahr beschützt, kann er sich ungewöhnlichen Objekten, Lebewesen und der näheren Umgebung furchtlos nähern.

Im Alter von cirka vier bis zwölf oder vierzehn Wochen fängt die zweite, wichtige Sozialisierungsphase an, die sich mit der ersten überschneidet. Diese Phase spielt eine besonders große Rolle in bezug auf die Sozialisierung des Hundes mit dem Menschen und die erfolgreiche Integrierung entweder in die menschliche Gesellschaft oder in eine gemischte Gruppe mit anderen Hunden, Menschen und sogar fremden Arten wie Katzen. Scott und Fuller wiesen nach, daß heranwachsende Welpen, denen man während dieser zweiten Phase jegliche Auseinandersetzung mit Menschen vorenthielt, später menschlichen Kontakt vermieden und, da sie keine gefühlsmäßigen Bindungen entwickeln konnten, praktisch nicht abrichtbar waren.

Der Zeitpunkt, da beim Welpen im Alter von etwa acht Wochen Angstreaktionen auf plötzliche und überraschende Ereignisse einsetzen, das heißt, wenn er immer beweglicher wird und sich vorübergehend von seiner Mutter und ihrem Schutz entfernt, ist kritisch. Wenn diese Reaktion dem Welpen hilft, die Gefahr eines unerwünschten Kontakts mit ungewöhnlichen Ereignissen oder Dingen und insbesondere auch mit fremden Lebewesen wie dem Menschen zu vermeiden, so wird seine Fähigkeit, soziale und gefühlsmäßige Bindungen mit uns einzugehen, sich rasch verschlechtern. Wenn wir also leicht zu haltende und gesellige Haushunde züchten wollen, müssen wir ihnen, besonders im Alter von sechs bis acht Wochen, menschliche Kontakte erlauben, denn zu diesem Zeitpunkt kennen sie noch so gut wie keine Angst. Es ist jedoch nicht nötig, beständigen Kontakt zu ihnen zu haben, um die erwünschte Wirkung zu erreichen. Zweimal in der Woche je zwanzig Minuten intensiven Kontakts mit Menschen während der vierten bis zwölften Lebenswoche machen aus einem Welpen, nach Meinung Scotts und Fullers, einen gegenüber Menschen gut sozialisierten Hund. Dasselbe gilt für seine Kontaktfähigkeit mit anderen Tieren wie beispielsweise Katzen.

Seit seiner Geburt ist aus dem Welpen ein immer sozialeres, empfindsames, intelligentes und gelehriges Wesen geworden, das noch bis zu der Pubertät, die je nach Rasse irgendwann zwischen dem sechsten und dem zwölften Lebensmonat einsetzt, weiter lernt, zu überleben, sich Futter zu beschaffen und sich mit Rudelsgenossen – hündischen oder menschlichen – zu vertragen. Diese gesellige Tendenz, die normalerweise willig auf die menschliche Gesellschaft übertragen wird, ist nur deswegen möglich, weil unsere gesellschaftliche Zelle, die Familie, dem Wolfsrudel so sehr ähnelt; dieses Verhalten ist einerseits genetisch begründet, andererseits wird es während der Entwicklung des Welpen innerhalb des Wurfes, und später durch seine Kontakte mit uns erlernt. Beeinflußt wird es auch durch unsere Bemühungen, den Welpen vom ersten Tag seines Lebens mit uns zu erziehen und ihn dazu »abzurichten«, grundsätzlich unseren Wünschen zu entsprechen und gewisse Handlungen auszuführen, auf Befehl stillzuhalten oder zu uns zu kommen.

Spiel

»Derjenige, der mit uns ringt, stärkt unsere Nerven und schärft unsere Fertigkeiten. Unser Gegner ist unser Helfer.« Edmund Burke

Das gesellige Spiel zwischen Hündin und Welpen, zwischen Welpen und zwischen Züchter und Welpen spielt ebenfalls eine wichtige Rolle bei der Aufzucht geselliger und ausgeglichener Hunde. Das Spiel ermöglicht den Welpen, auf nicht allzu ernste, manchmal entspannte, manchmal hochaktive Art, sein soziales Verhalten und sein Zusammenleben mit seinen Wurfgeschwistern zu verfeinern. Jeder lernt, wie man unterschiedliche Körpersignale, Augenkontakt, Stellung zueinander, Stimme usw. einsetzt, und eignet sich so die Feinheit der hündischen Sprache und Kommunikation an. Je mehr sich das Nervensystem und das Gehirn entwickeln, desto komplexer kann das Kommunikationsniveau werden. Gesichtsausdrücke können zum Beispiel ab der 5. Lebenswoche in die geselligen Kontakte der Welpen einbezogen werden, so bald sich das vorher rundliche, undifferenzierte Gesicht aller Welpen zu einem echteren Gesicht wandelt. Die Entwicklung all dieser Verständigungmittel ist lebenswichtig für die Organisation einer Gruppe sozialer Lebewesen, auch für den Menschen; Jugendliche, die keine derartigen Lernerfahrungen machen, können später, als Erwachsene, schwere Verhaltensstörungen aufweisen.

Im spielerischen Kampf können die verschiedenen Aspekte der sozialen Beziehungen und Konflikte erlernt und erprobt werden, und da eine Beißhemmung besteht und ohnehin nur Milchzähne vorhanden sind, ist die Verletzungsgefahr gering, auch wenn die Emotionen hohe Wellen schlagen. Verstärkt werden solche Interaktionen vor allem durch den psychologisch günstigen Einfluß von Endorphin, das während der Aktivität ausgeschüttet wird (Endorphine sind natürliche Opiate, die uns ein angenehmes Hochgefühl beschaffen, wenn wir Körperübungen durchführen oder wenn wir einander streicheln). Spielerische Beziehungen ermöglichen den Welpen auch das Erproben der sexuellen Gebaren von Aufforderung und Rückweisung, die bei der Entwicklung des allgemeinen Sozialverhaltens ebenfalls eine Rolle spielen und ihnen helfen, sich später unter den erwachsenen Hunden der Gruppe einzuordnen. Inbegriffen in einem solchen gemeinsamen Spiel ist auch das Erlernen von bestimmten Körperstellungen, ohne das Risiko einer Herausforderung, eines Konflikts oder einer Trächtigkeit. Es ist in der Tat oft äußerst wichtig, daß Welpen diese Arten von Zwischenbeziehungen erfahren, um später sexuell richtig funktionieren zu können. Darum sieht man Welpen, die einander besteigen, und die Reaktion kann ausgeprägter werden, wenn sie als ältere Welpen aus anderen Gründen erregt sind. Im Spiel entwickeln die Welpen auch ihre jagdlichen Fähigkeiten wie Aufspüren, Packen, Festhalten, Ringen; sie benützen Spielsachen und andere handliche Gegenstände, um ihre Beute zu verteidigen und ihre gegenseitige Sozialstellung festzulegen. Der heranwachsende Welpe muß auch lernen, wie man bettelt, wie man unterwürfig etwas verlangt oder wie man besänftigt, will er im Rudel geduldet werden und darin überleben, und dies ungeachtet des Rangs, den er in seinem zukünftigen Rudel einnehmen wird. Eine solche Erfahrung ist eine wesentliche Schulung für sie, die sie befähigt, später zu kommunizieren, sich gesellig zu verhalten und sich mit anderen Mitgliedern des Rudels, außer der Mutter und den Wurfgeschwistern, zu messen; außerdem lernen sie, später ihren eigenen Nachwuchs aufzuziehen. Es gibt kaum etwas Erfreulicheres, als Jungtieren beim Spielen zuzuschauen, und obwohl die meisten Aspekte des Spiels durch detaillierte Beobachtungen rationell erklärt werden können, gibt es andere, die anscheinend keine logische Erklärung haben und für die Welpen reine Erfahrungsspiele zu sein scheinen. Die Freiheit und die Unschuld ihrer Gefühlsausdrücke, und die Energie ihrer Handlungen sind anmutig und faszinierend. Unsere eigenen Kinder erhalten uns geistig und körperlich jung, weil wir in der Lage sind, die Anforderungen des Erwachsenseins zu vergessen und uns ungehemmtem Spiel hinzugeben, zum Beispiel indem wir für unsere Kinder die alte Modelleisenbahn oder die Puppe hervorholen. Wir können dieselben Gefühle bei der Aufzucht des Nachwuchses unserer Haustiere empfinden, mit dem Vorteil, daß wir für die Jungen ein neues Zuhause finden können, sobald sie alt genug sind.

Mit jedem Tag nach der neunten oder zehnten Woche spielen die Welpen weniger, aber gewisse Rassen spielen eindeutig mehr als andere. Die Größe hat viel damit zu tun, und viele der wirklich großen Kerle wie der Bernhardiner sind weniger von Spielen wie Verfolgungsjagd oder Beutespielen angezogen als beispielsweise ein junger Dobermann. Rüden können spielerischer veranlagt sein als Hündinnen, weil ein Großteil ihres Lernverhaltens sexuelle Annäherungen enthält, und weil sie oft eine Vorliebe für körperlichen Wettkampf wie Kräftemessen sowie Reiß- und Zerrspiele zeigen, denn in einem solchen Wettstreit gibt es Sieger und Besiegte, und dies gibt ihnen die Möglichkeit, ihre zukünftige Ranghöhe in der Meute abzuschätzen. Dieses Bedürfnis nach Wettkampf wird möglicherweise durch Testosteron, ein männliches Hormon, verursacht, und Hündinnen sind deshalb weniger zum Spielen geneigt, weil sie sich weniger um ihren gesellschaftlichen Rang kümmern. Gewehre für die Knaben und Puppen als Ersatzkinder für die Mädchen...

Obwohl ausgewachsene Hunde weniger oft spielen als Welpen, spielen die meisten, wenn sie dazu eingeladen werden, und das ist einer der Hauptgründe für die Beliebtheit des Hundes als Haustier. Durch die Fixierung vieler Jugendmerkmale beim erwachsenen Hund werden unser Pflegetrieb und das Mami-Papi-Denken in uns hervorgerufen, auch wenn die Spiele, die wir mit unseren Hunden spielen, wie Verstecken, Balljagen, Seilziehen, Apportieren usw., oft als ansonsten unerfülltes Jagdverhalten verstanden werden. Beim Jagen und Spielen hat der Hund einen Ausdruck von Freiheit, und wenn wir mitmachen, sei es, indem wir ihm Befehle erteilen oder mit den Welpen spielen, können auch wir ein Gefühl der Freiheit verspüren. Lassen wir die Endorphine fließen!

Hundesinne

»Nur von seinen Hunden und seinem Diener vermißt.«

William Cowper

Sehvermögen, Geruchssinn, Gehör, Tastsinn und Geschmack des Hundes sind nicht gleich wie bei uns. Viele Probleme, denen wir manchmal im Umgang mit unseren Hunden begegnen, stammen von einer unterschiedlichen Wellenlänge unserer Sinne.

Geruchssinn

Für den Hund sind die Gerüche sehr wichtig und spielen in den Beziehungen und in der Erhaltung der Rangordnung eine große Rolle. Der Geruchssinn des Hundes ist vielleicht eine Million mal besser als der unsrige. Der Hund hat ungefähr 200 Millionen Riechzellen – wir haben nur 5 Millionen. Ausgebreitet würden die unseren eine Fläche bedecken, die der Größe einer großen Briefmarke entsprechen würde, aber beim Hund werden die Gerüche durch eine viel größere Riechfläche – ungefähr in der Größe eines Schülerhefts – empfangen und zerlegt. Die Hirnregion, die für die Bearbeitung dieser Informationen zuständig ist, ist beim Hund auch viel größer. Während wir knapp zwischen dem Geruch einer Zwiebel und eines Apfels unterscheiden können, ist es vielen Hunden möglich, einer Spur zu folgen, die ein Mensch vor vielen Tagen beim Spazieren in einem schlammigen Feld hinterlassen hat, und dabei noch die korrekte Richtung erkennen – das heißt, daß der Hund auch eine zunehmende Intensität erkennt.

Wie Katze und Pferd hat der Hund außerdem ein Organ, das bei uns Menschen nicht vorhanden ist, nämlich das vomero-nasale oder Jacobsonsche Organ, das sich im oberen Teil des Mauls, hinter den Vorderzähnen befindet. Damit kann er Chemikalien geruchlich feststellen, vermutlich, indem er schwache oder wichtige Signale zu einer leichter zu unterscheidenden Form verarbeitet. Mit dem Vorhandensein solcher Fähigkeiten zum Aufspüren der Beute und zur Aufrechterhaltung der Beziehungen zwischen den Mitgliedern des Rudels und anderen Tieren ist es kein Wunder, daß wir in der Lage gewesen sind, sie für Geruchsarbeit auf dem Drogen- und Sprengstoffsektor oder auch für die Verbrecherjagd zu kanalisieren. Wenn also Ihr Hund seine Schnauze unhöflich zwischen Ihre Beine klemmt, um Sie zu begrüßen, denken Sie daran, daß es ganz einfach seine Art ist, Ihnen die Hand zu schütteln.

Sehvermögen

Das Sehvermögen des Hundes ist sehr gut, weist aber große Unterschiede zwischen den Rassen auf. Das Augenniveau des Hundes ist offensichtlich anders als das unsrige. Aus dieser tiefen Sichtlage, das heißt auf Kniehöhe, muß eine Kuhherde oder eine Menschenmenge sehr merkwürdig anmuten, und das erklärt, warum der Hund manchmal solche Dinge übersieht, die uns ins Auge stechen, und warum er ab und zu heftig auf fremde oder auffallende Anblicke reagiert, nachdem wir sie bereits einige Zeit zuvor festgestellt haben. Oft verlassen sie sich auf ihren besseren Geruchssinn als erste Informationsquelle, um anschließend nachzuschauen, woher der Geruch stammt.

Das Menschen- und das Hundeauge sind sehr ähnlich strukturiert, und beide funktionieren nach demselben Prinzip. Das Licht dringt durch die Pupille ein und wird von der Linse auf eine, Retina genannte, Schicht lichtempfindlicher Zellen im Augenhintergrund gerichtet, die ihrerseits über den Sehnerv Signale an das Gehirn weiterleiten. Von der Umwelt sieht der Hund vor allem graue, schwarze und weiße Bilder. Dies erklärt, warum wir den unbeweglich im Gras liegenden Hasen sehen können, der Hund jedoch oft nicht. Er sieht höchstens einen grauen Flecken vor grauem Hintergrund – sicherlich zur großen Freude des Hasen. Allerdings soll der Hund im roten Bereich der Farbskala recht gut sehen.

Der Hund sieht in der Nacht besser als wir. Eine Schicht lichtreflektierender Zellen im Augenhintergrund, genannt Tapetum, reflektiert das einfallende Licht und verbessert das Bild – eine lebenswichtige Anpassung für Hunde, die im Morgengrauen und in der Abenddämmerung jagen. Diese reflektierende Schicht kann man nachts in den Augen des Hundes und der Katze sehen, wenn sie durch Scheinwerfer beleuchtet werden oder wenn wir die Tiere mit Blitzlicht fotografieren. Das menschliche Auge erscheint auf solchen Blitzaufnahmen rot, weil man die feinen Blutgefäße im Augenhintergrund sieht. Die Augen des Hundes oder der Katze leuchten hingegen gelb oder grün wegen der Widerspiegelung des Tapetums.

Die Lage der Hundeaugen auf dem Kopf sowie die gute Muskulatur, die ihnen Beweglichkeit in ihren Höhlen verleiht, garantiert dem Hund ein weites Gesichtsfeld, das allerdings auch durch die Kopfform des Hundes beeinflußt wird. Bei kurznasigen oder brachyzephalen Rassen wie dem Mops oder der Bulldogge befinden sich die Augen auf der Vorderseite des Kopfes und ermöglichen ihnen eine bessere Überlappung beider Gesichtsfelder (binokulare Sicht) als den langnasigen Rassen.

Rassehunde wie der Dobermann haben die am wenigsten sich überlappenden Gesichtsfelder, verfügen deshalb über eine relativ schlechte stereoskopische Sicht und können aus diesem Grunde die Distanz schlecht einschätzen. Sichtjagende Hunde wie der Barsoi bringen es deshalb fertig, in Gräben zu landen und über kleine Hindernisse zu stolpern, und Colonel, mein alter Dobermann, lernte nie, einen Leckerbissen aufzufangen, den man ihm zuwarf – entweder »verlor« er ihn auf halbem Wege zugunsten meiner anderen, scharfsichtigen Hunde, oder er mußte ihn am Boden aufstöbern, nachdem er von seiner Nasenspitze abgeprallt war (das heißt, wenn es ihm die anderen bis dann noch nicht weggeschnappt hatten). Im Gegensatz dazu haben der Mensch und die Katze eine ausgezeichnete stereoskopische Sicht, weil die Lage ihrer Augen und die daraus entstehende Überlappung der einzelnen Gesichtsfelder ihnen ermöglichen, die Distanzen richtig einzuschätzen.

Obwohl ein unbeweglicher Hase auf grauem oder braunem Hintergrund wegen der fehlenden Farbe vom Hund schwerlich wahrgenommen werden kann, wird er von ihm sofort entdeckt, sobald er sich bewegt. Das Hundeauge nimmt Bewegungen besonders gut wahr, vermutlich mittels monokularer Sicht, und der Hund wechselt in rascher Folge von der vom einen Auge erhaltenen Information zu jener des anderen Auges, um vom beweglichen Bild einen möglichst großen Kontrast zu erhalten.

Indem es die Form seiner Linse ändert, akkommodiert das menschliche Auge, um eine scharfe Einstellung sowohl naher wie entfernter Gegenstände zu erhalten. Man nimmt an, daß der Hund nicht so schnell akkommodieren kann wie der Mensch und deswegen eine etwas verschwommenere Sicht hat. Seine Sichtweite ist ungefähr die eines älteren Menschen, das heißt ungefähr vierzehnmal weniger gut als bei einem Kind. Viele Zwergrassen wie der Pekinese scheinen ausgesprochen kurzsichtig zu sein und verlassen sich mehr auf ihren Geruchssinn, um naheliegende Gegenstände zu untersuchen.

Gehör

Das Gehör des Hundes ist mehr oder weniger dasselbe wie unseres für die tiefen Töne; während wir aber nicht viel über 20000 Hz hören, kann der Hund noch gut bis zu 40000 Hz hören, wie zum Beispiel die aus diesem Grunde beliebten »lautlosen« (da für uns im Ultraschallbereich gelegenen) Pfeifen beweisen, die bei der Abrichtung eingesetzt werden. Der Wolf würde diese Fähigkeit zum Hören eines kleinen Säugetiers brauchen, um es entdecken und erlegen zu können. Aber das Gehör des Hundes ist nicht annähernd so gut wie das der Katze, deren Hörbereich bis zu 70000 Hz reicht. Sowohl Katze wie Hund können ihre Ohren unabhängig voneinander bewegen und so die Richtung, aus der das Geräusch stammt, besser erkennen. Der Hund kann normalerweise kleinere Unterschiede im Ton feststellen als wir, auch wenn die generelle Reichweite und die Art seines Gehörs ziemlich denen unseres Gehörs entspricht.

Geschmack

Der Geschmackssinn des Hundes ist, im Vergleich zu unserem, eher ärmlich, obwohl natürlich alle Futterhersteller das Gegenteil anzunehmen scheinen. Der Geruchssinn und der Geschmackssinn sind eng verbunden (versuchen Sie einmal, als Beweis dazu, mit zugehaltener Nase den Geschmack eines alltäglichen Nahrungsmittels zu erkennen...), und die Akzeptanz eines Futters hängt beim Hund vor allem von dessen Geruch ab. Futter kann aufgrund eines unattraktiven Geruchs vom Hund zurückgewiesen werden, noch bevor es die 2000 Geschmacksknospen des Hundes erreicht; wir jedoch neigen dazu, vorerst zu kosten und, wenn einige unserer rund

10000 Geschmacksknospen ihn als unangenehm empfinden, den Bissen auszuspeien. Wie wir jedoch alle wissen, haben unsere Hunde in bezug auf das Futter auch eindeutig ihre Vorlieben, Abneigungen und Lieblingsgerichte; außerdem sind sie selten so ausgehungert, daß sie wie ihre Vorfahren oder die heutigen Wildhunde alles irgendwie Freßbare verschlingen.

Das Seh- und das Hörvermögen spielen für soziale Tiere, die sich untereinander stimmlich und körpersprachlich verständigen, eine große Rolle. Wir vergessen dabei aber den ausgeprägten Geruchssinn des Hundes, weil wir ihn selber nicht in diesem Maße besitzen und daher einen ganzen Aspekt möglicher Kommunikation missen. Vielleicht werden wir erst dann in der Lage sein, mit unseren Hunden zu »sprechen«, wenn sich bei uns ein verbesserter Geruchssinn entwickelt. Aber die große Ähnlichkeit und das Überschneiden unserer jeweiligen Sinne, und vergleichbares Kommunikationsverhalten, erleichtern unser enges Zusammenleben. Wir können dem Hund unsere Bedürfnisse, Wünsche, Freuden, unser Unbehagen und unsere geselligen Ansprüche auf eine Art und Weise mitteilen, die er auslegen kann, und er kann so reagieren und seine Gesichtsmimik und Körpersprache einsetzen, daß wir ihn auch verstehen. Es ist auch nicht erstaunlich, daß wir mit unseren Hunden so viel sprechen, oder daß wir sie oft als »fast menschlich« bezeichnen. In bezug auf die Sinne und auf das Sozialverhalten stimmt es ja wirklich fast!

Im Gegensatz zu der recht unabhängigen, fast profimäßig jagenden, zwölf bis vierzehn Wochen alten Katze ist der zwölf Wochen alte Hund noch recht jungenhaft und lernt immer noch, seine Sinne und wachsenden sozialen Fähigkeiten zu gebrauchen, um festzustellen, wie er sich innerhalb des gesellschaftlichen Systems des Hunderudels verhalten sollte. In der freien Wildbahn bringt man ihm jetzt die Anstandsregeln der Rangordnung bei. Statt daß seine Mutter ihn säugt oder ihm Futter hervorwürgt, muß der Welpe lernen, auf seinen Anteil an den Resten der Jagdbeute zu warten; er muß auch lernen, daß ältere, ranghöhere Hunde bei der Bestimmung ihrer Unterschlüpfe und Pfade die erste Wahl haben und daß er ihnen den Vortritt gewähren muß. Wenn man einen Welpen nach der Entwöhnung im Alter von ungefähr sechs Wochen von seiner Mutter wegnimmt und ihn in eine menschliche Gruppe intergriert, profitiert man ganz einfach von seiner Entwicklung und leitet seine Aufmerksamkeit auf uns und unser Heim, und dies zu einer Zeit, in der er äußerst willig und fähig ist, Entdeckungen zu machen. Die Anpassung an seine Erwachsenengruppe und die Fähigkeit zur Erstellung neuer Sozialkontakte auf erwachsenem Niveau wird ebenfalls auf die Beziehungen mit uns und allen anderen Hunden und Tieren unseres Haushalts gerichtet.

Feineinstellung der Mensch-Hund-Beziehung

»Was, ist denn dein Knecht ein Hund, daß er so schreckliche Dinge tun sollte?« 2. Kön. 8: 13

Man kann leicht feststellen, daß Hunde, mit denen man sich bald nach dem Entwöhnen, im Alter von ungefähr sechs Wochen, viel abgibt und die nach dem Impfen mit möglichst vielen Menschen, anderen Hunden und wechselhaften Umgebungen in Kontakt gebracht werden, beim Heranwachsen oder als erwachsene Hunde in ihrem neuen Heim weit weniger Verhaltensstörungen aufweisen. Wenn man sie während der maßgeblichen Zeit von der vierten bis zur sechsten Woche und sicher von der vierten bis zur zwölften Woche absondert, werden sie unweigerlich mit den Anforderungen ihrer Umwelt, mit Hunden, Menschen oder sogar beiden, später nicht zurecht kommen.

In den meisten Würfen werden die heranwachsenden Welpen zahlreichen Einflüssen ausgesetzt, von den instinktiven und rassespezifischen Verhaltensweisen bis zu den unterschiedlichen individuellen Erfahrungen. Manchmal reagieren die einzelnen Mitglieder des Wurfs völlig unterschiedlich, je nach Entwicklungsstand. Wenn sie den richtigen Umwelteinflüssen ausgesetzt werden, lernen die meisten später unerwünschte und unproduktive Verhaltensweisen abzulegen. Diese ständige Fähigkeit, durch Kontakte und Erfahrungen zu lernen, ist bei Hundeartigen, insbesondere beim Wolf, besonders ausgeprägt. Ohne diese Fähigkeit wäre der Wolf niemals in der Lage gewesen, sich in so vielen unterschiedlichen Umgebungen erfolgreich anzusiedeln. Er hat seine Anpassungsfähigkeit auf den Hund übertragen, und wir sollten ihm dafür nochmals dankbar sein, denn ohne dieses uralte wölfische und hündische Wesensmerkmal könnten unsere Hunde heute nicht erzogen werden und würden uns nicht gehorchen. Es hilft vielen von ihnen auch, die Einflüsse einer schlechten Aufzucht und Sozialisierung ohne allzu großen Schaden zu überwinden und sich später normal zu benehmen. Doch eine ungünstige Aufzucht kann bei jungen und ausgewachsenen Hunden auch merkliche Spuren hinterlassen und zu Verhaltensstörungen führen, die umso bedauerlicher sind, als sie vermeidbar gewesen wären.

4

Brauchen Hunde einen Seelenklempner?

»Ich wäre lieber ein Hund, ein Affe, ein Bär oder sonst was anderes, als das unnütze Tier, das eitle Tier, das so stolz auf seine vermeintliche Vernunft ist.« John Wilmot

Wie genau lernt der Hund also, mit den Herausforderungen des Lebens fertigzuwerden, den besten Weg zu wählen und, was von unserem Standpunkt aus gesehen noch wichtiger ist, wie lernt er, sich in unserer Gesellschaft zu benehmen und sich nach unseren Wünschen abrichten zu lassen? Beim Tier und beim Menschen ist das Lernen Gegenstand enorm vieler Untersuchungen durch Wissenschaftler gewesen; besonders in diesem Jahrhundert waren unzählige Psychologen begierig, die Natur menschlichen Verhaltens zu enträtseln, indem sie weniger komplizierte Prozesse bei einfacherer (andersartigen?) Lebewesen untersuchten. Aber wir sind ja alle bis zu einem gewissen Grade selbst Wissenschaftler und lernen laufend über Verhaltensweisen, durch die Erfahrungen, die wir in unserem Alltagsleben machen, durch das Beobachten unserer wachsenden Kinder und unserer Haustiere, wie sie in ihrem menschenbezogenen Leben reagieren. Wissenschaftler verspüren das Bedürfnis, Begebenheiten und Vorfälle zu quantifizieren und zu registrieren; aus diesem Grunde wird normalerweise angenommen, daß die Erwerbung von Lernfähigkeiten und Verhaltensweisen zwei grundlegende Vorgänge benötigt: die klassische Konditionierung und das Lernen durch Fehler, oder instrumentales Lernen.

Klassische Konditionierung

Die klassische Konditionierung wurde im Zusammenhang mit Hunden erstmals 1927 vom berühmten Wissenschaftler Pawlow angewendet, und jeder Hundehalter kann bei der täglichen Fütterung genau sehen, was er damals demonstrierte. Pawlow läutete jedesmal eine Glocke, bevor er seinen Hunden Futter verabreichte, und nach einigen Versuchen stellte er fest, daß die Hunde erwartungsvoll speichelten, sobald sie die Glocke hörten – genau wie es auch unsere Hunde tun, wenn wir ihren Futternapf in die Hand nehmen. Wenn wir irrtümlich die Hundeleine streifen und damit ein Geräusch verursachen, wartet der Hund aufgeregt auf seinen Spaziergang – das Geräusch und die Erfahrung sind eng verbunden oder miteinander »verpaart« und bewirken eine konditionierte Reaktion.

Die meisten unter uns verbinden gewisse Geräusche, Stimmen, Musik, oder, noch stärker, gewisse Gerüche mit vergangenen Begebenheiten; diese Reaktion geschieht unbewußt.

Eines der traurigsten Beispiele für diese Konditionierung war für mich ein Mann, den ich vor einigen Jahren in London sah, und der sich vor Angst schlotternd in einen nahegelegenen Torbogen flüchtete, als er an einem Saal vorbeikam, in dem ein Film über das Leben in London während des »Blitzes« gezeigt wurde. Der Lärm der Sirenen während der Luftangriffe war auf der Straße abgespielt worden, um die Passanten anzuziehen, aber der konditionierte Reflex dieses Mannes brachte den Kinobesitzern keine zusätzlichen Einnahmen. Dies zeigt, wie lange gewisse konditionierte Reflexe verbleiben können, und es stimmt wahrscheinlich, daß solche Assoziationen oft einen ausgesprochenen Einfluß auf das langfristige Überleben der betroffenen Person oder des fraglichen Hundes haben.

Die Reaktion auf einen stark konditionierenden Reiz wie die Verfügbarkeit von Futter oder die Aussicht, getötet zu werden, wird ein ganzes Leben lang beibehalten werden müssen. Sobald eine Reaktion konditioniert ist, kann sie nur noch verlorengehen, wenn sie nicht mehr verstärkt wird, oder weil der Reiz mit etwas anderem verbunden wird. Als Pawlow aufhörte, die Hunde nach dem Läuten der Glocke zu füttern, hörte das Speicheln nach einigen dieser unergiebigen Erfahrungen auf.

Mit der Zeit können sich konditionierte und natürlich unkonditionierte Reaktionen abschwächen, und es ist lebenswichtig für ein Tier, während des Heranwachsens mit regelmäßigen oder nicht erschrekkenden Aspekten seiner Umgebung vertraut zu werden. Der Hund muß nicht auf alles reagieren, was ihn erregte und was er untersuchen mußte, als er sich im Welpenalter auf seinen ersten Entdeckungsreisen befand.

Die meisten Leute, die den »Blitz« erlebt haben, stürzen sich nicht mehr in einen Luftschutzraum, wenn sie Luftschutzsirenen heulen hören, weil sie dies nicht mehr mit dem effektiven Risiko eines Luftangriffs verbinden. Für viele unter ihnen ruft dieser Klang aber immer noch so etwas wie einen konditionierten Reflex hervor, indem es ihnen einen nervösen Schauer den Rücken hinunterjagt.

Erfahrung und Lernen aus Fehlern

Erfahrung und Lernen aus Fehlern ist, wie der Ausdruck es suggeriert, eher eine willkürliche Sache. Ein Tier lernt, sich gewisse Verhaltensarten oder Teile davon anzueignen, die es mit der Lösung eines Problems belohnen oder die ihm einen Vorteil verschaffen. Weil das Verhalten belohnt wird, ist eine zukünftige Wiederholung wahrscheinlich.

Darauf basiert das typische Vorgehen bei der Grundabrichtung des Hundes beispielsweise zum Befolgen der mündlichen Befehle »Sitz« und »Mach Platz«, die mit Lob, Streicheln, Abgaben von Leckerbissen oder der Erlaubnis belohnt werden, ein Spielzeug ins Maul zu nehmen oder umherzutragen.

Wenn etwas erlernt werden soll, muß die Belohnung unmittelbar nach der korrekten Ausführung des Befehls erfolgen, so daß beides »kombiniert« wird. In der Welpenabrichtung sollte man nicht einmal zwei Sekunden warten, bevor man eine erwünschte Reaktion belohnt, wie beispielsweise das Sitzen auf Befehl; wenn man wartet, könnte sich zwischendurch etwas ereignen, das vom Hund mit der Belohnung in Verbindung gebracht würde. Der Welpe könnte zum Beispiel wieder aufstehen, so daß eine sofortige Belohnung auf die korrekte Reaktion sowie eine Wiederholung zur Verstärkung des Lerneffekts erforderlich sind.

Wenn die Befolgung des Kommandos nicht mehr belohnt wird, verliert sich unter Umständen die Reaktion wieder. Im Idealfall sollte jeder korrekt ausgeführte Befehl belohnt werden. Allerdings genügen meist gelegentliche Belohnungen, um die Reaktion aufrechtzuerhalten. Wenn der Befehl komplex ist oder wenn die Reaktion, die man vom Hund erwartet, schwierig ist, wird sein Verhalten den Wert widerspiegeln, den er der Belohnung zumißt. Dies ist eine Hilfe bei der Einschätzung der Leistungen der verschiedenen Hunderassen. Vergleichen Sie beispielsweise die Reaktion eines Beagles, wenn Sie ihn während des Spaziergangs zurückrufen, mit der eines

Retrievers. Der Beagle, der ein Jagdhund ist, sieht keine große Belohnung im Lob oder Leckerbissen, die er von seinem Meister erhält – das Folgen einer guten Geruchsfährte ist ihm erstrebenswerter. Anders der Retriever, der sich gerne mit seinem Meister abgibt und willig zurückkehrt, wenn er gerufen wird, oft auch ohne formell abgerichtet worden zu sein; für ihn ist die Rückkehr die größere Belohnung.

Manchmal lernt der Hund, auf verschiedene Reize identisch zu reagieren. Wenn er zum Beispiel lernen muß, zu bellen, wenn die Türglocke läutet, wird er unter Umständen auch bellen, wenn er andere Türglocken hört, zum Beispiel im Fernsehen; mein alter Dobermann bellt auch, wenn wir bei jemandem zu Besuch sind und an deren Türe jemand läutet. Vielleicht bellt der Hund zuerst nicht, wenn jemand klopft, aber nach wenigen Erfahrungen erkennt er den Vorgang als gleichwertig.

Wollen wir den Hund kompliziertere Befehle ausführen lassen, müssen wir diese in einzelne Abschnitte unterteilen. So geht man jedenfalls vor, wenn man dem Hund zum Beispiel Zirkustricks beibringen will. Dank viel Geduld und zahlreichen Leckerbissen für jede korrekt ausgeführte Sequenz entsteht eine Kette von nacheinander ausgeführten Reaktionen. Zum Schluß kann nochmals belohnt werden, und diese letzte Belohnung kann später die früheren Zwischenbelohnungen ersetzen.

Die Fähigkeit vieler Hunde (wie beispielsweise meines lieben Banditen), solche Kettenreaktionen zu meistern, ist so ausgeprägt, daß sie von sich aus lernen, auf einen Tisch zu springen, auf einem Sims zu balancieren, eine Pfote unter die lose Ecke der Kühlschrankverkleidung zu zwängen, die Türe zu öffnen, über einen daneben stehenden Stuhl hinunterzuspringen, die Reste des sonntäglichen Mahls zu stibitzen, und dies nur an einem Montag zu tun, wenn jedermann außer Haus ist und sich auch wahrscheinlich der Rest eines Sonntagsbratens im Kühlschrank befindet. Als es Bandit einmal während der Woche ausprobierte – geraume Zeit nach diesem Weekend-Versuch –, befanden sich keine Reste im Kühlschrank; das erlernte Kunststück lohnte sich demnach nur montags und wurde an anderen Wochentagen sozusagen aufs Eis gelegt. Hier findet man eine Grenzsituation zwischen Teilerfahrungen und Lernen aus Fehlern und aus Einsicht. Das Lernen aus Einsicht setzt ein Tier voraus, das im voraus eine Hypothese über die Lösung eines Problems und die zu erwartende Belohnung aufstellen kann. Noch vor Pawlow zeigte Kohler, im Jahre 1925, daß Schimpansen ohne vorherigen Versuch, und ohne aus Fehlern gelernt zu haben, in der Lage waren, umherliegende Kisten aufzustapeln, um darauf zu klettern und eine an der Decke hängende Belohnung herunterzuholen. Das bedingt, daß die Affen zumindest aus der Form gewisser Gegenstände gewisse Schlüsse bezüglich ihrer Verwendung und Nützlichkeit ziehen können. Das ist ein Lernvermögen, das wir normalerweise den Hunden nicht zugestehen, obwohl es schwieriger ist, bei brillanten Individuen wie Bandit zwischen solchem Denken und ihrer Fähigkeit, durch Beobachtung, Nachahmung, Versuch und raschem Lernen aus Fehlern zu unterscheiden.

Strafe

»Könnten die Menschen einander doch so lieben wie Hunde, wäre die Welt ein Paradies.« James Douglas

»Hinaus, Bandit!« – Es ist Montag, und für einmal bin ich zu Hause und habe soeben gehört, wie die Kühlschranktür sich quietschend öffnet. Somit wären wir bei der Bestrafung angelangt, von der viele unter uns im Umgang mit ihren Hunden mit wenig oder gar keinem Erfolg so regen Gebrauch machen. Die meisten von uns glauben, daß die Bestrafung einen unmittelbar korrigierenden Einfluß auf das Benehmen des Hundes hat, weil er den Nachteil seiner Taten erfaßt, sei es in Form unseres in Worten ausgedrückten Mißfallens oder sei es wegen der Schreckwirkung und der Schmerzen eines Klapses auf's Hinterteil. Dem ist aber nur selten so, und noch seltener bewirkt die Bestrafung eine langwirkende Änderung des Verhaltens mit der Garantie, daß der Hund »es« unter keinen Umständen wieder tut.

Die Bestrafung ist nicht das Gegenteil der Belohnung. Die Belohnung verstärkt die Stärke der Reaktion eines Tiers, die Bestrafung bewirkt keine Schwächung dieser Reaktion. Schlimmer noch: Die Konsequenzen einer Bestrafung können unvorhersehbar und sogar gefährlich sein. Wenn ich zum Beispiel Bandit einen Klaps auf sein Hinterteil verpassen würde, wenn seine Nase im Kühlschrank steckt, würde er im Moment sicher mit der Suche nach dem Sonntagsbraten aufhören. Er könnte sich aber auch umdrehen und mich beißen und dann zum Kühlschrank zurückkehren. Wenn ich dann diesen Angriff bestrafen würde, wäre es durchaus denkbar, daß er mich noch stärker beißen würde, bis ich zurückweichen würde, und daß er danach den Sonntagsbraten doch noch fräße. Wenn die Bestrafung intensiv genug wäre, um ihn zur Aufgabe zu zwingen, würde er vermutlich vom Kühlschrank ablassen, doch weil die Belohnung in Form des Bratens immer noch vorhanden wäre, würde er einfach eine neue Gelegenheit abwarten und es wieder versuchen.

Die Bestrafung ist normalerweise wertlos, wenn man versucht, einen Hund zu einer bestimmten Reaktion zu ermuntern. Stellen Sie sich vor, wie es aus der Sicht des Hundes dumm sein muß, ihn zu schlagen, ihn mit einer Kette zu würgen oder ihn anzuschreien, weil er den »Sitz«-Befehl nicht befolgt, obwohl er ja den Wunsch hat, seinem Rudelgefährten oder Führer zu gefallen. Das ist aber genau das, was täglich viele Hunde erfahren müssen, wenn ihre Herrchen und Frauchen versuchen, ihnen Gehorsam beizubringen. Es ist viel besser, sich gegenteilig zu verhalten und immer zu versuchen, der nette, gutmütige Meister zu sein, der bereit ist, bei einem etwas begriffsstutzigen Hund einen Auftrag zu wiederholen und die erwünschte Reaktion doch noch zu belohnen, als ein unberechenbarer Lehrer, vor dem der Hund sich fürchtet und mit dem er folglich langsamer lernt.

Extreme Formen der Bestrafung können eine bleibende »Reform« des Verhaltens bewirken, aber die Strafe muß üblicherweise sehr streng sein, große Schmerzen verursachen und ohne jeglichen Zweifel mit einem bestimmten Reiz oder einem bestimmten Verhalten in Verbindung gebracht werden, um eine Verhaltensweise abzuschaffen. Vor einigen Jahren wurde dies in der Hundeabrichtung mittels Elektroschocks demonstriert, und ich bin froh, daß solche Experimente heute äußerst schwer zu rechtfertigen wären. Sie zeigten, daß ein konditionierter Klangreiz wie jener von Pawlows Glocke auch mit einem extrem unangenehmen Reiz wie einem lebensgefährlichen Elektroschock kombiniert werden könnte, und daß der Hund sich beim erneuten Läuten der Glocke äußerst vorsichtig verhalten würde. Natürlich zeigten die Hunde auch panische Reaktionen und eine große allgemeine Angst.

Bei einigen Hunden genügt es, einmal von ihrem Herrchen oder Frauchen einen Klaps zu erhalten oder angebrüllt zu werden, um eine unerwünschte Reaktion ein für allemal abzulegen; für die meisten aber, wie bei Bandit, ist die Bestrafung nur ein zufälliges Risiko, dem ein Opportunist ausgesetzt ist. Wenn man halt Fehler begeht, paßt man sich an und versichert sich, daß die Umstände beim nächsten Mal etwas anders sind. Die Strafe hat nur einen klügeren Hund aus ihm gemacht, dessen leicht abgewandelte, aber immer noch unerwünschte Kühlschranktaktik nach wie vor aktuell bleibt, mit dem Unterschied, daß ich von zu Hause abwesend sein muß, um wiederholt zu werden – denn schließlich verbleibt ja noch die im Kühlschrank enthaltene Belohnung! Wie kann man dem vorbeugen? Indem man am Kühlschrank einen Verschluß anbringt! Oder versuchen Sie, wie wir es im Kapitel »Probleme, Probleme« vorschlagen, das Problem von der anderen Seite anzupacken, und verwandeln sie die Bestrafung in eine Aversion gegenüber dem Kühlschrank und dem Stibitzen, in denen nicht mehr die Belohnung, sondern die unangenehmen Konsequenzen liegen und von denen vermeintlich die Bestrafung ausgeht; Sie könnten auch versuchen, einen Umstand zu schaffen, bei dem der Hund eine größere Belohnung erhält, wenn er den Kühlschrank nicht öffnet und seine Handlung in etwas Harmloseres umwandelt.

Traurigerweise wird die Bestrafung viel zu oft von sogenannten Hundetrainern angewendet, die manchmal viel zu wenig über hündisches Lernverhalten wissen, um wirklich effizient und gütig zu sein oder sich ethisch zu verhalten. Wenn das etwas überreizt klingt, will das nicht heißen, daß ich mir besonders große Kenntnisse oder Fähigkeiten auf dem Gebiet der Hundeabrichtung anmaße. In Wahrheit habe ich in meinem Leben nie einem Hund mehr als Grundgehorsam beigebracht. Als ich Bandit erzog, benützte ich beim Unterricht offensichtlich immer dieselben Körperhaltungen und -bewegungen. Unbewußt hatte ich ihm beigebracht, nicht nur auf gesprochene Befehle, sondern auch auf Handzeichen zu achten, wie er es mir als Welpe klarmachte, als ich eines Tages meinen Arm erhob, um jemandem zuzuwinken. Bandit setzte sich sofort, um sich dann sogleich hinzulegen, als ich meinen Arm wieder senkte. Es ist nicht mein Verdienst, sondern das meines äußerst aufmerksam beobachtenden Hundes, daß ich lernte, wie einfach es sein kann! Ich muß mich jedoch oft mit dem Resultat einer harten Abrichtung befassen – jene Hunde, die von ihren Abrichtern erschreckt, traumatisiert oder sogar körperlich mißhandelt worden sind, und zwar bis zu einem

Grad, wo sie sich sogar im Sinne des Tierschutzgesetzes strafbar machen.

Es täte ihnen gut, Trainern von anderen Tieren zuzuschauen und sich beispielsweise zu merken, wie man Delphine dazu bringt, über eine Leine zu springen, die drei Meter über dem Schwimmbecken gespannt ist. Das Ziel des Trainers ist, das Tier nie einen Mißerfolg erfahren zu lassen, und er beschränkt sich demzufolge auf das Korrigieren und Belohnen. Das Seil befindet sich zuerst auf Wasserhöhe, und das Tier wird belohnt, wenn es darüber schwimmt. Es wird sehr langsam angehoben, und wenn der Delphin unten durchschwimmt, wird dies als ein Fehler des Trainers gewertet, der zu schnell vorgehen wollte. Das Seil wird wieder gesenkt, bis die Aufgabe korrekt durchgeführt wird. Denken Sie mal, wieviel besser wir mit unseren Hunden zurecht kämen, wenn wir die Geduld aufbrächten, diese irrtumsfreie Technik anzuwenden.

Glücklicherweise sehen viele Hundeausbilder ein, daß die richtig durchgeführte Hundeausbildung eigentlich eine ganz lustige Sache ist, an der Hund und Meister ernormen Spaß haben können. Zahlreichere Hundehalter sind in der Lage, die Fähigkeiten ihres Hundes zu erkennen, gepaart mit seinem Geruchssinn und allen seinen jagdlichen Instinkten, die vielleicht unbemerkt geblieben wären, wenn der Halter sich an die Grunderziehung gehalten hätte und stur darauf bestanden hätte, daß alle Hunde auf Kommando sitzen oder sich hinlegen müssen, und daß sogar Bloodhounds Gegenstände apportieren, das heißt zurückbringen müssen. Der Hund kann mühelos einen Wortschatz von zwanzig Wörtern verstehen – neben seinem eigenen Namen auch einfache Wörter wie »sitz«, »bleib«, »gib Laut«, »halt«, usw., und Befehle wie »bring« oder »laß fallen«, die er ausführen kann, während er bereits dem Befehl »komm her« gehorcht; außerdem kann er auch die Aufforderung verstehen, das Tempo im Zusammenhang mit dem Befehl »schnell« zu beschleunigen. Es braucht nur etwas Zeit, Verständnis und das richtige, sofortige Belohnen korrekt ausgeführter Befehle; gleichzeitig muß man auf den uralten Irrtum verzichten, Fehler zu bestrafen.

Hund und Mensch

Die Art und die Natur unserer Beziehungen zum Hund sind

mannigfaltig. Wir können die Rasse auswählen, die unseren individuellen oder speziellen Bedürfnissen entspricht. Allerdings gibt es zu bedenken, daß nicht nur Hunderassen sich voneinander unterscheiden, sondern auch der Charakter und das Wesen der einzelnen Welpen eines Wurfs. Man sollte aus dem Verhalten oder von den Fähigkeiten einer bestimmten Rasse nicht allgemeine Schlüsse ziehen, denn die individuellen Unterschiede sind oft stärker als rassenspezifische Merkmale. Darum gibt es Rottweiler, die weder bellen noch das Haus bewachen, Greyhounds, die nicht rennen, Bulldoggen, die erlegtes Wild zurückbringen und Labradors, die bessere Familienhunde als Blindenführhunde abgeben.

Die Mensch/Hund-Beziehung wird jedoch allzu vereinfachend mit der Theorie erklärt, daß sich der Hund als unterwürfiges Mitglied in die menschliche Gesellschaft einordnet, die ein ähnliches hierarchisch aufgebautes System ist wie dasjenige, aus der er stammt und in dem er geboren worden ist, und daß dies einfach als Dank für Schutz, Unterkunft und Fressen geschieht. Man kann auch nicht einfach sagen, daß der Hund nur gehorcht, weil er das tun muß, was sein Meister oder Rudelführer von ihm verlangt. Es gibt viele Hunde, die sich nicht einfach in der Familie einordnen oder zumindest nicht so, wie wir es wünschten, obwohl man eine vermeintlich geeignete Begleithunderasse wie den Golden Retriever und einen sorgfältig aufgezogenen, gut sozialisierten Welpen gewählt hat, der sich beim Heranwachsen absolut erwartungsgemäß verhalten hat, und den man soweit gebracht hat, daß er allen unseren Befehlen gehorcht. Ein solcher Hund kann später Verhaltensstörungen entwickeln oder ganz einfach als unangenehmer Hausgenosse empfunden werden. Viele Problemhunde sind als Folge einer früheren ungeeigneten Umgebung schwierig geworden, oder weil sie in der zweiten kritischen Sozialisierungsphase zuwenig Gelegenheit hatten, oder als Folge eines späteren Traumas. Gibt sich der Hundehalter nicht die Mühe, dem Hund die richtigen Zeichen zu geben, die ihm seine gesellschaftliche Stellung oder das erwünschte Benehmen klarmachen und akzeptieren lassen, können auch Probleme für den Hund und für seine Beziehungen mit seinem Halter entstehen. Der eigentliche Hauptgrund für viele Schwierigkeiten ist aber unsere falsche Erwartung bezüglich dessen, was der Hund ist oder sein kann.

Statt den Hund als stolzes Raubtier zu betrachten, das sich unseren Wünschen anpaßt, wenn wir uns nur etwas Mühe geben, sollten wir ihn eher als einen seiner Vorfahren sehen. Ja, als einen fleischfressenden Wolf in unserer Wohnstube – aber es gibt nur wenige Wölfe, die sich innerhalb einer friedlichen Gesellschaft auf der Basis einer akzeptierten Rangordnung ausschließlich als selbstjagende Raubtiere verhalten. In bezug auf die Gesellschaft und ihre Ernährung sind Wölfe höchst erfolgreiche Opportunisten, die meist vom Stehlen leben und in der Meute jagen, wenn sich die Gelegenheit dazu ergibt und der Hunger es verlangt. Die Rangordnung spielt keine große Rolle, wenn nichts geschieht, und wenn durch die völlig unnötige Ausgabe von Energie nichts erreicht werden kann.

Wenn zu Hause alles ruhig ist, liegen daher die meisten Hunde zufrieden herum; sie werden jedoch aufmerksam und einige springen sogar auf, wenn jemand aufsteht oder zufällig die Leine berührt – es könnte ja sein, daß daraus ein Vorteil erwächst... Wie seine Vorfahren vor 10000 Hundegenerationen ist der Haushund vor allem ein Opportunist. Das Leben mit einem Opportunisten bedingt jedoch andere Regeln als das Leben mit einem rangniedrigen Hund, der sich seiner untergeordneten Stellung in der menschlichen Gruppe bewußt ist. Bei den meisten Hunderassen ist der Opportunismus durch selektive Zucht verändert worden und kann durch eine sorgfältige Früherziehung und durch unsere natürliche Rolle als Rudelführer, der allein entscheidet, ob der Hund etwas erhält, beeinflußt werden. Diese Aspekte unserer Beziehungen und die Tatsache, daß der Opportunismus eines Hundes in vielen Fällen sogar wegerzogen werden kann, bedeuten jedoch nicht, daß er verschwunden ist. Er schläft einfach unter der Oberfläche, weil der Hund die Vorteile des von ihm erwarteten Benehmens erkennt.

Es gibt jedoch wahrscheinlich mehr Hunde wie den kühlschrankplündernden Bandit, die einen Grad von Opportunismus an den Tag legen, den wir nicht mehr akzeptieren können. Einer davon ist, wie gesagt, mein Bandit, viele der anderen können meine Patienten sein, noch viel mehr werden von ihren Besitzern abgelehnt und ausgesetzt, obwohl die Besitzer es eigentlich gut mit ihnen meinten und erfahrene Hundhalter sind; sie haben sich nur nicht genug bemüht, die Hunde zu erziehen. Sie überlassen sie den Tierschutzvereinen und Auffangheimen, wo die Hunde auf den nächsten Halter warten, bei dem sie ihren Opportunismus weiterhin ausleben können. (Nein Bandit, noch ist es nicht soweit, noch brauche ich dich als Nachschlagewerk.)

Die Bindung

»Je mehr ich den Menschen kenne, umso mehr bewundere ich den Hund.« Mme de Sévigné zugeschrieben

Es gibt ganze Regale voll mit Büchern, die sich mit der Natur und dem Erfolg unserer Beziehungen zum Hund befassen, und natürlich auch unzählige Geschichten und Filme über dieses Thema. Wir betrachten es oft als selbstverständlich, daß der Hund »des Menschen bester Freund« ist, aber überall auf der Welt werden auch Analysen durchgeführt, um die grundsätzliche Natur dieser speziellen Beziehung etwas näher zu betrachten.

Man weiß zwar seit geraumer Zeit, daß Hunde- und Katzenhaltung den Blutdruck und die Herzfrequenz senken und auch die Überlebenschancen nach einem Herzinfarkt erhöhen kann, aber man hat auch entdeckt, daß harmlosere Beschwerden wie Rückenleiden und gewöhnliche Erkältungen bei Tierhaltern weniger oft vorkommen. Europäische und amerikanische Forscher konnten aufzeigen, daß Tierhalter körperlich und geistig viel gesünder sind als Nicht-Tierhalter, und daß sie auch gesellschaftlich besser zurecht kommen. Insbesondere ältere Menschen profitieren von erhöhtem Selbstvertrauen, sind fröhlicher und besser gelaunt und haben einen größeren Freundeskreis, wenn sie eine Katze oder einen Hund halten. In Spitälern, wo zu gewissen Zeiten Hunde in die Abteilungen genommen werden, um sich mit Patienten abzugeben, hat man eine drastische Verbesserung der Patientenmoral festgestellt, und es wird vermutet, daß auch die Erholungsrate günstig beeinflußt wird.

Weltweit werden jetzt Hunde ausgebildet, um Behinderten ein unabhängiges Leben zu ermöglichen. Sie übernehmen körperliche Aufgaben wie das Abholen der morgendlichen Zeitung, das Betätigen von Lichtschaltern, das Türöffnen, das Einschalten einer Alarmeinrichtung im Notfall, sie stützen Menschen mit Gleichgewichtsstörungen und, was sicherlich genau so wichtig ist, sie geben ihnen Zuneigung, Kameradschaft, Selbstvertrauen und Sicherheit. Ich habe einmal einen Labrador gesehen, der den Rollstuhl seiner schwer behinderten Meisterin zog und über vierzig Befehle ausführen konnte.

Wenn wir alle positiven und alle negativen Aspekte der Hundehaltung auflisten, stellen wir fest, daß sie uns folgende Vorteile beschafft: soziale Stimulierung, Kameradschaft, Entspannung, eine Freizeitbeschäftigung, eine verbesserte Gesundheitsprophylaxe, Freundschaft und Sicherheit, eine gefühlsmäßige Bindung und Schutz, eine regelmäßige Beschäftigung im Zusammenhang mit den Bedürfnissen des Hundes, eine positive Herausforderung und Verantwortlichkeit, ein besseres Verständnis und Sympathie, ein lohnender Sinn für das Erreichte in bezug auf das Aussehen und das Wesen unserer Hunde, gepaart mit einem Prestigegewinn. Ungeachtet dessen, ob Sie nun beim Lesen dieser Zeilen Ihren Hund auf dem Schoße halten, ob er Ihr Eingangstor bewacht oder ob er sich damit brüstet, wie gut Sie ihn pflegen und wie schön er ist, werden Sie wissen, daß die Nachteile der Hundehaltung nur selten überwiegen. Zu den Nachteilen können folgende Aspekte zählen: eine Einschränkung unserer persönlichen Freiheit, einen Verlust an Freizeit, einen finanziellen und gefühlsmäßigen Aufwand, eine verminderte häusliche Hygiene, nachbarliche Beschwerden wegen des Lärms oder Probleme innerhalb der Familie, wenn der Hund ein Familienmitglied nicht mag oder es beißt, oder wenn er vielleicht nur einem gehorcht, oder wenn er Freunde der Familie nicht mag. Wir sorgen uns auch um das Schicksal des Hundes im Falle unseres Todes oder einer Erkrankung unsererseits.

Die ersten vier Nachteile werden normalerweise noch vor der Anschaffung eines Hundes in Betracht gezogen, die anderen – mit Ausnahme des letzten – sind unangenehme Folgen von Verhaltensstörungen des Hundes. Die meisten von uns leben mit diesen Problemen und behandeln sie vielleicht von Fall zu Fall, oder wenn wir dazu gezwungen werden. Die meisten Hundehalter stehen voll zu ihrem Hund, ungeachtet der Probleme, die er ihnen, ihren Nachbarn oder Drittpersonen verschafft. Trotz Problemen – wovon einige vergänglicher Natur sind wie die gelegentlichen Pfützen, die Welpen im Hause hinterlassen, wenn sie noch nicht stubenrein sind – betrachten die meisten von uns die Anwesenheit des Wolfs in unserem Heim als vorteilhaft. Sogar mehr als das: In unserer modernen und ziemlich gefühlsarmen Gesellschaft brauchen wir ein Wesen, für das wir sorgen müssen. Wir brauchen ein Haustier, das uns in vielem so gleicht, um zu ausreichender körperlicher Tätigkeit zu kommen und um genügend Bekanntschaften mit unseren Mitmenschen zu knüpfen. Trotz seines Opportunismus und mitsamt allen Problemen, die er uns beschaffen kann, ist der Hund oft der ideale Empfänger unserer

Gefühlsausbrüche; dank ihm halten wir den Kontakt zur Natur, zu unseren Mitmenschen und zu unseren eigenen Wurzeln aufrecht, einfach wegen des Vergnügens, einen menschenbezogenen Wolf an unserer Seite halten und beobachten zu können.

Die große Mehrheit unserer Hunde führt ein sehr angenehmes Leben, das wie maßgeschneidert für sie und ihre Wünsche zu sein scheint. Einige hochprämierte Ausstellungshunde sowie diejenigen, die in der Nähe vielbefahrener Straßen leben, und eine zunehmende Anzahl von Stadthunden haben aber nicht mehr die Möglichkeit, das gesamte Spektrum ihrer Verhaltensweisen auszudrücken, und können immer nur denselben alten Hinterhof oder Garten, oder angeleint die knapp bemessenen Grünflächen entdecken. Wenn dies aus der Sicht des Hundehalters, der nie die Gelegenheit erhält, den gesamten Verhaltensreichtum seines Hundes kennenzulernen, auch bedauerlich ist, scheint das Tier selbst nur selten darunter zu leiden. Vorausgesetzt, man beschafft sich einen Welpen einer sorgfältig ausgewählten Rasse, beispielsweise einer Schoßhunderasse wie der Lhasa Apso, und läßt ihn nie ein freieres Leben kennenlernen, kann sich das Tier oft perfekt an das eingeschränkte und durchorganisierte Leben und an die wohlbehüteten Spaziergänge an der Leine gewöhnen. Deswegen sind diese Rassehunde und ähnliche wie der Zwergpudel und der Yorkshire Terrier in der Stadt so beliebt. Meistens handelt es sich um Fälle von »Was du nie gehabt hast, kannst du nicht vermissen«, aber es wäre nicht denkbar, einen Hund so zu behandeln, wenn er früher zur Bewachung eines Grundstücks eingesetzt war oder täglich frei umherlaufen durfte. Bald würde er aus Frustration alternative und vielleicht unerwünschte Verhaltensweisen entwickeln wie rastloses Gehen, übermäßiges Bellen, überhöhte Reaktion auf harmlose Vorkommnisse wie das Landen von Vögeln im Garten, oder zu scharfe Reaktionen bei der Bewachung des Territoriums. Kurz, das Verhalten unseres Hundes kann manchmal alles andere als perfekt sein.

Eine gute Freundin von mir, Kay White, eine bekannte und anerkannte Fachjournalistin, die ihre Artikel in vielen veterinärmedizinischen und kynologischen Zeitschriften veröffentlicht, selbst Boxer hält und früher züchtete, hatte kürzlich den Mut, die unangenehmen Seiten der Hundehaltung einer Leserschaft aufzuzeigen, die üblicherweise nicht gerne mit einigen Wahrheiten konfrontiert werden möchte. In einem Schreiben an die Teilnehmer des Jahreskongresses der Britischen Tierärztegesellschaft in London sagte sie: »Vielleicht sind wir zu sehr auf der Welle des »Hunde sind gut für Sie« geritten. Niemand zeigt die Kehrseite der Medaille – Hunde können eine rasche und gefährliche Blutdruckerhöhung verursachen, beispielsweise wenn Sie in Ihren Garten gehen und alle Ihre frischgepflanzten Petunien ausgerissen und verstreut auf dem Rasen vorfinden, das heißt auf dem, was einmal ein Rasen war; ein Welpe, der eine Rolle WC-Papier umherträgt, ist rührend – vorausgesetzt, es handelt sich nicht ausgerechnet um Ihr WC-Papier. Und undisziplinierte Hunde können Herzkranke gefährden und Beziehungen zu Nachbarn und sogar zu eigenen Familienmitgliedern definitiv zerstören. Sagen wir endlich die Wahrheit und hören wir auf, die Hunde zu verherrlichen, wie es Hundezüchter schon viel zu lange tun. Hunde fordern größte Toleranz und grenzenlose Geduld, bis sie ausgewachsen sind.« Das nenne ich eine direkte und wahre Sprache von einer zweifellos ausgezeichneten Hundekennerin!

Wie wir alle sehr wohl wissen, benötigen viele Hunde, wenn sie erwachsen sind, noch mehr Toleranz und Geduld, und ganz besondere Aufmerksamkeit, um ihre Probleme zu überwinden. Für den Hund, von dem man jetzt erwartet, glücklich und problemlos ein eingeengtes Dasein zu führen, nachdem er andere Erfahrungen gemacht hat und anderes erwartet, kann die Lösung der Stadtprobleme klar scheinen; Sie nehmen entweder das Risiko auf sich, Ihrem Hund seine alte Freiheit wiederzugeben (aber üben Sie zuerst noch den Appell), oder Sie suchen ihm ein neues Zuhause bei jemandem, der mehr Platz und Zeit hat, so daß der Hund wieder anfangen kann, sein Leben zu genießen. Bei anderen Problemen mit versteckteren Ursachen kann die Behandlung aber schwierig sein. Bei einem Hund, der nicht stubenrein ist, der Ihre Besucher anknurrt, der sein Futter verteidigt oder nicht aufhören kann zu zittern, wenn ein Flugzeug vorbeifliegt, mag die schnellste und auch die letzte Lösung, nachdem man alle guten Ratschläge der Freunde, Züchter, Ausbilder und des Tierarztes ausprobiert hat, eine Neuplazierung oder das Einschläfern durch den Tierarzt sein.

Die meisten von uns sind jedoch viel zu stark in dieser beschützerischen und freundlichen Beziehung involviert, um eine derart drastische Maßnahme in Betracht zu ziehen. Es handelt sich ja um eine Kreatur, die sich die meiste Zeit gut benimmt und von der wir wegen mehr als nur wegen seiner Gesellschaft abhängen. Es ist kein Wunder, daß die meisten Hundehalter, deren Hunde eine Verhaltensstörung aufweisen, sich damit abfinden. Sie geben sich oft selbst die Schuld an den Verhaltensstörungen des Hundes und spüren, daß ihr Hund damit einfach auf einen Mangel an Zuneigung oder auf falsche Lebensumstände reagiert. Manchmal haben sie das Gefühl, daß sie ungeeignete Hundehalter sind und daß der Hund eigentlich das »unschuldige Opfer« ist. Die meisten würden sicher lieber mit den Problemen ihres Hundes leben als eine endgültige Lösung in Betracht zu ziehen und sich einen neuen Hund anzuschaffen. Der Kompromiß – diese »Liebe trotz allem« zu einem »unmöglichen« Hund, der meistens oder ab und zu, dafür aber ernsthaft, diese Liebe überstrapaziert – kann die Halter und deren Familie unter einen enormen Druck setzen, der zu guter Letzt die Freuden der Hundehaltung bei weitem übersteigt. Besitzer von nicht stubenreinen, hyperaktiven oder aggressiven Hunden laden ausnahmslos weniger oft Freunde und Bekannte zu sich nach Hause ein, weil sie sich schämen. Es wäre ihnen nicht recht, als unsauber oder nicht gastfreundlich zu gelten oder als unfähig, auf ihren Hund aufzupassen. So kann das Bedürfnis, den Hund um sich zu haben, noch ausgeprägter werden, und die Frustration wird größer. Kurz, der Kreis wird immer teuflischer, bis sich unter Umständen die Familienbeziehungen so verschlechtern, daß dringend Maßnahmen getroffen werden müssen.

Was als Problem betrachtet wird, ist sehr unterschiedlich. Für die einen genügt ein einziges »Malheur« auf dem Teppich, um das Vergnügen der Hundehaltung derart einzuschränken, daß darauf verzichtet wird. Viele anderen nehmen viel ärgere Probleme in Kauf, ohne mit der Wimper zu zucken – die Definition eines Problems ist eine sehr persönliche Angelegenheit.

Eine Verhaltensstörung wird oft dann zur Kenntnis genommen, wenn die negativen Aspekte der Hundehaltung anfangen, die positiven zu überwiegen. Wenn ein Hundehalter einen Aspekt des Verhaltens seines Hundes oder ihrer gemeinsamen Beziehung als problematisch empfindet, sollte ihm niemand einreden, er sorge sich unnötigerweise. Wenn das Problem trotz allen Bemühungen nicht lösbar scheint, sollte sich kein Hundehalter schämen, seinen Mißerfolg einzugestehen und Hilfe zu suchen; dabei würde er ja nur zeigen, daß er sich genügend mit seinem Hund verbunden fühlt, um sich um die Probleme zu kümmern.

Hundehalter wenden sich normalerweise an Freunde oder Bekannte, die ebenfalls Hunde halten, an den Züchter ihres Hundes oder an einen lokalen Hundekenner. Die meisten Probleme können dank solcher Hilfe bereits gelöst werden; die nächste Instanz, wenn dies noch nichts genützt hat, ist der Tierarzt. Es gibt jedoch vereinzelte Probleme, die so selten auftauchen, daß ihnen auch der Mediziner noch nie begegnet ist, oder die so kompliziert sind, daß es für sie keine einfache, offensichtliche Lösung gibt.

Dann gibt es andere hartnäckige Probleme, darunter viele Probleme wegen erhöhter Aggressivität gegenüber anderen Hunden im Haus oder gegenüber dem Hundehalter, oder Trennungsängste, wegen denen der Hund nie allein zu Hause gelassen werden kann, die entweder auf keine Behandlung reagieren oder nur für einige Zeit und dann doch vertiefte Beachtung fordern.

Es gibt auch Beziehungsprobleme, wenn der Hund nicht den Wünschen oder Erwartungen des Hundehalters entspricht, oder wenn der Hund zu nervös ist oder vom Besitzer falsch behandelt wird.

Solche Probleme mit dem Verhalten des Hundes oder mit den Beziehungen zwischen Halter und Hund oder, wie dies oft der Fall ist, eine Kombination beider Arten, verlangen eine langwierige Behandlung. Es braucht Zeit, alle Faktoren zu untersuchen, die das Verhalten des Hundes beeinflussen können – von der Struktur seiner Lebensbedingungen im Haushalt bis zu den Beziehungen mit allen Familienmitgliedern sowie mit seinen Freunden und Feinden auf der Straße. Es braucht Zeit, um die Entwicklung und die Früherziehung des Hundes besonders gründlich unter die Lupe zu nehmen, kurz, um in echter Psychiatermanier eine Kindheitsanalyse durchzuführen, weil viele Probleme ihre Wurzeln im Welpenalter haben. Es braucht auch Zeit, um neben der eigentlichen Verhaltensstörung auch das Wesen und die Veranlagung des Hundes zu untersuchen. Es gibt keine zwei Hunde, die absolut identisch sind, keine zwei Hundehalter und keine zwei Probleme, deshalb braucht es ein äußerst sorgfältiges Vorgehen und umfangreiche Studien, um mögliche Ursachen jedes einzelnen Problems zu erkennen und mit jedem Hundehalter einen individuellen Behandlungsplan auszuarbeiten. Dazu braucht es, neben Zeit, gute Kenntnisse des hündischen und tierischen Verhaltens, und vor allem ein behutsames Vorgehen bei der Einmischung in einen wichtigen und empfindlichen Bereich des menschlichen Lebens. Schließlich muß man imstande sein, die Leute dazu zu bringen, sich mit dem Problem auseinanderzusetzen, wenn sie bereits fast am Ende ihrer und ihres Hundes Geduld angelangt sind.

Das hört sich nach der Definition eines Fachmannes in Hundeverhaltenskunde mit einer Spur menschlicher Psychologie und Beratertalent an – und darum geht es ja auch. Brauchen Hunde einen Seelenklempner? Normalerweise nicht – und auch die meisten Hundehalter nicht. Wenn der Hund so anfällig auf Probleme wäre, oder sogar selbst ein Problem wäre, zählte er nicht zu unseren Lieblingstieren. Ab und zu braucht er einen Spezialisten mit der nötigen Zeit und der nötigen Geduld, um zu verstehen, warum und wann der Hund das tut, was er tut, und um dieses unerwünschte Verhalten im Rahmen seiner Beziehungen zu seinen Meistern, seiner Lebensweise, seines Territoriums und der Erwartungen, die an ihn gestellt werden, zu verändern. Unsere Beziehungen zu unseren Hunden müssen oft angepaßt werden, und Halter von Problemhunden brauchen einige Ratschläge, wie sie diese Beziehung neugestalten können, um Verhaltensstörungen vorzubeugen. Das Verhalten des Hundes braucht vielleicht nur eine leichte Feineinstellung, möglicherweise aber eingreifende Änderungen, damit Hundehalter und Hund das Leben und einander wieder voll, oder vielleicht sogar erstmals genießen können. War die Stärke der Mensch-Hund-Beziehung vor zehn Jahren noch kaum ausreichend, um diesen Aufwand zu rechtfertigen, ist sie es heute ganz bestimmt.

Ich arbeite fast ausschließlich zusammen mit Tierärzten und in ihren Praxisräumlichkeiten, mit sehr wenigen Ausnahmen, wo ich Hausbesuche mache, um ortsgebundene Probleme zu behandeln, zum Beispiel bei übertriebenem Territorialverhalten des Hundes, oder wenn es für die Hundehalter aus irgendeinem Grunde unmöglich oder äußerst schwierig ist, sich in die Praxis zu begeben. Eine klinische Diagnose und die Behandlung jeder in Frage kommenden medizinischen Ursache einer Verhaltensstörung ist Bedingung, bevor ich mir Gedanken über eine psychologische Behandlung mache. Gewisse Fälle, wie jene von Hunden, die sich selbst verstümmeln, werden am besten gemeinsam durch den Tierarzt und den Hundepsychologen angegangen, wenn möglich im Rahmen eines Tierspitals oder einer tierärztlichen Fakultät, weil die Ursachen aus beiden »Lagern« stammen können und ein kombiniertes Vorgehen verlangen.

In der Regel unterhalte ich mich mit den Besitzern und ihren Hunden (oder Katzen) während einer bis zwei Stunden. Während jeder Konsultation schreibe ich mir Details auf über die Art des Problems und über die Lebensart des Tierhalters und des Tiers. Nach dieser Diskussion und nachdem ich vielleicht den Hundehaltern einige Techniken beigebracht habe, die sie zur Kontrolle gewisser Situationen anwenden können, bemühe ich mich, ein Behandlungsprogramm auszuarbeiten, das die Hundehalter zu Hause durchführen können. Nach der Konsultation erhalten sie einen schriftlichen Bericht, und der Tierarzt erhält ein Doppel davon, zusammen mit Vorschlägen über eine eventuelle medikamentöse Behandlung mit Beruhigungsmitteln oder Hormonen, die meiner Meinung nach unterstützend wirken würde. Die Hundehalter bleiben telefonisch in Kontakt mit mir, und wir legen das Datum fest für eine neue Konsultation zwei oder drei Wochen später.

PROBLEME, PROBLEME!

5

Nervosität, Angst und Phobien

»Wenn Sie einen nervösen Anfall erleiden, werden Sie von Ihrem Nervensystem angegriffen. Und welche Chancen hat schon ein Mensch gegen ein System?« Russel Hoban

Lieber Herr Neville

Ich habe zwei Rüden, den dreijährigen Arthur und den viereinhalbjährigen Brutus, die nicht miteinander verwandt sind. Brutus ist extrovertiert, absolut zutraulich und anhänglich, auch zu anderen Hunden und sogar zur Katze. Arthur ist im Gegensatz dazu scheu und schreckhaft, er läuft weg und versteckt sich bei jedem plötzlichen Geräusch und vor jeder unbekannten Person, und er scheint immer nur verängstigt umherzuschleichen. Wenn wir ausgehen, entfernt sich Arthur nie weit von uns, um beim kleinsten Vorkommnis zu uns zurückzulaufen und sich hinter unseren Beinen zu verstecken. Wohl ist es ihm eigentlich nur, wenn er zu meinen Füßen oder, wenn ich es ihm erlaube, auf meinem Schoß sitzen darf. Sollte ich mir darüber Sorgen machen? Kann ich irgend etwas tun, damit er sein Leben mehr genießt? Es ist doch so schade, und Brutus scheint doch so glücklich zu sein.

Hochachtungsvoll

Heather Ryman

Wie jedes andere Tier kommt auch der Hund zur Welt mit der Fähigkeit, auf Herausforderungen zu reagieren und sich vor lebensgefährlichen Angriffen von Raubtieren sowie vor Umweltgefahren wie Feuer zu schützen. Die Reaktionen auf solche Gefahrenmomente sind leicht vom normalen Verhalten zu unterscheiden. Die

Schreckreaktion zum Beispiel ist genetisch programmiert, und ab der 8. Lebenswoche kann man sehen, wie sogar Welpen bei einem plötzlichen, unbekannten Ereignis sich flach auf den Boden drücken oder das Fell sträuben. In den ersten Lebenswochen hängt der Welpe von der Mutter ab, die sofort nach dem Schrecken schützend eingreift, wenn sie es nicht bereits vorher getan hat. Wenn der Welpe oft normalen Geräuschen oder Ereignissen ausgesetzt wird (vor der achten Lebenswoche, von der an die ausgeprägten Angstreaktionen sich entwickeln), gewöhnt er sich stufenweise daran, insbesondere wenn die Herausforderungen nie durch das nachherige Eintreten gefährlicher oder schmerzhafter Situationen verstärkt werden; der Welpe verliert jedoch nie seine initiale Schreckreaktion. Bei der normalen Aufzucht wird jeder Welpe durch eine Unzahl Umweltveränderungen und geselligen Begegnungen herausgefordert, zuerst mit seinen Wurfgeschwistern und seiner Mutter, und später mit anderen Hunden seines Rudels. So lange er gelegentlich mit Situationen konfrontiert wird, die er bereits kennengelernt und überwunden hat, wird er sie weiterhin meistern. Je mehr Erfahrungen er sammeln kann, desto besser wird er in der Lage sein, mit ähnlichen, aber trotzdem neuen, Situationen fertig zu werden. Wenn eine Schreckreaktion angezeigt gewesen ist, behält der junge Hund seine Reaktion, wenn er derselben Situation begegnet. Die Wiederholung des Ereignisses, die Lehren der Mutter, das Beobachten der Reaktionen der Wurfgeschwister auf dasselbe Ereignis und die Entwicklung von unternehmungslustigeren Verhaltensweisen, die den Welpen mit neuen Umgebungen in Kontakt bringt, helfen ihm, mit der Neuheit fertig zu werden. Brutus, Frau Rymans Hund, ist der Typ eines solch kompetenten, selbstsicheren Hundes, der als Welpe und später als älterer Hund durch die hündische Lebensschule gegangen ist, der dank unserer komptenten Unterstützung gelernt hat, mit allem fertigzuwerden, was ihm voraussichtlich passieren kann, und der deshalb zum idealen Haustier herangewachsen ist. Glücklicherweise sind die meisten Hunde so wie Brutus.

Andere lernen nie, welche Vorkommnisse wirklich gefährlich sind. Nervöse Junghunde gehen möglicherweise jeder Herausforderung aus dem Weg, indem sie sich in einer dunklen Ecke oder hinter einer soliden Abschrankung wie ein Sofa verkriechen, oder bei der kleinsten Veränderung weglaufen und nie lernen, sich der Herausforderung zu stellen.

Körperliche Anzeichen von Nervosität

Der ängstliche Hund ist leicht erkennbar, weil er in derselben Weise reagiert und sich gleich benimmt wie wir, wenn wir nervös sind. Wir erkennen einen plötzlich erschreckten Hund an seinem leicht gekrümmten Rücken und an seinem gesträubten Fell. Der nervöse oder besorgte Hund hat eine zusammengekauerte Körperhaltung, angelegte Ohren, einen tiefgetragenen oder eingezogenen Schwanz. Er entfernt sich langsam und scheu vom Herd des Problems, versteckt sich unter einem Tisch oder in einer Ecke und winselt oder weint beim Rückzug. Sobald er einigermaßen in Sicherheit ist, kann er sich der Welt wieder entgegenstellen, aber immer noch zusammengekauert und bemüht, keine Aufmerksamkeit auf sich zu ziehen; infolge der Adrenalineinwirkung – Adrenalin ist ein Hormon, das in Gefahrenmomenten ausgeschüttet wird und die Muskeln auf die Flucht vorbereitet – sind seine Pupillen geweitet, sein Herz schlägt schneller und möglicherweise zittert er. In schlimmen Fällen kann es, vor allem bei Hündinnen, zu ungewolltem Harnabgang kommen.

Eine andere Möglichkeit ist, daß er eine Vogel-Strauß-Politik wählt, um Konflikten aus dem Weg zu gehen. Wenn er einen sicheren Schlupfwinkel gefunden hat, bleibt er unbeweglich liegen, in der Hoffnung, daß die Herausforderung bald verschwindet. Einige Hunde verstecken sogar ihren Kopf unter einem Stuhl oder unter der Bettdecke. Gleich welche Reaktion der Hund wählt: Er ist offensichtlich unglücklich, und es ist auch eine Belastung für den Besitzer, insbesondere wenn der Hund in dieser Art auf harmlose, alltägliche Begebenheiten reagiert und nie lernt, sozusagen den Stier bei den Hörnern zu packen. Eine solche Reaktion kann bei jedem ausgewachsenen Hund beobachtet werden, der mit einer neuen Situation konfrontiert wird, oder mit einer Situation, die er als Welpe nicht vor der 16. Lebenswoche kennengelernt hat; die meisten haben jedoch irgendeinmal ein ähnliches Erlebnis gehabt und sind erfahren genug, um zu einer raschen Lösung ihres Problems zu kommen.

Anderen gelingt es aber nicht, und obwohl er offensichtlich verängstigt ist, ist es oft schwierig, den Hund in einem solchen Moment zu beruhigen, denn jede Aufmerksamkeit, die man ihm schenkt, kann seine Angst noch verstärken. Unter Umständen wird er nie begreifen, daß wir versuchen, ihn zu trösten. Wenn wir allzu stark insistieren, oder wenn wir den Hund in die Ecke drängen und er keinen Ausweg mehr sieht, könnte er, in einem verzweifelten Versuch, sich zu verteidigen, sogar nach uns schnappen. In der Folge sinkt seine Angstschwelle noch mehr. Einer dieser Hunde ist Arthur, das Gegenstück zum tüchtigen Brutus – ein Hund, der sein Leben offensichtlich nicht voll genießt.

Unsicherheit

Welpen, die von einer unerfahrenen oder unfähigen Mutter aufgezogen werden, neigen dazu, mit Veränderungen und Herausforderungen selbst nicht sehr gut fertig zu werden, weil sie oft durch Beobachtung gelernt haben, sich so zu verhalten, sogar wenn sie nicht von einer besonders nervösen Zuchtlinie oder Rasse abstammen. Wie wir bereits in Kapitel 3 gesehen haben, neigen auch diejenigen Welpen, die insbesondere während der kritischen Sozialisierungsphase »in Watte« aufgezogen wurden, zu Nervosität und Schreckhaftigkeit, weil sie nie gelernt haben, mit einer ganzen Reihe von alltäglichen und harmlosen Situationen fertig zu werden. Ihre Überlebenschancen wären in der freien Wildbahn normalerweise nicht sehr gut.

Es gibt enorme individuelle Unterschiede zwischen den Reaktionen der Welpen, sogar bei Wurfgeschwistern, die von Geburt auf mit denselben Ereignissen konfrontiert wurden. Während Welpen bis ungefähr zur achten Lebenswoche sich schneller an neue Anblicke, Geräusche und Gerüche gewöhnen als es später erwachsenen Hunden möglich ist, kann es vorkommen, daß sich einer der kleineren oder schmächtigeren Welpen in einem solchen Augenblick von den anderen zurückzieht, wenn sie ein neues Spielzeug untersuchen, weil er gelernt hat, daß er schmerzhaft »unter die Räder« kommen kann. Diese negative Verstärkung eines neugierigen Verhaltens bedeutet, daß der Welpe dieses Risiko zukünftig vermeidet, indem er bis zuletzt wartet oder sogar ganz auf die Untersuchung eines neuen Gegenstandes verzichtet, wenn man ihm nicht hilft und auch ganz besonders belohnt. Wenn sie später dasselbe Spielzeug sehen, werden die anderen Welpen bereits gelernt haben, ihre zögernde Untersuchung zu überwinden und sich entweder sofort darauf stürzen, um zu spielen, oder es ganz einfach ignorieren. Im Gegensatz dazu wird der unerfahrene Welpe eine anfängliche Schreckreaktion zeigen oder, noch schlimmer, sich nie mit dem Spielzeug befassen wollen.

Arthur ist möglicherweise das ausgewachsene Beispiel eines zaghaften und unfähigen Welpen. Eine derartige allgemeine Nervosität wird manchmal als ungewöhnliche Angst oder generalisierte Furchtsamkeit bezeichnet. Der Hund hat als Welpe ganz einfach nicht genügend Erfahrung sammeln können, um als ausgewachsener Hund mit der Flut der Herausforderungen Schritt halten zu können. Man könnte versuchen, Arthur zu Hause oder auch außerhalb des Hauses kontrollierten Ereignissen auszusetzen, die wir und Brutus als Gemeinplätze und ungefährliche Begebenheiten betrachten würden. Die meisten Hunde lernen und verlernen laufend konditionierte Angstreflexe; es ist nur so, daß Hunden wie Arthur dabei geholfen werden muß, ihre Angst zu vergessen, indem man das für sie Beängstigende mit etwas Positivem verbindet. Kurz, wir können Arthur neue Gelegenheiten bieten, sich zu bewähren.

In solchen Fällen erhält man selten einen absolut tüchtigen, »normalen« Hund, weil es immer gewisse Dinge gibt, die er nur als Welpe lernen konnte. Welpen, die zum Beispiel zusammen mit Kätzchen oder sogar mit ausgewachsenen Katzen herangewachsen sind, zeigen später selten Nervosität, wenn sich ihnen eine Katze zum Spielen nähert. Ein ausgewachsener Hund jedoch, der mit Katzen keine Erfahrungen gemacht hat, wird sie entweder jagen – was wir in einem späteren Kapitel behandeln werden – oder sich unterwürfig zurückziehen. Die meisten älteren Hunde können später lernen, mit einer Katze zusammenzuleben, aber sie werden sie meist nur tolerieren und selten mit ihr spielen oder sich mit ihr befreunden.

Bei der Behandlung eines nervösen Tiers kann man nur soweit Erfolg haben, als seine aktuelle Lernfähigkeit es erlaubt. Wenn das Angstverhalten erlernt worden ist und nicht einer erblichen Veranlagung oder einem Mangel an früher Gewöhnung entstammt, stehen die Chancen, es wieder zu verlernen, besser. Mit Hunden wie Arthur können Erfolge erreicht werden, indem man ihnen eine neue »Höhle« anbietet (z.B. einen Innenzwinger aus Maschendraht), die im geschäftigsten und meistbenützten Raum der Wohnung aufgestellt wird. Das normale Familienleben spielt sich wie gewohnt rund um den Hund ab, der aber durch den Zwinger vor körperlichen Gefahren abgeschirmt wird. Noch wichtiger: Der Hund kann nicht fortlaufen und sich den Herausforderungen wechselnder Begegnungen mit

Leuten, brüsken Bewegungen und Fernsehgeräuschen oder verrutschten Möbeln durch die Flucht entziehen. Er muß sich ihnen stellen und anfangen, sie zu begreifen. Der Hund befindet sich in einem warmen, sicheren Hort, aber er ist in der Lage, die Ereignisse, die ihn vorher so beunruhigten und verängstigten, zu erfassen und sich an sie zu gewöhnen.

Beruhigungsmittel für Hunde?

Schlimme Fälle generalisierter Nervosität können auch mit Beruhigungsmitteln behandelt werden. Es gibt tatsächlich Hunde mit einer bestimmten Art von Problemen, denen – und deren leidenden Besitzern – mit Valium geholfen werden kann. Bei der Behandlung der meisten Nervenkrankheiten ist es wichtig, daß die Beruhigungsmittel langsam abgesetzt werden, sobald die »Lebenstüchtigkeit« des Hundes zunimmt, so daß die neue Fähigkeit nicht drogenabhängig ist. Das Medikament darf nur ein Hilfsmittel sein, das den Lernprozeß des Hundes unterstützt, indem es vermeidet, daß der Hund der ganzen Intensität seiner anfänglichen Angst ausgesetzt wird. In gewissen Fällen müssen Beruhigungsmittel in niedriger Dosierung während längerer Zeit oder sogar für immer verabreicht werden, um dem Hund mehr Selbstvertrauen zu verleihen. Glücklicherweise brauchen die meisten schlimmen Fälle jedoch nur während kurzer Zeit – wenn sie vermehrt neuen Herausforderungen ausgesetzt werden – medikamentös behandelt zu werden.

Obschon ich kein Experte in alternativen Heilmethoden bin, möchte ich nicht verschweigen, daß gewisse homöopathische Mittel oder Kräuter als wirkungsvolle Alternative zu den herkömmlichen Beruhigungsmitteln gelten und bei bestimmten Fällen in zunehmendem Maße von den Tierärzten verschrieben werden. In jedem Falle sollten Sie sich bei einem anerkannten Tier-Homöopathen erkundigen.

Der Zustand vieler Hunde, die an nervösen Krankheiten leiden, verschlimmert sich, wenn keine Behandlung eingeleitet wird. Die meisten der mir überlieferten Fälle betrafen bisher zweijährige und ältere Hunde. Die verzweifelten Hundehalter beschreiben sie oft als Tiere, die von Anfang an scheu und zurückgezogen waren und immer weniger mit den Lebensgewohnheiten ihrer Halter und den Erfordernissen des Haushalts zurechtkämen. Fast jedes Geräusch oder jede rasche Bewegung genügt, um sie in die Flucht zu schlagen oder bei ihrem Meister Schutz suchen zu lassen; oft stehen sie immer noch angstzitternd da, wenn das »Problem« längst vorbei ist. Andere typische Anzeichen sind eine stetig steigende Isolation des Hundes, der mit der Zeit jede Änderung vermeidet und immer länger braucht, bis er sich nach der Heimkehr seines Meisters wieder in offenere Räume des Hauses wagt. Der Hund sucht dunkle und ruhige Plätze auf, wo er sich geschützt fühlt, verbringt dort immer mehr Zeit und traut sich nur nach langem Zureden hervor, um neue Gäste zu treffen oder in den Garten hinauszugehen.

In selteneren Fällen heftet sich der nervöse Hund schutzsuchend an die Fersen seines Meisters und verursacht ein Riesentheater, wenn er von ihm getrennt wird. Eine solche übertriebene Abhängigkeit ist besonders schwierig zu behandeln, und zwar für den Besitzer wie für den Hund, weil es bedeutet, daß das Band zwischen ihnen gelockert werden muß. Nur dann kann der Hund zu mehr Unabhängigkeit ermuntert werden und anfangen, sich seinen Ängsten zu stellen. Indem er gelernt hat, in Gegenwart seines Meisters ein »guter, braver Hund zu sein«, hat er jede Lebenstüchtigkeit verloren. Auch wenn er ansonsten gefällig ist und zu keinen Beschwerden Anlaß gibt, sollte der Hund behandelt werden, um eine Trennung von seinem Meister gefühlsmäßig verkraften zu können.

Verlust des Vertrauens

Sehr geehrter Herr Neville

Ich habe in einer Frauenzeitschrift über Sie gelesen und frage mich, ob Sie mir und meinem Hund helfen könnten. Ich möchte festhalten, daß ich Zeit meines Lebens Hunde gehalten habe und daß keiner von ihnen je einmal jemanden gebissen, den Teppich beschmutzt oder sonstwie ein Problem verursacht hat. Aber George ist neuerdings nervös, und er versteckt sich, sobald ein Besucher kommt. Mit einigen war er früher sehr duldsam und sogar freundlich, und mit meinem Mann und mir verhält er sich immer noch gut, aber er tut mir leid, wenn er in seinem eigenen Haus vor Freunden Angst hat, die nur versuchen, mit ihm nett zu sein. Sobald die Türglocke läutet, läuft er weg und kommt nur zurück, wenn jedermann wieder gegangen ist. Kann ich irgend etwas tun, um ihm zu helfen?

Hochachtungsvoll

Joyce Newbold

George ist ein vortreffliches Beispiel eines Hundes, der gelernt hat, mit der Anwesenheit von fremden Leuten inmitten seines Territoriums zu leben, dann aber diese Fähigkeit nach und nach verloren hat. Solchen Fällen begegne ich ab und zu. Es gibt auch das Gegenteil, nämlich diejenigen selbstsicheren Hunde, die ankommende Besucher überschwänglich begrüßen, bis sie von ihrem Meister unter Protest fortgezerrt werden. Das arme Opfer will seine Gastgeber natürlich nicht beleidigen, indem er den Hund zurückweist; er versucht nur, ihm auszuweichen, tänzelt vielleicht und räuspert sich verlegen, während der Hund von dem neuen Rudelmitglied absolut entzückt ist und die Lage beherrscht.

Georges Nervosität angesichts von Besuchern rührt nicht unbedingt nur daher, daß er als Welpe zuwenig Erfahrungen mit verschiedenen Leuten sammeln konnte. Er könnte auch eine einzige unglückliche Erfahrung mit einem besonders lauten oder unfreundlichen Besucher gemacht haben, der ihn schlug oder erschreckte und ihn lehrte, sich einer Wiederholung dieser schlechten Erfahrung durch frühes Fortlaufen zu entziehen. Solche traumatischen Ereignisse sind die Ursache vieler Phobien bei Hund und Mensch. Man könnte Nervosität jeglicher Art als generelleres oder weniger spezifisches Problem bezeichnen als eine echte Phobie, aber die Behandlung basiert in beiden Fällen auf einer Desensibilisierung mittels kontrollierter und gemilderter Reize, die beim Patienten keine angstvolle oder phobiehafte Reaktion hervorrufen. Die Intensität des Stimulus wird laufend erhöht, und der Patient gewöhnt sich daran wie bei einem normalen Lernprozeß.

Manchmal geht der Hund möglichen Konflikten aus dem Weg; er gehorcht damit einem Überlebensmechanismus, der ihn befähigt, dank hochentwickelten Sinnen Gefahren zu entdecken und sich ihnen bei Bedarf durch eine schnelle Flucht zu entziehen. Der Umstand, daß der Hund nicht wartet, um die Ursache eines scheinbar gefährlichen, in Wirklichkeit jedoch harmlosen Ereignisses wie das Klopfen eines Auspuffrohrs abzuklären, hat dazu beigetragen, sein Überleben als Individuum zu sichern, wie es das normalerweise schützende Rudel nicht tun könnte, wenn ein einzelner Hund zum Beispiel im Schlaf überrascht würde. Bei Gefahr geht es bei jedem einzelnen womöglich um ein »rette sich wer kann«. Schwierig bei der Behandlung solcher Fälle von Nervosität ist der Entscheid, was »normal« ist, und welcher Hund tatsächlich so »nervös« ist, daß seine Lebensqualität dadurch beeinträchtigt wird. Mehr als bei Katzen können wir unsere eigenen Eindrücke zu Hilfe nehmen, um zu entscheiden, ob und in welchem Ausmaß ein Hund in der Lage sein sollte, mit einer Situation fertig zu werden, weil seine Bedürfnisse und Erwartungen in hohem Maße den unseren entsprechen.

George genießt eindeutig nicht die möglichen Vorteile einer Begegnung mit Joyces Freunden. Während das Weglaufen eine absolut normale Reaktion sein mag, um das Überleben des Hundes zu sichern, gibt es keinen Grund für George, sich unter diesen Umständen bedroht zu fühlen. Je mehr Besucher seine Meisterin aber empfängt, desto weniger sieht sie George, und desto weniger betrachtet er sein Heim als eine sichere Basis. Daraus resultiert eine sich verschlechternde Beziehung zum Hund – eine Beziehung, die sonst in allen Punkten absolut befriedigend wäre; das gesellige Leben der Familie könnte sich aber auch ändern, wenn man aus Angst, den Hund aufzuregen, darauf verzichten würde, Freunde einzuladen. So oder so bleibt dies ein Problem, das gelöst werden sollte – was in den meisten Fällen auch möglich ist.

Die Behandlung ist allerdings selten einfach. Es genügt nicht, einen panisch verängstigten Hund einfach am Halsband festzuhalten und zu versuchen, ihn in die Arme sogar des verständnisvollsten Hundenarren unter den Gästen zu drücken. Wer ins tiefe Wasser geworfen wird, lernt nicht immer schwimmen – er kann auch ertrinken! In einem Fall wie Georges würde ein solches Vorgehen garantiert seine Angst vor Besuchern noch erhöhen, weil sie gepaart ist mit der Erwartung, von seiner Meisterin mit Gewalt festgehalten zu werden – nicht zu sprechen von den Schmerzen, die ihm dabei zugefügt werden könnten. Glücklicherweise versuchen dies die meisten Hundehalter nur ein einziges Mal und rufen mich dann zu Hilfe, solange die Verletzungen noch frisch sind. Solche Hunde beruhigen sich normalerweise ziemlich rasch, sobald sie sich in sicherem Abstand (Fluchtdistanz!) befinden, und während sie ein wachsames Auge auf das Geschehen behalten, woher die nächste Herausforderung eintreten könnte, machen sie sich fluchtbereit, sobald sie sich der Tür nähernde Fußtritte hören – sie warten dann nicht einmal mehr auf die Türglocke.

Bei einer Behandlung von George könnte dieselbe Methode einer Gewöhnung an kontrolliert dosierte Reize angewendet werden wie bei der Behandlung von Arthur, aber gezielter in Richtung Annahme von Besuchern. Zuerst muß man erreichen, daß George nicht mehr versucht, wegzulaufen. Wenn ihm die Flucht nämlich gelingt, bringt er sich nicht nur in Sicherheit vor einer vermeintlichen Gefahr, sondern sich selbst um die Möglichkeit, zu lernen, mit der Situation allein fertigzuwerden. Man muß George daran hindern, Besuchern aus dem Weg zu gehen; am besten nimmt man ihn dazu an die Leine oder sperrt ihn ausnahmsweise während der Begrüßung der Gäste in einen Innenkäfig. Bevor die Gäste eintreffen, stellt man diesen Käfig dorthin, wo sich die Besucher aufhalten werden, daß heißt normalerweise im Salon. Je mehr Freiwillige sich als Besucher zur Verfügung stellen, umso besser, obwohl George zuerst »Gäste« empfangen sollte, die er kennt, wie Familienmitglieder. Sie sollten an der Türe läuten, statt ihren Schlüssel zu benützen. Georges erste Reaktion, wenn er die Schritte nicht erkannt hat, kann die übliche Furcht ausdrücken, aber sein Fluchtversuch sollte durch den Käfig oder die Leine vereitelt werden. Dann tritt der »Gast« ein, und George, der erkennt, daß es sich nur um Joyce oder ihren Mann handelt, beruhigt sich rasch. Eine häufige Wiederholung sollte bewirken, daß George den konditionierenden Reiz der Türglocke mit harmlosen Ankünften verbinden sollte.

Später kann man weniger gut tolerierte Besucher fragen, sich ähnlich zu verhalten, das heißt mit einem Familienmitglied Georges Zimmer zu betreten und dort in einiger Entfernung sitzenzubleiben, ohne irgend etwas zu tun. George muß unbedingt stufenweise an die Anwesenheit dieser Leute gewöhnt werden. Sein Käfig schützt ihn vor der Gefahr, der er so lange ausgewichen ist, und so sollte er sich schnell beruhigen.

In diesem Stadium können langsame Fortschritte und übertriebene Reaktionen durch die Verabreichung von leichten Beruhigungsmitteln (nach tierärztlicher Verordnung verabreicht) unterstützt, beziehungsweise gedämpft werden. Man sollte jedoch unbedingt vermeiden, daß die Toleranz des Hundes von Medikamenten abhängig wird. Zu Beginn, das heißt während einigen Tagen, mag die Toleranz zwar total von den Medikamenten abhängen, aber wenn der Hund immer neuen Besuchern ausgesetzt wird, müssen die Beruhigungsmittel allmählich niedriger dosiert und schließlich ganz abgesetzt werden, so daß die Toleranz nicht mehr drogenabhängig ist, sondern zum Lernprozeß wird. Mit oder ohne Medikamente sollte George dank häufigen Kontakten mit Besuchern lernen, deren Ankunft und Aufenthalt auf seinem Territorium als neutral zu betrachten. Wichtiger noch: Er sollte sie sogar innerhalb seiner eigentlichen Fluchtdistanz tolerieren.

Das nächste Behandlungsstadium ist etwas einschneidender. Durfte George sich vorher noch in einem Käfig aufhalten, muß er jetzt herauskommen und angeleint – zum Beispiel an einem Tisch oder an einem Stuhlbein – in der Nähe bleiben. Die Besucher werden gebeten, sich zunehmend näher an George zu setzen, um ihn noch mehr an ihre Anwesenheit zu gewöhnen. In diesem Stadium kann man nur in einem Tempo vorgehen, das George akzeptiert, und die Besucher sollten keineswegs versuchen, ihn zu berühren oder sogar mit ihm zu sprechen, bevor er Vertrauen zu haben scheint. Dann kann man in Kauf nehmen, den Ausgang der Sache etwas zu beschleunigen. Zuerst müssen die Besitzer von George bereit sein, ihm im täglichen Leben nicht mehr so ohne weiteres zur Verfügung zu stehen. Das heißt, daß man George zwar immer noch regelmäßig füttert, mit ihm spazierengeht und mit ihm spielt, sich sonst aber viel weniger mit ihm befaßt, und daß diese Kontakte mehr aus eigenem Wunsch und nicht auf Initiative des Hundes zustandekommen. Georges Besitzer müssen des weiteren weniger körperlichen Kontakt erlauben und dafür sorgen, daß er insgesamt weniger Zeit in ihrer unmittelbaren Gegenwart verbringt. Man muß George daran hindern, seinen Meistern überall im Hause nachzulaufen und ihm einen warmen, sicheren Ort zuteilen, wo er sich abseits der Familie ausruhen kann. Auf diese Weise werden die Beziehungen zwischen den Besitzern und ihrem Hund etwas neu definiert, so daß George weniger von ihrer emotionellen Unterstützung abhängt, und daß er unter ihrer Kontrolle alle Vorteile des Lebens in einer Gruppe genießen kann.

Obschon George zu Beginn noch etwas Mühe mit diesen Änderungen haben könnte, insbesondere wenn er nicht mehr immer in der Nähe seines Meisters bleiben darf, sollte ihm dieses neue Verhalten in der Folge helfen, seine Bedürfnisse nach Spiel und Kontakten auf die anderen Leute auszurichten, die sich ihm im Verlauf der Behandlung dafür zur Verfügung stellen. Kurz, indem die Besitzer selbst weniger verfügbar sind – zumindest während einigen Tagen – verhindern sie, daß George allzu abhängig wird und zwingen ihn, sich mehr zu öffnen und seine Gunst auch anderen zu gewähren.

Die nächste Phase der Behandlung mag etwas unfair anmuten. George sollte während cirka 12 Stunden nichts zu fressen kriegen, so daß er hungrig ist, wenn er sich mit dem nächsten Besucher den Raum teilen muß. Dieser Besucher sollte sich nahe an George hinsetzen – was besser ist, als wenn er sich zu ihm hinunterbeugt und ihn dabei möglicherweise erschreckt – und ihm unaufdringlich einen Happen seines Lieblingsfutters oder einen Leckerbissen anbieten. Sollte George diesen nicht aus der Hand des Besuchers annehmen, könnte jener ihn vor George auf den Boden fallenlassen. Georges positive Reaktion auf das appetitanregende Futter sollte die Intensität seiner nervösen Reaktion egalisieren oder sogar übertreffen und ihm dadurch helfen, sie zu überwinden. Je schmackhafter der Leckerbissen, desto stärker die Reaktion. Neil Ewart, ein Ausbilder von Blindenführhunden, gab mir das Rezept eines Leckerbissens, dem kein Hund widerstehen kann. Man streicht ein Stück Leber mit Knoblauchpaste ein und gart es im Ofen braun und knusprig. In kleine Stücke zerteilt, soll es angeblich ein Gedicht für jeden Hundegaumen sein. Viele Hunde begnügen sich aber auch mit einem gewöhnlichen Keks – allerdings lieber aus der Keksdose ihres Meisters und nicht aus der eigenen.

Auch in diesem Stadium kann die Behandlung mit gewissen, vom Tierarzt verschriebenen Medikamenten unterstützt werden, zum Beispiel mit Appetitanregern. Es gibt auch Medikamente auf hormoneller Basis mit der kombinierten Wirkung eines Beruhigungsmittels und eines Appetitanregers. Futter kann Beziehungen viel schneller zementieren als eine sanfte Stimme, doch der Besucher und der Meister sollten trotzdem den Hund mit freundlichen Worten dazu aufmuntern, den Leckerbissen anzunehmen. Im Anschluß sollte der Hund während der gesamten Dauer des Besuches (oder der gesamten Geduld der Besucher) noch mehrmals von möglichst vielen

Gästen sowie von den Familienmitgliedern gefüttert werden. Dies verstärkt das Zutrauen des Hundes und hilft ihm, alle Besucher als mögliche Quellen von Futter, und später auch von Zuneigung, zu betrachten.

John Rogerson, ein Hundekenner, hat eine andere Möglichkeit untersucht als das Anbieten von Futter. Er betrachtet Spielzeug als Ersatz für die Befriedigung verschiedener Jagdinstinkte, die ja zu den lebenswichtigsten erblichen Verhaltensweisen des Hundes gehören. Nach dem Futter sollte Spielzeug die zweitwichtigste Möglichkeit sein, das Verhalten des Hundes zu beeinflussen. Die Funktion der Spielsachen als Ersatz für Jagdverhalten, insbesondere die Verfolgung der Beute (die sich bei vielen Hunden als Reaktion auf rollende Bälle zeigt) und das Töten (quietschende Gummitiere usw.) bedeutet, daß viele Hunde den natürlichen Wunsch haben, ein Spielzeug zu besitzen. Dieser Umstand ist besonders nützlich bei gewissen nervösen Hunden, zum Beispiel vielen Deutschen Schäferhunden, sowie bei vielen Jagdhunderassen wie Retrievern oder Münsterländern wie Bandit, die Futterhappen nicht als Belohnung betrachten. Wenn diese Hunde etwas Festes, nicht allzu Hartes, ins Maul nehmen können, sind sie überglücklich, und sie schnappen sehr gerne nach einem Lieblingsspielzeug, das ihnen angeboten wird, sei es als Trost oder als Trophäe, wenn sie erregt oder nervös sind. In vielen Fällen können Halter von nervösen Hunden diese zwei oder drei Wochen vor der Angewöhnung an die Besucher dazu bringen, nach ihrem Spielzeug zu verlangen.

In einer ersten Phase sammelt man alle Spielsachen des Hundes ein und legt sie außer seiner Sicht- und Reichweite weg. Dann bietet man dem Hund ein bestimmtes Spielzeug an, und zwar immer als Einführung zu den angenehmen Aspekten des Lebens, wie Fütterung, Hervorholen der Leine, Streicheln, usw. Die Annahme des Spielzeugs ist die Bedingung für das Zustandekommen von Folgekontakten und wird so zum konditionierten Auslöser von durchwegs lohnenden Folgeereignissen. Nach einer gewissen Zeit genügt es, dem Hund das Spielzeug zu zeigen, um ihn zu erregen und freundlich zu stimmen, und in diesem Sinne wird man auch vor der Ankunft von Besuchern vorgehen. Sobald diese Konditionierung des Hundes gelungen ist, sollte man das Spielzeug in der Nähe der Türe aufbewahren, um diese als Invasionsort durch Besucher zu entschärfen. Der Hund sollte immer dazu gebracht werden, daß er seinem Meister folgt, um das Spielzeug zu erhalten, bevor er in ein anderes Zimmer geführt wird, um gefüttert oder zum Spazierengehen angeleint zu werden, usw.; man sollte ihm das Spielzeug auch jedesmal geben, wenn ein Familienmitglied nach Hause kommt. Das Fassen und Festhalten des Spielzeugs wird somit zum festen Bestandteil des Rituals aller Hund/Familien-Kontakte und kann dazu benützt werden, um den Weg auch für die Begrüßung von Besuchern zu ebnen.

Im letzten Behandlungsstadium wird George bei der Ankunft von Gästen einfach angeleint und festgehalten, und die Gäste geben ihm Futter oder das Spielzeug, das immer noch in der Nähe der Türe aufbewahrt wird. Oft ist es nützlich, den Hund mit einem Kopfhalfter festzuhalten, denn solche Halfter ermöglichen eine bessere und raschere Kontrolle über den Hund als ein einfaches Halsband oder eine Würgekette. Mit einem solchen Kopfhalfter kann der Hund seine Schnauze öffnen, sobald er sich nicht wehrt, und Futter oder sein Spielzeug aufnehmen. Kopfhalfter werden seit Jahrhunderten für die Kontrolle von Pferden, Bauernhoftieren und bis in die dreißiger Jahre von größeren Hunden angewendet. Kopfhalfter haben die übliche körperliche Kontrolle, die auf Ziehen basiert, revolutioniert und geben dem Halter eines nervösen Hundes die Möglichkeit, diese Kontrolle bei Bedarf auf sanftere Weise auszuüben, ohne den Hund zu würgen und dadurch noch seine Angst zu vergrößern. Es besteht kein Zweifel, daß der Hund den Schmerz oder die Spannung um den Hals mit dem Besucher in Verbindung bringt und keinen Zusammenhang mit seinen Fluchtbemühungen oder der Kontrolle durch seinen Meister sehen wird. Der Kopf des Hundes kann sanft festgehalten werden, so daß das Tier die Anwesenheit der Gäste akzeptieren kann. Ein zusätzlicher Vorteil solcher Kopfhalfter ist der Umstand, daß sich viele Hunde schon dadurch beruhigen, daß ihnen ein solches Halfter umgelegt wird. Es scheint, daß ein leichter Druck um die Schnauze viele Hunde beruhigt, vielleicht, weil die kleinste Bewegung der Hand seines Meisters über die Leine und das Halfter an den Kopf des Hundes weitergeleitet wird und so seine Sinneseindrücke verändern kann. Möglicherweise nimmt der Hund an, daß er sich in einem solchen Moment auf die Führung seines Meisters verlassen kann.

Der Hundehalter, der seinen Hund jetzt ohne Kampf kontrollieren kann, führt ihn zur Türe, sobald die Glocke geläutet hat, um zuerst einen einzelnen, dem Hund bekannten und von ihm bereits akzeptierten Gast zu empfangen. Dies sollte langsam geschehen, so daß George nicht in Panik gerät wie zur Zeit, als er noch überhaupt nicht gelernt hatte, daß Besucher auch nett sein können. Sollte George anfangen, ängstlich auszusehen oder sich zu wehren, sollte der Versuch verlangsamt oder abgebrochen werden. Bei der Türe sollte sein Meister ihn mit einem Leckerbissen belohnen und erst dann die Türe öffnen, um den Besucher zu grüßen. Der Hund sollte weiterhin entspannt oder noch besser, erwartungsvoll bleiben und sich auf ein eventuelles Spiel mit seinem Meister oder auf weitere Leckerbissen freuen. Diese zusätzliche Belohnung sollte aber vom Gast gewährt werden. Sobald jener in der Wohnung ist, sollte der Meister seinen Hund streicheln und sich weiterhin mit ihm befassen – darum ist es wichtig, Leute einzuladen, denen es nichts ausmacht, wenn sie nicht im Mittelpunkt des Interesses stehen. Langsam kann der Gast den Hund ebenfalls streicheln, und zum Schluß sollte nur er den Hund streicheln, nachdem der Gastgeber damit bereits aufgehört hat.

Es wird vielleicht noch während einiger Zeit oder definitiv nicht möglich sein, George von seinem Meister wegzuführen, weil dies ein einschränkender Akt ist, der dem Hund keine Fluchtmöglichkeit erlaubt und deshalb sein volles Vertrauen voraussetzt. George würde sich nur ähnlich benehmen wie viele Hunde, deren Kontakte zur Familie eingeschränkt werden.

Bei allen Begegnungen sollten sich die Besucher mit der Hand dem Hund immer nur sehr langsam und von vorne nähern, so daß er sie sehen und akzeptieren kann. Die Bewegung sollte wirklich nur sehr langsam und freundlich erfolgen, denn wenn der Hund unsicherer Herkunft ist, sollte man immer daran denken, daß er vielleicht handscheu ist, weil er die Hand mit der Erwartung einer Bestrafung und nicht einer Belohnung verbindet. Manchmal wird die Hand besser toleriert, wenn der Hund sie zuerst nicht sehen kann und sie einfach das Streicheln verstärkt.

Vielleicht hilft es sogar, wenn man sich George auf seiner Höhe nähert, statt ihn von oben herab einzuschüchtern. Während die Idee, auf dem Boden kriechen zu müssen, vielen Leuten als übertrieben vorkommen dürfte, sollte niemand Schwierigkeiten darin sehen, daß man den Hund auf den Tisch hebt, um ihm zu erlauben, dem Besucher auf gleicher Höhe zu begegnen. Natürlich geht die Sicherheit der Freiwilligen vor, und wenn auch nur eine entfernte Möglichkeit besteht, daß George aus Selbstverteidigung schnappen könnte, muß er während einiger Zeit einen Maulkorb oder ein Schnauzenband tragen. Auch Hunde nähern sich zu Begrüßung untereinander von vorne, und da die Form unseres Gesichts sich nicht allzu sehr von der vieler Hunde mit vorderständigen Augen unterscheidet, dürfte eine solche Begegnung eher toleriert werden als ein »Sturzflug« von oben herab.

Natürlich sollten alle Freiwilligen laute Geräusche oder brüske Bewegungen unterlassen, wenn sie sich dem Hund nähern, um ihn nicht zu erschrecken. Sie sollten ihn auch nicht anstarren, da dies als eine Herausforderung aufgenommen werden könnte, wie sie bei Rangordnungs- oder Territorialkämpfen zwischen zwei rivalisierenden Hunden beobachtet werden können. Der nicht-territoriale George würde immer weglaufen, um eine solche Konfrontation mit einem Besucher zu vermeiden. Bei der Annäherung sollten die Besucher deshalb George unter seiner Augenhöhe anschauen oder an ihm vorbei schauen und eventuell kleine, bittende Geräusche machen, um als unterwürfig und nicht herausfordernd betrachtet zu werden.

Beim nächsten Schritt folgt man demselben Begrüßungsschema mit weniger bekannten Besuchern, und schließlich mit allen Leuten, die zu Besuch kommen. Wenn alles so verläuft, wie erwartet, wird man wegen des zunehmenden Selbstvertrauens des Hundes bald Leine und Halsband weglassen können, es sei denn – und das soll manchmal vorkommen –, der Hund sei jetzt jedesmal so begeistert von der Ankunft von Leuten, die ihn füttern und mit ihm spielen, daß er daran gehindert werden muß, jedermann anzuspringen.

Die Fortschritte in solchen Fällen, in denen der Hund früher nicht menschenscheu war und diese Scheu erst in der Folge erwarb – im Gegensatz zu denen, wo der Hund nie Zutrauen hatte –, sind normalerweise konstant, und wenn das Ziel erreicht ist, wird der Hund selten in sein altes Verhaltensschema zurückfallen, vorausgesetzt, er wird regelmäßigen Kontakten mit angenehmen Besuchern ausgesetzt. Grundsätzlich sind die Behandlungsmethoden sehr ähnlich zu denen, die bei vielen anderen Verhaltensstörungen angewendet werden. Die Möglichkeit eines Erfolgs einer unerwünschten Reaktion wird physisch verhindert, die physiologische Reaktion von Angst oder Panik wird wenn nötig mittels Medikamenten unterdrückt, und das Tier wird langsam und kontrolliert an die Ursachen gewöhnt, die es früher nervös machten. Seine korrekten oder entspannten Reaktionen werden dann positiv verstärkt. Mit der Zeit lernt der Patient, den Stimulus zu akzeptieren, sich damit abzufinden und schließlich sogar zu schätzen. Alle variablen Elemente sollten reduziert werden, so daß alles unter Kontrolle ist und alle möglichen Reaktionen des Hundes vorausgesehen werden können. Wichtig ist schließlich, daß der Hund oft kurzen, dosierten Reizen ausgesetzt wird, in einem Tempo, das er ohne panische Reaktion annehmen kann. Wenn keine Besucher da sind, sollte der Hund wie vorher frei umherlaufen können, von Zeit zu Zeit aber in seinen Käfig gesperrt oder an die Leine genommen werden, ohne daß Besucher kommen, so daß er dies nicht als unangenehme Nebenerscheinung betrachtet. Am besten sollte er auch so gefüttert werden, um die Einschränkung der Bewegungsfreiheit mit vielen verschiedenen Ereignissen zu verbinden, unter anderem auch mit angenehmen.

Normalerweise gelingt es. Allerdings würden Kinder, laute, schlechtgelaunte oder betrunkene Gäste George nach wie vor beunruhigen, wegen ihrer unvorhersehbaren Bewegungen oder ihres weniger rationalen Verhaltens. Da die Technik der dosierten Reize unter Umständen schwierig zu organisieren ist, sollte man den Hund vielleicht vor einer solchen unüblichen Invasion bewahren, indem man ihn vorher in einen anderen Raum bringt. So wird er nicht in das alte Angstschema zurückfallen – es sei denn, Trunkenheit sei eher die Norm als Nüchternheit. Diesbezüglich kommt mir eine Katze in den Sinn, die in einem Pub in Schottland gelebt hatte. Diese Katze – sie hieß Pernod – mißtraute allen Leuten, die sich ruhig benahmen und gerade liefen, hatte aber keinerlei Mühe mit torkelnden, lärmigen Trinkern. Zweifellos ein Fall von früher Angewöhnung.

Unverträglichkeit mit anderen Hunden

Sehr geehrter Herr Neville

Unsere zweijährige Deutsche Schäferhündin Bluey benimmt sich mit mir und meiner Familie wie ein erstklassiger Hund. Sie ist eine ausgezeichnete Wächterin und läßt sich von den Kindern ohne jeglichen Protest herumschubsen. Wenn wir spazierengehen, entfernt sie sich nie von uns und hat schreckliche Angst vor anderen Hunden. Sogar ein Yorkshire Terrier kann sie zu Tode erschrecken, wenn er sie nur freundlich beschnüffelt. Sie wimmert und flüchtet zum nächsten offenen Feld oder versteckt sich hinter uns, um allen Hunden, sogar den freundlichen, aus dem Weg zu gehen. Wir erhielten sie von einem Züchter im Alter von etwa einem halben Jahr, und obschon sie von Anfang an in Anwesenheit anderer Hunde nervös war, dachten wir, sie würde sich bei ihrem täglichen Ausgang im Park an sie gewöhnen, doch es ist womöglich noch schlimmer geworden.

Hochachtungsvoll

Amanda und James Butler

Es handelt sich hier um ein sehr häufiges Problem. Es mutet fast etwas ironisch an, das Bluey in ihrem menschlichen Rudel bestens funktioniert und sogar toleriert, daß die Kinder mit ihr machen, was sie wollen. Mit ihren eigenen Artgenossen ist sie unfähig, normale Kontakte zu pflegen, und sie meidet andere Hunde, indem sie wegläuft.

Leider begegne ich immer wieder solchen Hunden in meiner Sprechstunde, und die meisten sind Rassehunde mit Stammbäumen und nicht Kreuzungen oder Bastarde. Bluey zeigt, was mit einem Hund geschieht, der früher nicht erfahren konnte, was Begegnungen, Spiele und Kampfspiele sind, und nicht weiß, wie das allgemeine gesellige Verhalten ist, das einem Hund ermöglicht, in einer Gruppe zu leben und mit anderen Hunden außerhalb der Gruppe ohne Gewalt und ohne Verletzungsrisiko auszukommen. Hunde, die in langweiligen, abwechslungsarmen Zwingern gehalten werden oder sogar im Hause eines Züchters, der die Wichtigkeit von geselligen Kontakten für deren soziale Entwicklung verkennt, werden alle unweigerlich wie Bluey. Sie war bis zum Alter von sechs Monaten in einer Umgebung, die ihr Kontakte mit fremden Hunden verunmöglichte, und leidet an einer »Zwingerneurose«.

Interessanterweise gibt es solche Hunde, die auch mit unbekannten Leuten nervös werden, und viele wie Bluey, die mit allen Leuten im allgemeinen gut auskommen und auch ausgezeichnete Familienhunde abgeben. Vielleicht schließen sie sogar problemlos Bekanntschaft mit Hunden, die in der Familie aufgenommen werden und dann von ihrem Schutz abhängen, so wie sie von ihrer Mutter und ihren Wurfgeschwistern abhingen. Es ist typisch, daß diese Hunde die letzten sind, die das Haus des Züchters verlassen, und zwar entweder zufällig, weil alle anderen zuerst ausgewählt wurden, oder weil die Leute, die sie reserviert hatten, es sich anders überlegten, und es dann für den Züchter zu spät war, sofort einen anderen Käufer zu finden. Manchmal ist es leider auch so, daß der Züchter den Hund zuerst selbst behalten will, weil er im hübschen Welpen einen zukünftigen Schönheitschampion sieht, um ihn dann abzustoßen, wenn er sich nicht erwartungsgemäß entwickelt.

Auch ausschließlich kommerziell interessierte Züchter haben körperlichen Kontakt mit den Welpen, wenn sie sie Besuchern und Interessenten zeigen, so daß die Welpen während dieser kritischen zweiten Sozialisierungsphase mit Leuten in Kontakt kommen. Aber sie können sich auf keine Erfahrung stützen, wenn sie anderen Hunden begegnen. Ich vergleiche dies immer mit einem Kind, das mit zwölf Jahren erstmals zur Schule geht und von dem man erwartet, daß es eine Fremdsprache lernt, wenn es noch nicht einmal in seiner Muttersprache lesen und schreiben kann. Erstaunlicherweise – und dies ist auf die große Lernfähigkeit der Hunde zurückzuführen – können die meisten Hunde, wenn auch nicht alle, dieses frühe Handicap überwinden und sehr schnell lernen – manchmal allerdings erst nach einigen schmerzlichen Erfahrungen –, sich mit anderen Hunden zu verständigen und sogar mit ihnen zu spielen. Andere Hunde werden richtig aufgezogen, erleben aber das Trauma, von einem fremden Hund angefallen zu werden und vermeiden dann alle anderen Hunde. Hündinnen sind oft das Ziel besonderer Aufmerksamkeit seitens der Rüden, wenn ihre erste Läufigkeit im Alter von sechs bis zwölf Monaten bevorsteht, und wenn sie dabei verängstigt werden, können auch sie danach allen Hunden – Rüden oder Hündinnen – mit Nervosität begegnen. Wie dem auch sei: Ein Hund, der nicht weiß, wie er sich gegenüber Artgenossen verhalten soll, ist nicht »normal«, und auch wenn er in der Lage ist, sich selbst erfolgreich unerwünschten Herausforderungen durch die Flucht zu entziehen, entgeht ihm dabei auch ein Riesenspaß mit anderen Hunden.

Leider werden Hunde wie Bluey selten zu den geselligsten Hunden im Park gehören und auch selten die ersten sein, die Kontakte mit anderen aufnehmen, aber sie können normalerweise lernen, andere Hunde besser zu akzeptieren und weniger Angst vor ihnen zu haben. Wie bei so vielen Formen von Nervosität und Unfähigkeit handelt es sich hier um einen Fall, der durch kontrollierte Angewöhnung an andere Hunde behandelt werden kann. In Ausnahmefällen können solche Hunde auch geheilt werden, indem sie mit unzähligen frei umherlaufenden Hunden in Kontakt gebracht, ja geradezu mit diesen Kontakten »bombardiert« werden. Allerdings kann eine solche Holzhammertaktik das Problem auch verschärfen, und vielleicht wird der Hund aggressiv, weil er meint, er müsse sich verteidigen. Im Falle von Bluey würde ich eine kontrolliertere und dosiertere Angewöhnung an andere Hunde vorziehen.

Auch hier ist eine gute Vorbereitung der Schlüssel zur erfolgreichen Behandlung. Bevor sie anderen Hunden vorgestellt wird, muß Bluey so entspannt wie möglich sein. Sie sollte unangeleint umhertollen und mit ihrem Meister sowie mit Hunden spielen können, die sie gut kennt, auf einem Gelände, wo Begegnungen mit fremden Hunden eher unwahrscheinlich sind. Sobald sich die Halter vom wilden Lauf und vom Spiel erholt haben, sollten sie Bluey ein Kopfhalfter umlegen, an das sie bereits gewöhnt worden ist, sie an die Laufleine nehmen und mit ihr in einem öffentlichen Park spazierengehen. Es ist von Vorteil, wenn Bluey den Park bereits kennt, denn an einem solchen Ort ist ihr Selbstvertrauen größer. Die Halter sollten kleinere und freundlich aussehende Hunde ins Auge fassen, die in Begleitung ihres Halters, aber nicht unbedingt angeleint sind (diese Einschränkung verwandelt manchmal, bildlich gesprochen, das sanfteste Lamm in einen reißenden Wolf), und sich ihnen ohne Umschweife nähern, dabei aber immer beruhigend und ermunternd auf ihren Hund einreden. Sollte Bluey versuchen, sich der Begegnung durch Flucht zu entziehen, wird der Zug auf die Leine seinerseits den Zug auf das Kopfhalfter verstärken und dem Halter eine rasche und doch freundliche Kontrolle ermöglichen. Der Meister sollte mit Bluey Augenkontakt aufnehmen, um ihr zu helfen, sich zu beruhigen. Sobald es soweit ist, sollte der Meister dem anderen Hund wieder folgen und in einem gewissen Abstand hinter ihm bleiben, so daß Bluey ihn vor sich sehen kann; langsam kann dieser Abstand verringert werden, und bei Bedarf wird Bluey wieder beruhigt. Bei vielen Hunden ist es wichtig, daß der Halter während der ganzen Zeit spricht. Wenn der andere Hund sich Bluey nähert, um sie zu begrüßen, sollte sie dazu ermuntert werden, dies zu akzeptieren, und nicht, im Falle einer panischen Reaktion, weggebracht werden. Sie sollte im Gegenteil genau wie vorher beruhigt werden und danach erneut in eine Stellung gebracht werden, aus der sie den anderen Hund sehen kann. So wird der Erfolg der erlernten Ausweichreaktion vereitelt, und Bluey muß entscheiden, welche Alternative sie nun wählen will. Sollte sie in Panik ausbrechen, wäre ihr Meister da, um sie zu beruhigen, aber nur so lange, bis sie sich wieder gefaßt hat; dann beginnt er die Prozedur von neuem. Langsam und dank kurzen, aber häufigen Begegnungen mit Artgenossen sollte Bluey anfangen, Annäherungsversuche anderer Hunde zu tolerieren. Allerdings hängt das Ganze auch von der Disponibilität und der Zusammenarbeit anderer Hundehalter und ihrer Hunde ab. Aggressive, unkontrollierte und übererregte Hunde sollten möglichst gemieden und Bluey vor ihnen beschützt werden, wie das bei jedem anderen Haustier der Fall wäre. Während der Begrüßung wird der andere Hund Bluey an Kopf und Hinterteil beschnüffeln wollen und dabei eine sehr deutliche Körpersprache benützen. Der Halter sollte Bluey dabei gut zureden, sich sonst aber neutral verhalten. Sobald Bluey etwas sicherer wirkt, sollten die Halter versuchen, sich voneinander zu entfernen, ohne dabei an Blueys Halsband zu ziehen (die lange Laufleine läßt sich mehrere Meter ausziehen). Bluey, die sich plötzlich im »no man's land« befindet und dort weniger geschützt ist, ist gezwungen, in bezug auf den anderen Hund und auf ihr eigenes Verhalten ihm gegenüber selbst weiterzudenken. Langsam, aber sicher bessern sich die meisten Hunde wie Bluey und schließen sogar enge Freundschaft mit einigen ausgewählten Hunden aus der Nachbarschaft, denen sie regelmäßig begegnen. Nach einiger Zeit und einigen Bemühungen sollte Bluey sogar alle Hunde dulden, außer den allzu freundlichen oder aggressiven, die sie vielleicht nach wie vor verunsichern und ängstigen, und imstande sein, an jedem Hund jederzeit und überall problemlos vorbeizugehen.

Angst

Sehr geehrter Herr Neville

Meine kleine Mischlingshündin Sukie ist jedesmal kom-

plett durcheinander, wenn etwas nicht planmäßig verläuft. Ich habe sie nie geschlagen und habe auch nie Grund gehabt, sie anzuschreien, doch wenn man ihren Gesichtsausdruck sieht, könnte man manchmal meinen, daß ich sie mit einem Riesenstock verprügle. Sie scheint ganz besonders unglücklich, wenn sie in den Garten hinausgelassen werden möchte, um sich zu versäubern, obwohl sie ja weiß, daß ich sie immer hinauslasse, wenn sie neben der Türe wartet. Wie kann ich ihr beibringen, daß es nicht nötig ist, sich über alles immer derart zu sorgen?

Mit freundlichen Grüßen

Violet Robinson

Angst oder Furcht könnten als eine Art Geisteskonflikt beschrieben werden, weil einerseits der Wunsch da ist, sich auf eine bestimmte Art zu verhalten, andererseits aber keine Möglichkeit dazu besteht. Dies kommt bei allen nervösen Beschwerden zum Ausdruck, wenn der Hund mit etwas konfrontiert wird, das er nicht gern hat, dem er aber nicht aus dem Weg gehen kann. Wie beim Menschen können auch beim normalerweise ausgeglichenen Hund Ängste auftreten.

Der Hund, der sich dringend versäubern möchte, aber keine Möglichkeit hat, sofort hinauszugehen, wird nervös und entscheidet sich wahrscheinlich für eine der folgenden alternativen Verhaltensweisen: Er wimmert, bellt oder wedelt mit dem Schwanz und »bittet« so seinen Meister, ihn hinauszulassen. Wenn dieser jedoch schläft oder sonstwie nicht abkömmlich ist, nimmt die Beklemmung des Hundes und gewöhnlich auch seine Nervosität zu. Bei extrovertierten und geselligen Hunden äußert sich die zunehmende Erregung mit Gebell, Hecheln, nervösem Gehen oder Auf- und Ablaufen mit stereotypen oder wiederholten Bewegungsabläufen, mit Scharren und Kratzen an der Türe. Die allgemein ruhigeren und zurückgezogeneren Hunde können ein Verhalten an den Tag legen, das eher selbstorientierter und introvertierter ist; sie laufen zum Beispiel ihrem eigenen Schwanz nach oder belecken und beknabbern sich ihre Pfoten wund. Beider Verhalten sind eindeutig neurotisch.

Wenn die Türe endlich geöffnet wird, stürzt der Hund hinaus, um sich zu erleichtern, und ist dann auch in übertragenem Sinne erleichtert, weil sein geistig-mentaler Konflikt gelöst wurde. Wenn die Türe jedoch nicht geöffnet und der Hund schließlich gezwungen wird, im Hause zu urinieren, löst diese Tat den Konflikt auch. Zweifellos wird auch unter diesen Umständen ein Ausdruck grenzenloser Erleichterung auf seinem Gesicht zu lesen sein, obwohl es ihn einen Moment lang stören mag, daß er den Boden nässen mußte. Er wird sich mit dem Problem des Unmutes seines normalerweise liebevollen Meisters auseinandersetzen, nachdem er die Erleichterung genossen hat.

Unsere Hunde können aus den unterschiedlichsten Gründen Angst haben. Nicht selten entstehen solche Angstgefühle, weil wir dem Hund keine Möglichkeit bieten, sein gesamtes, natürliches Repertoire an Verhaltensweisen auszuleben, zum Beispiel weil wir ihn als Kettenhund halten, der Veränderungen um sich herum weder auskundschaften noch näher untersuchen kann, oder weil es uns nicht gelingt, ihm auf verständliche Art mitzuteilen, was wir von ihm wollen. Wenn wir die Geduld verlieren, noch bevor der Hund richtig verstanden hat, was wir ihm befohlen haben, kann er ängstlich werden.

Bis zu einem gewissen Grad sind Hunde, die, wenn sie Angst verspüren, sehr erregt, nervös oder extrem zurückgezogen reagieren, entweder so geboren oder aus Mangel an passenden Erfahrungen im Alter von 4 bis 16 Wochen so geworden. Es ist nicht immer möglich, sie stark zu verändern. Wichtig ist eine ruhige und beständige Beziehung zu allen Familienmitgliedern, die sich untereinander absprechen sollten, um im Umgang mit dem Hund dieselben Befehle zu benützen und sich an dieselben täglichen Gewohnheiten zu halten, um dem Hund ein stabiles Umfeld zu verschaffen, das ihm ermöglicht, spezifische Herausforderungen zu verkraften. Man sollte unbedingt auf eine Bestrafung verzichten, um den emotionellen Konflikt des Hundes nicht zusätzlich zu verstärken, wenn das Tier ohnehin aufgeregt oder verängstigt ist.

Positive Unterstützung in Form von Leckerbissen oder freundlichen Worten hat immer eine beruhigende Wirkung auf den Hund. Unter gewissen Umständen muß man ihn aber ganz einfach schnellstmöglich aus der beängstigenden Situation oder Umgebung befreien, bevor man versuchen kann, ihn zu beruhigen. Das Zusammenleben mit einem ängstlichen Hund kann den Beschützerinstinkt ganz schön auf Trab bringen.

Trennungsängste

Sehr geehrter Herr Neville

Ich bin am Ende meines Lateins. Jedesmal, wenn mein Mann und ich ausgehen, verwüstet unser Hund Pluto, den wir aus Tierliebe aus dem lokalen Hundeheim gerettet haben, unsere gesamte Wohnung. Bisher hat er die Küche fast vollständig zerstört, alle Kissen und Bettüberwürfe der 3-Zimmer-Wohnung zerrissen und unzählige Vasen und Nippsachen von den Regalen heruntergeholt. Wir haben jedesmal mit ihm geschimpft und mein Mann hat ihn sogar geschlagen, aber es hat nichts genützt. Bald werden wir keine Wohnung mehr haben, die er ruinieren könnte. Wie um Himmels willen können wir ihn davon abhalten, sich so zu benehmen? Wenn wir bei ihm sind, ist er ein fabelhafter Hund, und ich würde ihn nur sehr ungern ins Tierheim zurückbringen.

Hochachtungsvoll

Rose Bramley

Das ist eine der häufigsten Verhaltensstörungen beim Hund; sie macht ungefähr 15 Prozent aller Fälle aus, die mir überwiesen werden. In den meisten Fällen handelt es sich um Kreuzungen oder Mischlinge, aber auch um viele Labradors, Retriever, Deutsche Schäfer und Boxer. Allerdings sagen diese Zahlen nur etwas über die Beliebtheit dieser Rassen in Großbritannien; sie zeigen keine Rassentendenz auf.

Trennungsängste lösen beim Hund verschiedene Verhaltensweisen aus, weil er allein nicht zurechtkommt. Die meisten neuen Hundehalter müssen ihren Hund von Zeit zu Zeit allein zu Hause lassen, einige sogar täglich während mehreren Stunden, weil sie auswärts arbeiten (unter anderem, um das Hundefutter zu verdienen!). Die meisten neuen Welpenbesitzer erwarten einigen Ärger, wenn sie ihren Welpen erstmals allein im Hause zurücklassen, insbesondere erwarten sie, daß er winselt oder vielleicht einen Schuh oder zwei anknabbert. Nach wenigen traurigen Erfahrungen lernen die meisten

Welpen, sich mit der Einsamkeit abzufinden, und obwohl die wenigsten unter ihnen je lernen, vor Freude auszuflippen, wenn ihre Meister das Haus verlassen und sie nicht mitnehmen, legen sie sich einfach in ihren Korb oder beschäftigen sich zum Zeitvertreib mit einem Kauspielzeug.

Bei Hunden, die in ihren ersten Lebensmonaten oder -jahren nie alleingelassen worden sind, wird die Aussicht, im neuen Heim allein bleiben zu müssen, höchstwahrscheinlich größere und lang andauernde Ängste auslösen. Diese unglücklichen Hunde können ganz einfach nicht auf frühere Erfahrungen zurückgreifen und können die Gefühle von Verwundbarkeit nicht verkraften; weil sie eingesperrt sind, können sie auch ihre Angst nicht bewältigen, indem sie z.B. ihren Meister suchen. Der Hund ist ein geselliges Tier, das auf den Schutz der Meute vertraut. Es gibt keine ausgeprägte, vererbte Fähigkeit, mit der Einsamkeit fertigzuwerden. Interessant ist die Reaktion afrikanischer Jagdhunde, wenn sie durch den Menschen absichtlich oder unbeabsichtigt von ihrem Rudel isoliert werden: Durch lautes Winseln und Heulen halten sie mit den anderen den Kontakt aufrecht und teilen ihnen ihre Notlage mit. Die isolierten Hunde werden dann meist sehr aktiv und versuchen mit allen Mitteln, wieder zu den anderen zu kommen; gelingt es ihnen nicht, laufen sie verzweifelt hin und her oder in Kreisen.

Wir stellen demnach bei unseren Hunden, die nicht ohne uns sein können, uralte Verhaltensweisen fest. Es mag für den Halter schwer sein, die Zerstörungen und das ungehörige Benehmen des Hundes nicht auf eine Trotzreaktion zurückzuführen, aber geplagte Halter wie Rose sollten unbedingt wissen, daß Trennungsängste echt sind, und daß Hunde wie Pluto wirklich darunter leiden. Es ist natürlich besonders unangenehm, wenn man nach einer Party nach Hause kommt und in den schönen Kleidern noch eine Schweinerei aufputzen und aufräumen muß. In einem solchen Moment ist es äußerst schwierig, ja unmöglich, sein Temperament zu zügeln und einen Wutausbruch zu vermeiden. Ich erinnere mich diesbezüglich an einen Fall, bei dem der Halter nur fünf Minuten außer Haus war und bei seiner Rückkehr fand, daß sein neun Monate alter Boxer einen 8000 £ teuren orientalischen Teppich zerfetzt hatte!

Das häufigste Symptom der Trennungsangt ist das Zerstören von Haushalteinrichtungen, z.B. durch Benagen und Zerkratzen. Andere Hunde bellen pausenlos und lautstark, heulen, wimmern, zeigen Anzeichen von Panik wie frenetisches Hin- und Herlaufen, übermäßiges Speicheln, oft bei der Türe, durch die der Halter die Wohnung verlassen hat, oder bei der Türe, durch die der Hund normalerweise hinausgeht. Besonders unangenehm sind der Verlust der Stubenreinheit und die damit zusammenhängenden Pfützen und sonstigen »Hinterlassenschaften« überall im Hause. Bruno, der spielerische Labrador, der den Pächtern meines lokalen Pubs gehört, legte fast Feuer an ihr wunderschönes Haus aus dem 14. Jahrhundert, als er eines Abends eine Schachtel Zündhölzer zerbiß, weil er alleingelassen worden war. Als er sie zerkaute, fingen einige Zündhölzer und auch der Teppich Feuer. Glücklicherweise entdeckten Lyn und Andy, die beiden Pächter, das Feuer und konnten es rechtzeitig löschen. Nach einigen Sitzungen mit mir akzeptiert Bruno jetzt, während der Öffnungszeiten des Pubs alleingelassen zu werden, ohne gemeingefährlich zu werden. Sonst ist Bruno ein typischer, extrovertierter und kecker Labrador. Andere, verschlossenere Hunde könnten, wenn sie alleingelassen werden, selbstzerstörerische Verhaltensweisen entwickeln, wie Benagen und Wundlecken ihres Schwanzes oder ihrer Pfoten, aber das kommt eher selten vor.

Die Behandlung ist normalerweise erfolgreich, obwohl sie in schlimmen Fällen ziemlich lang dauern kann. Erstens ist es wichtig, daß es während der Behandlung zu keinen Rückfällen kommt, und daß Pluto während dieser Zeit nie einer Situation ausgesetzt wird, in der er alleingelassen wird und seine Angst so groß ist, daß er zu kostspieligen Taten verleitet wird. Das kann man dadurch erreichen, daß man den Hund überall im Wagen mitnimmt, daß ein Hundesitter oder Freunde ihn betreuen, daß er in ein Hundeheim gebracht oder kurzfristig in seinen eigenen sicheren und bekannten Wohnungskäfig gesperrt wird.

Ein solcher Käfig oder Zwinger mag Gedanken an Eingesperrtsein und Gefängnis hervorrufen, aber in Wirklichkeit gibt er dem Hund einen sicheren Platz, der einer gemütlichen, sicheren Höhle entspricht. Die Gitterstangen schützen ihn genauso, wie sie seinen Zugang zu den kostbaren Wohnungseinrichtungen verhindern. Wenn der Hund sorgfältig an den Käfig gewöhnt wurde, wird er ihn freiwillig als Ruheplatz benützen, jedesmal wenn er schlafen will oder nervös und beunruhigt ist. Der Käfig ist nicht einfach ein bequemer Platz, wo man den Hund einsperren und das Problem vergessen kann, es ist vor allem eine nützliche Einrichtung für die

Behandlung. Wenn man einen Hund an einen Käfig gewöhnen will, legt man den Inhalt seines Schlafkorbes hinein und läßt die Käfigtüre offen, so daß der Hund nach Belieben ein- und ausgehen kann, wenn die Familie zu Hause ist. Man kann ihm auch einige Leckerbissen und Lieblingsspielsachen hineinwerfen und ihn immer öfters im Käfig füttern. Wenn der Hund daran gewöhnt werden soll, im Käfig zu schlafen, muß man zuerst mit ihm spielen und mit ihm laufen, ihn dann füttern und dann dazu aufmuntern, sich zum Schlafen in seinen komfortablen Korb (in den Käfig) zu begeben. Sobald er eingenickt ist oder sogar tief schläft, kann man die Türe erstmals schließen, wie man es später jede Nacht tun wird.

Manchmal genügt dies schon, um den Hund zu beruhigen und zu erreichen, daß er nicht in Verzweiflung gerät und dabei Sachen zerstört oder andere Paniksymptome entwickelt. Normalerweise erlaubt es zumindest dem Halter, sich zu entspannen in der Gewißheit, daß zu Hause nichts kaputtgemacht wird. Dies kann auch bereits zu einer Besserung der Beziehungen führen und das Betragen des Hundes beeinflussen, denn wenn der Hundehalter schlechtgelaunt heimkommt, eine zerstörte Wohnungseinrichtung vorfindet und den Hund bestraft, fühlt sich letzterer noch mehr verunsichert. Mit der Zeit wird er das Alleinsein zusätzlich mit dem nachträglichen Ärger verbinden, und die zunehmende Verunsicherung wird ihn zu noch größeren Zerstörungen treiben – ein Teufelskreis. Doch der Hund liebt ja seine Meister und rächt sich nicht an ihnen, weil sie ihn allein zu Hause lassen.

Der Schlüssel zur Behandlung von Pluto ist die Neustrukturierung der Familienbeziehungen zu ihm. Pluto kommt ohne seine Meister nicht zurecht und man muß ihm helfen. Zuerst muß man schauen, wie er sich mit ihnen verhält, wenn sie zusammen sind. Um eine klarer begrenzte Beziehung zu schaffen, die den Hund weniger abhängig macht, sollte man zuerst die Zeiten kürzen, die er direkt mit seinen Meistern verbringen darf – manchmal sogar um die Hälfte, wenn er ihnen gewöhnlich überall nachläuft und mit ihnen im selben Zimmer schläft.

Wenn der Hund im selben Zimmer schläft, sollte man sein Lager immer näher zur Tür verlegen, später in den Gang oder noch weiter davon entfernt, am Rande des »Territoriums« – dort nämlich, wo ein rangniedrigeres Mitglied eines Hunderudels froh wäre, Unterschlupf zu finden. Der Lernprozeß kann allerdings sehr schwierig werden und bei allzu abhängigen Hunden, die das unverdiente Privileg genießen, neben oder sogar auf dem Bett des Rudelführers schlafen zu dürfen, extrem viel Zeit beanspruchen, um auch nur zum Teil Erfolg zu haben.

Für den Hundehalter ist es also wichtig, seine Beziehungen neu zu gestalten und während zwei bis drei Wochen, oder bei Bedarf noch länger, dem Hund niemals zu erlauben, von sich aus Kontakt mit seinen Meistern zu suchen (und zu erhalten). Alle angenehmen Seiten des Lebens, inklusive kurze Zeiten von Liebkosungen, Fellpflege und Spielen, sind vorhanden wie vorher, aber immer nur auf Initiative des Meisters und nicht des Hundes. Praktisch alle Hunde, die ich wegen Trennungsängsten behandeln mußte, konnten immer mit ihrem Meister sein, wenn es ihnen gefiel. Ich kann mich an besonders schlimme Fälle erinnern, wo der Hund seinem Meister sogar auf die Toilette folgte und die Türe zerkratzte, wenn sie zufällig einmal geschlossen war, oder an jenen Yorkshire Terrier, der während der Hochzeitsnacht seiner Besitzer auf dem Bett sein durfte!

Der Hund ist sehr wohl imstande, seine Meister ein- und auszuschalten wie ein Haushaltgerät, wenn er Aufmerksamkeit und Liebesbezeugungen will; er verwendet dazu eine ganze Reihe von Verhaltensweisen, die zum Teil liebenswürdig, zum Teil aber auch äußerst lästig sind. Einen Hund, der mit dem Schwanz wedelt und mit großen, dunklen Augen bettelt, muß man einfach streicheln, auch wenn sich dies täglich unzählige Male wiederholt. Der Hund, der bellt und sich in ein nervöses Fellbündel verwandelt, wenn man sein Verlangen nach körperlichem Kontakt auch nur eine Sekunde lang ignoriert, wird ebenfalls das erhalten, was er verlangt, sei es nur, um ihn zu beruhigen. So oder so lernt der Hund, Aufmerksamkeit auf sich zu ziehen und, schlimmer noch, für gefühlsmäßige Sicherheit und Trost beim kleinsten Zwischenfall total von seinem Meister abhängig zu sein. Wenn ein Hund also früh erfahren hat, wie er seinen Meister »in der Hand« haben und immer über ihn verfügen kann, sind die Ängste, die er ausstehen muß, wenn er einmal allein zu Hause gelassen wird – wie es bei den meisten Hunden irgendeinmal der Fall ist –, umso schlimmer.

Wenn man ihn alleinlassen muß, sollte man vorher möglichst mit ihm einen langen Spaziergang machen und ihm im Anschluß daran sofort einen Großteil seines Futters verabreichen. Wenn er sich dann in einem »Verdauungstief« befindet, sollte der Halter ihn auffordern, seinen Käfig oder seinen Korb an einem ruhigen, warmen, durchzugfreien Ort aufzusuchen. Während der nächsten zehn oder fünfzehn Minuten sollten sich die Halter zum Gehen bereitmachen und den Hund dabei völlig außer Acht lassen. Mit etwas Glück schläft der Hund ein; wenn nicht, sollten die Besitzer alle seine eventuellen Bemühungen, sie aufzuhalten oder ihre Aufmerksamkeit zu ergattern, nicht beachten.

Auch wenn es verführerisch wäre, zum Hund zu gehen, sich von ihm zu verabschieden und ihn zu bitten, nichts kaputt zu machen und während der Abwesenheit von Mami und Papi ruhig zu bleiben, müssen Sie der Versuchung unbedingt widerstehen! Ignorieren Sie den Hund und gehen Sie hinaus. Abschiedsszenen verstärken nur die Anhänglichkeit des Hundes im Moment des Kontaktes und stürzen ihn dann in einen Abgrund von hysterischer Panik, wenn er realisiert, daß er wirklich verlassen worden ist. Einige Hunde geraten in regelrechte Zerstörungswut, schlafen dann erschöpft ein, um nach dem Erwachen zu realisieren, daß sie immer noch allein sind, und fahren mit den Zerstörungen gleich weiter. Andere wiederum können sich zwar mit der Einsamkeit mehr oder weniger abfinden, werden jedoch durch außerordentliche Zwischenfälle, wie das Läuten der Türglocke, aus der Bahn geworfen. Sie wollen ihr Territorium verteidigen, regen sich auf, weil ihnen niemand hilft, und fangen ebenfalls an, sich wie Zerstörungsexperten aufzuführen.

Wenn sich der Hund nach dem Spaziergang zur Ruhe gelegt hat, kann man zu seiner Beruhigung das Radiogerät eingeschaltet lassen oder ein Tonband mit Geräuschen einer normalen Familienaktivität abspielen, oder ihm ein Lieblingsspielzeug hinlegen; je nach Vorliebe des Hundes lassen Sie das Licht brennen oder dämpfen es. Gewisse Hunde sind ruhiger, wenn sie im Haus frei umherlaufen können, aber im Anfangsstadium der Behandlung ist es noch zu riskant. Zur Beruhigung des Hundes tragen auch getragene Kleider oder Unterwäsche bei, die man ihm in seinen Korb legt; der tröstende Geruch erinnert den Hund an sein abwesendes Rudel und beruhigt ihn. Viele Hunde, die unter Trennungsängsten leiden, profitieren enorm von der Gesellschaft eines anderen Tieres. Die Gesellschaft einer Katze, oder wie ich es einmal bei einem außergewöhnlichen Fall sah, eines Papageis, hilft dem Hund, sich weniger isoliert zu fühlen. Am hilfreichsten ist natürlich ein anderer Hund, aber es muß sich dabei um ein sorgfältig ausgewähltes Tier mit großer Wesensstärke handeln, sonst übernimmt auch es die Ängste und verdoppelt die angerichteten Schäden.

Der allzu anhängliche Hund ist ein großer Experte, was das Erkennen der Anzeichen einer bevorstehenden Abwesenheit seines Meisters anbelangt. Vielleicht kann man ihn »entprogrammieren«, wenn man sich merkt, welche Hinweise man ihm liefert. Das Verriegeln der Hintertüre und der Fenster, und das Hervorholen der Wagenschlüssel sind für Pluto alles Alarmzeichen. Man sollte deshalb diese notwendigen Maßnahmen im voraus oder in einer anderen Reihenfolge verrichten, um den Hund etwas zu verwirren und so zu verhindern, daß die Aktion von einer Reaktion begleitet wird. Man kann ihn zusätzlich verwirren, indem man sich so verhält, wie wenn man ausgehen möchte und sogar den Mantel anzieht, ohne danach wirklich fortzugehen; man kann aber auch bis vor die Türe gehen und umkehren, auch wenn die Nachbarn denken, sie müßten einen Psychiater benachrichtigen. Dies alles hilft, den Hund zu verwirren und seine Besorgnis etwas länger unter dem Panikniveau zu halten. Nach häufigem Üben bei immer verlängerter Abwesenheit empfindet der Hund das Fortgehen seines Meisters weniger als einen Gegensatz zu seiner Anwesenheit. Manchmal hilft ein leichtes Beruhigungsmittel – in Einzelfällen braucht es leider jedesmal eine starke Dosis, allen Bemühungen des Halters zum Trotz. Andere Hunde werden nach wie vor von ihren Haltern überallhin mitgenommen, und viele davon können problemlos im als sicher empfundenen Wagen alleingelassen werden.

Nervosität im Auto

Sehr geehrter Herr Neville

Robbie, mein West Highland White Terrier, hat eine Riesenangst vor dem Auto. Ich muß ihn buchstäblich zum Einsteigen zwingen, und sobald ich die Türe schließe, wimmert er kläglich, geifert und läuft wie wild hin und her. Dieses Verhalten dauert während der ganzen Reise, und sogar nach der Ankunft bleibt er während einiger Zeit bekümmert. Abgesehen davon ist er ein sehr zutraulicher und liebevoller kleiner Hund. Mein Tierarzt hat mir Beru-

higungsmittel für Robbie gegeben; sie nützen zwar für längere Reisen, sind jedoch zu stark dämpfend bei normalen Fahrten zu Freunden, zum Park, usw. Kann man Robbie besser an's Autofahren gewöhnen, oder wäre es besser, ihn jeweils zu Hause zu lassen?

Mit freundlichen Grüßen

Paula Hunt

Es ist schon eigenartig, wie unterschiedlich die Einstellung der Hunde zum Wagen ist. Es gibt solche, die fast nicht warten können, um hineinzuspringen, und die die vorüberziehende Landschaften aus dem Fenster beobachten, und andere, die sich sehr besitzergreifend aufführen und wild bellen, wenn irgend jemand es wagt, sich dem Wagen ihres Meisters näher als zehn Meter zu nähern, und andere wie Robbie, die das teuflische Ding fürchten und zur Hölle wünschen. Vieles davon geht natürlich auf individuelle Vorlieben und auf frühe Erfahrungen zurück. Die Wahrscheinlichkeit, daß ein Hund sich wie Robbie entwickelt, ist viel höher, wenn er die Bewegung, den Lärm und das Eingesperrtsein während einer Autofahrt erst im fortgeschritteneren Alter erfährt. Gewisse früher problemlose Mitfahrer werden verständlicherweise auch nervös, nachdem sie einmal in einen Unfall verwickelt worden sind, aber ungeachtet der Ursache für die Verzweiflung bleibt die Behandlungsart dieselbe. In Wirklichkeit ist es dasselbe Vorgehen wie bei der Behandlung aller nervösen Probleme und Phobien – das einer systematischen Desensibilisierung.

In einer derart verzweifelten Verfassung ist Robbie natürlich nicht in der Lage zu lernen, den Wagen zu tolerieren, so daß es nichts nützt, ihn so oft wie möglich mitzunehmen. Robbie muß langsam, stufenweise, oder systematisch an den Wagen gewöhnt werden. Wenn er besonders empfindlich ist, sollte seine Meisterin zuerst nur mit ihm rund um den Wagen gehen und Robbie dazu ermutigen, sich ihm immer mehr zu nähern – natürlich gegen Belohnung mit Lob, Spielzeug oder Leckerbissen. Versuche, wegzulaufen, können mittels Kopfhalfter und Leine vereitelt werden, wie im Fall von George erläutert wurde. Die Wagentüren werden geöffnet und die Spiele werden zuerst um den Wagen, später durch ihn und in ihm durchgeführt. Man kann Robbie einen Ball hineinwerfen und ihn dazu aufmuntern, ihn zurückzubringen; man kann ihm im Wagen, der auf dem Parkplatz oder in der Garage steht, einige Futterbrocken oder sogar seine Hauptmahlzeit verabreichen. Auf diese Weise wird der Wagen mit der Zeit einfach als Verlängerung der Wohnung, des Heimterritoriums, betrachtet.

Ein sehr großer, wunderschöner Irischer Wolfshund, den ich vor einiger Zeit wegen dieses Problems behandelte, weigerte sich, in den brandneuen und luxuriös ausgestatteten Wohnwagen einzusteigen, den der Hundehalter eigens wegen des Hundes gekauft hatte, weil dieser zu groß für den alten, heiß geliebten Kombiwagen geworden war. Angesichts einer unnötigen Geldausgabe von £ 20000 versuchten wir jeden Trick, um den Hund daran zu gewöhnen, sich einfach im offenen Wohnwagen aufzuhalten – erfolglos. Er wollte weder darin fressen, auch wenn man ihn vorgängig zwölf Stunden hatte fasten lassen, noch der Familie folgen, sein Lieblingsspielzeug daraus zurückholen oder sich mit Gewalt an einem Kopfhalfter hineinziehen lassen. Wenn ein Irischer Wolfshund »nein« sagt, kann er einfach absitzen und es dabei bewenden lassen. Schließlich warfen wir ein uraltes Spielzeug hinein, das der Hund als Welpe besessen hatte, mit dem er aber seither nicht gespielt, sondern das er nur unter einer Decke in seinem Schlafkorb gehabt hatte. Der Hund sprang in den Wohnwagen und vergrub dort das Spielzeug unter die Decke. Ab sofort war der Hund bereit, überallhin mitzufahren, und die lokale Toyota-Garage mußte keinen Wagen zurücknehmen, der besonders für einen Irischen Wolfshund ausgestattet war und vermutlich keinen großen Wiederverkaufswert besessen hätte.

Das Ziel ist, den Hund freiwillig in den Wagen einsteigen zu lassen. Sobald es erreicht ist, kann man den Hund dort lassen, wenn nötig zu seiner Sicherheit angebunden, die Türen werden geschlossen, die Fenster bleiben aber offen. Paula kann sich dann einfach in den Wagen setzen und beruhigend auf den Hund einreden, Dann sollte sie auf dem Führersitz Platz nehmen und bei offenen Türen den Motor starten. In diesem Stadium wäre es von Vorteil, den Hund mit Futter oder einem Spielzeug abzulenken, oder ihn wenn nötig anzubinden, falls ihn dies nicht allzusehr aufregt. Zahlreiche Übungen bei offenen Wagentüren, laufendem Motor, eingeschalteten Blinkern und Scheibenwischern, Radio usw. helfen, den Hund anzugewöhnen. Erst, wenn er entspannt ist, kann man mit den wichtigen

Aspekten beginnen – die Türen wieder schließen und den Wagen in Gang bringen. Dies sollte möglichst langsam und ruhig vor sich gehen, und man sollte den Hund mit liebevollen Worten beruhigen und ihn mit Futterhappen und Spielzeug ablenken. Zu Beginn sollte man mit dem Wagen nur einige Meter fahren und dann anhalten. Robbie sollte unmittelbar danach freigelassen und mit Lob und Streicheleinheiten überhäuft werden. So wird die Autofahrt für ihn zum Auftakt von etwas Angenehmem. Stufenweise kann die Länge der Fahrt ausgedehnt werden, zum Beispiel zu einem kurzen Ausflug bis zum Ende der Straße, mit der anschließenden glücklichen Rückkehr nach Hause. Der wichtigste Punkt bei der Behandlung solcher Probleme ist, daß man nie zu schnell vorgehen sollte. Wenn der Hund wiederum Zeichen von Nervosität zeigt, heißt das, daß Paula zu schnell vorgegangen ist und zu einem vorgängigen Stadium zurückkehren muß, bevor sie – langsam – neue Fortschritte erzielen kann. Es gibt Hunde, die auf eine solche stufenweise Angewöhnung sehr schnell positiv reagieren, aber auch solche – besonders jene, die schon lange an nervösen Verhaltensstörungen bei Autofahrten leiden –, bei denen die Behandlung monatelang dauern kann. Die wenigsten unter ihnen werden jemals begeisterte Autofahrer sein, aber die meisten lernen, zumindest kurze Ausflüge zu vertragen, ohne dabei gleich die Nerven zu verlieren. Für ungewöhnlich lange Fahrten wird Robbie möglicherweise nach wie vor Beruhigungsmittel brauchen.

Nervosität bei Hundeausstellungen

»Niemand ist auf meiner Seite, niemand hält zu mir: Ich werde grausam mißbraucht, niemand hat Mitleid mit meinen armen Nerven« (Mrs. Bennet)

Jane Austen

Sehr geehrter Herr Neville

Der Züchter meines Dobermanns, Black Rinse Shinyback of Thetford the Ninth, kurz Blackie genannt, sagt, daß er so außergewöhnlich schön aussieht und gebaut ist, daß er an Hundeausstellungen hervorragend abschneiden dürfte. Als Welpe hat er einen Haufen Preise gewonnen und qualifizierte sich rasch für eine Teilnahme an der Crufts Hundeschau. Wir hatten alle gehofft, daß es in diesem Sinne weitergehen würde und daß Blackie dort einen Preis als »Bester Hund der Ausstellung« gewinnen würde. Als er jedoch ungefähr zehn Monate alt war, wurde er im Ring zunehmend nervöser und schreckte vor den Richtern zurück. Daraufhin gewann er nicht mehr. Jeder Richter sagte, der Hund hätte den ersten Preis erhalten, wenn er selbstsicherer gewesen wäre. Wir haben ihn weiterhin ausgestellt und gehofft, er würde seine Probleme überwinden, aber es scheint uns, daß es in den letzten Wochen nur noch schlimmer geworden ist. Können wir irgend etwas unternehmen, um ihn wieder gewinnen zu lassen?

Mit freundlichem Gruß

Anne und Joshua Baxter

Ich sollte vielleicht präzisieren, daß ich in meinem ganzen Leben noch nie einen Hund ausgestellt habe, auch wenn er noch so gut aussah oder noch so standardgemäß gebaut war. Meine Hunde werden immer nur nach den Kriterien beurteilt werden, wie gut sie sich als Gefährten und als Familienhunde eignen, und deswegen kann ich mich bei der Behandlung von Blackie auf keine persönliche Erfahrung stützen. Die erste persönliche Reaktion ist die des Mitleids mit dem armen Hund und der Vorschlag, seine Besitzer möchten ihm doch bitte sofort eine Showkarriere ersparen; sie bringt ihm ja nicht viel, auch wenn all die Schleifen und Medaillen für seinen Meister und seinen Züchter die Welt bedeuten. Nach dieser Feststellung muß ich allerdings sagen, daß solche Schwierigkeiten oft erfolgreich behandelt werden können, indem man dieselbe systematische Desensibilisierungstaktik wählt.

Mein erster Rat für Hunde wie Blackie ist, daß sie vorerst während drei bis sechs Monaten von allen Ausstellungen ferngehalten werden, weil die ganze Prozedur und das damit verbundene Drum und Dran den Hund bereits überfordern und ihn ohnehin nicht mehr gewinnen lassen. Diese Pause gibt auch dem Halter Gelegenheit, eine zuverlässigere Beziehung zu seinem Hund aufzubauen, statt zu seiner Nervosität während der Ausstellung durch die eigene Spannung oder

Aufregung noch beizutragen. Also, keine Show, dafür aber eine Behandlung des Hundes, während einiger Monate, als ganz normales Familienmitglied. Während dieser Zeit können die Besitzer vor jeder Fütterung ihren Hund so berühren und manipulieren, wie es die Richter tun (fragen Sie nicht mich, was sie dabei bezwecken!). Nach einiger Zeit kann man den Hund auch zu anderen Zeiten so behandeln, ihm aber danach immer etwas gewähren, das er gern hat, wie Futter, ein Spiel oder einen Spaziergang; alle engeren Familienmitglieder sollten sich in gleicher Weise verhalten. Auch hier liegt die Würze in der Kürze und in der häufigen Wiederholung, und der Hund sollte nie so lange manipuliert werden, daß er sich dabei aufregt.

Später kann man einige enge Freunde und häufige Besucher bitten, dasselbe zu tun, um den Hund daran zu gewöhnen, auch außerhalb des Familienkreises so behandelt zu werden. Man kann auch im Garten eine Art Showring einrichten und die Übung dort fortsetzen, zusammen mit anderen, selbstsicheren Hunden aus Blakkies Haushalt. Noch später kann man Bekannte, mit deren Hunden Blackie befreundet ist, einladen, bei der vorgetäuschten Hundeausstellung mitzumachen. Wenn alles gut geht, kann man Mitaussteller fragen, ob man dies bei ihnen zu Hause ebenfalls versuchen könnte. Falls Blackie all dies duldet, kann man sich mit dem Gedanken befassen, ihn wieder richtig auszustellen. Wenn er jedoch die Prozedur nicht akzeptiert, ist es an der Zeit, seine Showleine an den Nagel zu hängen und es mit einem anderen Schönheitskandidaten zu versuchen, wenn man glaubt, unbedingt dabeisein zu müssen.

Angenommen, Blackie hat sich bis jetzt gut gehalten, kann man versuchen, bei einer kleinen, lokalen Klubshow mitzumachen, um zu sehen, wie er sich in einem unbekannten Ring aufführt, besonders wenn jedermann – und insbesondere die Familie Baxter – dabei völlig entspannt ist und das Mitmachen als wichtiger betrachtet als den Sieg. Wenn er sich gut benimmt, kann man das Experiment mehrmals wiederholen und einige Wochen später an einer kleinen, »richtigen« Ausstellung teilnehmen. Hier sollte der Hund zwar mitgenommen und in der Nähe des Rings untergebracht, aber noch nicht vorgeführt werden, um ihm zu erlauben, sich wieder an die Atmosphäre einer Hundeausstellung zu gewöhnen. Wenn auch dies gut geht, und erst, wenn das Tagesabenteuer ihm Spaß zu machen scheint, kann man ihn wieder vorführen. Die Halter müssen sich natürlich vergewissern, daß der Richter umgänglich ist und daß ihn Blackie wenn möglich bereits als Welpen kennengelernt und nicht gefürchtet hat. Vielleicht wird Blackie auch selbstsicherer sein, wenn ihn jemand anders als seine Besitzer vorführen, besonders wenn letztere sich aufregen oder gespannt sind.

Die vorgeschlagene Behandlung für ring- oder richterscheue Hunde basiert natürlich auf gesundem Menschenverstand, und viele »Showprofis« sollten sich diese Berufstricks, die sich über viele Jahre hin bewährt haben, zu Herzen nehmen. In verschiedenen kynologischen Vereinen wird das Vorführen ebenfalls geübt, und eine möglichst frühe Teilnahme ist allen Haltern von Junghunden angeraten, die eine Showkarriere machen sollen.

Fairerweise muß ich sagen, daß ich vermutlich nur ein halbes Dutzend solcher Fälle jährlich behandle, und daß eine zusätzliche Hilfe von begeisterten Ausstellern empfehlenswert ist. Die Besitzer eines Hundepärchens, die mich wegen solcher Probleme konsultierten und sich dann die Mühe nahmen, die Behandlung wie empfohlen durchzuführen, konnten danach mit ihren Hunden wieder gewinnen. Ich erinnere mich aber auch an einen Fall, wo der Hundehalter alle Schritte durchlief, ohne jedoch die anfängliche Pause von sechs Monaten einzuhalten.

Wie bei allen anderen Ängsten ist die Chance sehr klein, einen Hund zu desensibilisieren, wenn er der Ursache seiner Angst auch während der Behandlung ausgesetzt bleibt. Während aber die erfolgreichen Hundehalter mir heute noch Zeitungsausschnitte senden, die die Berühmtheit ihrer Hunde illustrieren, hat mir der Ungeduldige nie richtig verziehen, daß ich seinen Hund nicht in einen Crufts-Sieger verwandelt habe.

Alles, was ich in diesem Fall hoffe ist, daß der Hund einen neuen Besitzer findet, dem am Hund mehr gelegen ist als an der eigenen Berühmtheit in Ausstellerkreisen. Das Vorführen der Hunde sollte nicht nur ein Wettbewerb sein, sondern Hund und Meister Spaß machen.

Als unbeteiligtem Zuschauer scheint mir, daß die echten Gewinner an diesen Hundeausstellungen diejenigen Hunde sind, welche den ganzen Festtag und die Sonderbehandlung, die ihnen zuteil wird, genießen. Ihr Selbstvertrauen ist auffällig und zieht das Augenmerk der Richter auf sich; warum sich also bemühen, mit einem niedergeschlagenen Hund anzutreten, der zufällig gut gebaut ist?

Phobien

Phobien kann man am besten als extreme Angst beschreiben, die bei denen, die darunter leiden, ausgeprägte Reaktionen auslösen. Diese Reaktionen helfen nicht, die Angst abzubauen und sind auch nicht unmittelbar darauf ausgerichtet; sie können sogar ein Verhalten auslösen, das das Tier mehr gefährdet als der auslösende Impuls. In den meisten Fällen hat der erste Kontakt mit dem Stimulus über das autonome oder somatische Nervensystem einen extrem traumatischen und/oder ausgeprägten physiologischen Reflex ausgelöst. Ein solcher Lernprozeß, eine solche Assoziation ist oft von der Art, die Pawlow als klassische Konditionierung durch einen einzigen, intensiven und vielleicht auch schmerzhaften plötzlichen Impuls beschrieben hat. Der Hund reagiert mit einer Adrenalinausschüttung, die eine schnelle Erhöhung seiner Herzfrequenz bewirkt und ihn fluchtbereit macht. Dasselbe Reaktionsniveau wird bei allen folgenden Kontakten mit dem Stimulus erreicht, auch wenn der Auslöser mittlerweile bekannt ist und der Hund keine Schmerzen verspürt, wenn er ihm ausgesetzt wird. Die Angstreaktion kann von harmlosen Begebenheiten ausgelöst werden, die bei der ursprünglichen Reaktion zufällig stattfanden. Man denke dabei nur an den geläufigen Horror, den viele Leute vor dem Gang zum Zahnarzt verspüren. Allein der Geruch der Zahnarztpraxis oder das Geräusch eines Bohrers können genügen, um dieselbe Phobiereaktion auszulösen, wie die Behandlung selbst. Trotz vieler Besuche beim Zahnarzt bleibt die Intensität der Reaktion dieselbe, und die Leute leiden nach wie vor unter der Phobie.

Ich habe schon sehr eigenartige Phobien bei Hunden beobachtet und behandelt. Da war zum Beispiel ein 70 Kilogramm schwerer Hund, der eine unüberwindliche Angst vor roten Telefonkabinen hatte, oder ein stämmiger Schäferhund, den elektrische Birnen zu Tode erschreckten. Wenn eine Tischlampe eingeschaltet wurde, rannte dieser Hund in panischer Angst davon und versteckte sich unter dem erstbesten Möbelstück. Dabei war es ein Hund, der jeden Eindringling in Stücke zerrissen hätte.

Andere Hunde haben eine Phobie gegen Wände im eigenen Haus entwickelt, gegen Wasser (es handelt sich dabei nicht immer um die typische Hydrophobie der Tollwut), und sogar gegen Vögel. Häufigere Phobien betreffen den Straßenverkehr oder lauten oder ungewöhnlichen Lärm wie den, der von Haushaltgeräten, insbesondere vom »teuflischen« Staubsauger, verursacht wird. Donner, Regen, windiges oder stürmisches Wetter im allgemein können auch viele Hunde beunruhigen. Man kann diese Phobien am besten anhand einer der häufigsten erklären, der Angst vor Schießlärm.

Angst vor Schieß- und anderem Lärm

Sehr geehrter Herr Neville

Clint, mein schwarzer Labrador, hat Angst vor allen lauten Geräuschen, aber speziell vor Schießlärm. Das ist besonders problematisch, weil ich ihn ja gekauft habe, damit er mich auf der Jagd begleitet. Bei seiner allerersten Unterrichtsstunde ist er vor Angst aufgesprungen und hat sich seither immer so verhalten, auch wenn die Gewehrschüsse in einer kilometerweiten Entfernung abgefeuert werden und für mich fast nicht zu hören sind. Er hat dieselbe Angst vor dem Knall der Auspuffrohre, und in solch einem Moment ist er derart verängstigt, daß ich ihn gar nicht beruhigen kann. Ich muß ihn also immer angeleint lassen, weil das Risiko, ihn zu verlieren, wenn er in eine Panikstimmung gerät, zu groß ist. Obschon ich meine ursprüngliche Absicht, ihn als Jagdhund einzusetzen, aufgegeben habe, möchte ich gerne wissen, ob man ihn behandeln und ihm helfen kann, mit einem plötzlichen Knall fertigzuwerden.

Hochachtungsvoll

Nick Waterhouse

Das größte Problem bei der Behandlung der Schießlärmphobie ist das naturgemäße urplötzliche, unberechenbare und dramatische Auftreten der auslösenden Ursache. Natürlich muß es für einen Jäger wie Nick äußerst enttäuschend sein, ausgerechnet einen lärmempfindlichen Jagdhund zu haben, aber viele Hundehalter finden bei einem Spaziergang auf dem Lande heraus, daß ihr Hund Angst vor

Schießlärm hat. Plötzlich hört man Schüsse, vielleicht aus weiter Ferne, und der Hund gerät in Panik. In einem solchen Augenblick wenden sich die meisten Hunde schutz- und hilfesuchend an ihren Meister, aber interessanterweise gibt es auch solche, die ihren Besitzer völlig ignorieren und zur nächstbesten Person laufen. Sobald er sensibilisiert ist, reagiert der Hund auf dieselbe Weise bei jedem Schuß und/oder Donnerschlag, bei jeder Explosion im Auspuffrohr und bei jedem Knall anderen Ursprungs. Bei Hunden, die Angst vor Gewittern haben, reichen die zunehmende Wetterveränderung und die Ruhe vor dem Sturm aus, um seine Nervosität zu verstärken. Manchmal reagiert er noch vor dem ersten Donnerschlag am allerstärksten.

Die Behandlung ist oft ziemlich schwierig durchzuführen. Obwohl dieselben Grundsätze gelten wie bei der Desensibilisierung von anderen Phobien, ist es schwierig, die spezielle Atmosphäre der Zeit vor dem Gewitter oder eines plötzlichen Schießlärms in abgeschwächter Form zu inszenieren. Sogar ein entfernter Knall kann den Hund aus dem Gleichgewicht bringen, und wenn er bereits von Panik erfaßt ist, kann der Hund nur noch beruhigt und nicht im Hinblick auf ein nächstes Mal eines Besseren belehrt werden.

Um dem Hund zu helfen, sich in der beruhigenden Umgebung der eigenen Wohnung an verschieden laute und plötzliche Geräusche zu gewöhnen, empfehle ich Haltern eines Hundes wie Clint eine Geräuschplatte oder CD zu kaufen, wie sie für Filmvertonungen gebraucht werden. Praktisch alle Geräusche sind erhältlich, darunter natürlich auch die von Gewehrschüssen.

Diese Geräusche sollten zuerst mit reduzierter Lautstärke und manchmal veränderter Tonhöhe abgespielt werden, an einem Ort, wo der Hund erfolgreich durch Spiele und Kontakte mit seinem Meister, mit Spielsachen, Futter oder Leckerbissen abgelenkt werden kann. Sobald der Hund zu fressen beginnt, wird die Stereoanlage mit geringer Klangstärke eingeschaltet. Wenn der Hund weiterfrißt, kann die Lautstärke bei jeder Fütterung intensiviert werden. Sobald der Hund daran gewöhnt ist, kann die Geräuschkulisse auch zu anderen Zeiten als Hintergrundlärm zu normaler Familienaktivität und auch – mit einem portablen CD-Spieler, während des Spaziergangs eingesetzt werden. Das Behandlungsziel ist, den Hund dahin zu bringen, den erschreckenden Lärm mit einer Belohnung zu verbinden, wie beispielsweise guten Worten, einem Streicheln oder einer

Futtergabe, allerdings sollte der Meister die Unruhe seines Hundes nicht durch überbeschützendes Verhalten noch verstärken und das Tier dadurch hindern, mit seiner Angst fertigzuwerden. Wenn man die Belohnung zusätzlich mit der vorgängigen Bedingung verknüpft, daß der Hund sitzen soll, wird er dadurch lernen, jedesmal zu seinem Meister zurückzukehren, wenn er beunruhigt ist, und sich dabei möglichst auf die bevorstehende Belohnung konzentriert anstatt auf die Angst. Später kann man solche Hunde in die Nähe einer Schießanlage bringen und sie für ihre Duldsamkeit und Ruhe belohnen. Mit dem Donner ist es vermutlich doch noch etwas schwieriger, in dessen Nähe zu fahren... Die meisten Hunde bessern sich, wenn man sich die nötige Mühe gibt, aber nur wenige werden einmal »bombensicher« sein; gelegentlich werden sie im Freien noch Rückfälle erleiden. Es ist wichtig, daß auch nach der Besserung nicht mit den Bemühungen nachgelassen wird, das heißt, daß der Hund nach wie vor den auslösenden Reizfaktoren ausgesetzt wird, die seine phobische Reaktion auslösten, und daß seine neue Programmierung nicht mit der Zeit wieder gelöscht wird.

Während der Behandlung jeglicher Phobie ist es auch wichtig, den Hund einer großen Vielfalt von neuen Sinneseindrücken auszusetzen, so daß seine Fähigkeit, jede neue Situation allgemeiner Art vernünftig zu verkraften, laufend zunimmt. Für Hunde, die Angst vor Donner oder Gewitter haben, kann es hilfreich sein, ihnen eine sichere Zuflucht in einer Ecke des Hauses, unter einem Tisch oder in einem Innenkäfig einzurichten. Der Hund sollte diesen Ort tagsüber oder vor einem Gewitter als normales Lager oder als Zufluchtsstätte benützen können. Diese »Höhle« ist für den Hund oft viel beruhigender als die Bemühungen des Halters, ihn zu trösten, weil solche Bemühungen auch seine Nervosität »belohnen« und manchmal die »Demonstration« seiner Unfähigkeit unterstützen können.

Viele Hunde haben eine schreckliche Angst vor dem Feuerwerk, und es ist vermutlich auch nicht besonders sinnvoll, sie im voraus desensibilisieren zu wollen. Eine Hauptmahlzeit, ein ruhiger, dunkler Raum, vielleicht mit Hintergrundmusik aus dem Radio, und ein beruhigender Meister sind die beste Behandlung für solche Fälle. Wenn nötig kann der Tierarzt auch ein Beruhigungsmittel verschreiben. Wenn jedoch in der Nachbarschaft allzu oft geschossen wird (in der Nähe einer Schießanlage zum Beispiel), lohnt es sich in jedem Falle, einen Versuch der Desensibilisierung des Hundes zu wagen.

Platzangst

Sehr geehrter Herr Neville

Mein Hund Blot hat Platzangst. Im Hause ist er sehr glücklich, und er war es früher auch im Freien. Seit vier oder fünf Monaten will er jedoch fast nicht mehr hinausgehen, höchstens in den Garten, wenn er unbedingt muß. Ich habe versucht, ihn an der Leine mitzuzerren, aber er gerät in Panik, sobald wir in die Nähe der Haustüre kommen und läuft, so schnell er kann, wieder hinein, wenn ich ihn hinausstoße. Wenn ich ihn aussperre heult er hinter der Türe, bis ich ihn wieder hereinlasse. Ich bin sicher, er verpaßt dadurch viele Erlebnisse. Glauben Sie, daß er leidet? Sollte ich darauf bestehen, daß er hinausgeht?

Mit freundlichen Grüßen

Francis Harrisson

Zum Glück ist die Agoraphobie, oder Angst vor offenen Plätzen (innen und außen) etwas, das beim Hund ziemlich selten vorkommt. Im Gegensatz zu den meisten Phobien kann die Platzangst aus Mangel an frühen Erfahrungen mit der Aussenwelt entstehen, oder mit zu spät gemachten Erfahrungen, die nicht mit den Wachstumsphasen des Welpen zusammenhingen. Vom Gesichtspunkt der Verhaltensentwicklung des Welpen her gesehen ist es leider nicht möglich, Welpen vor erfolgter Impfung sicher ins Freie zu lassen, das heißt im Alter von etwa vierzehn Wochen. Viele verantwortungsbewußte Züchter verkaufen ihre Welpen auch erst, nachdem sie geimpft worden sind. Im Idealfall sollten jedoch die Welpen unmittelbar nach der Entwöhnung mit der Welt außerhalb des Hauses in Kontakt kommen, um sich darin zurechtzufinden. Ich würde jedoch nie empfehlen, das Leben oder die Gesundheit des Welpen aufs Spiel zu setzen, nur um dies zu erreichen. Verantwortungsbewußte Züchter vergewissern sich jedoch, daß ihre Welpen möglichst vielen neuen Sinneseindrücken und zahlreichen Kontakten und Herausforderungen in der Sicherheit des Hauses ausgesetzt sind, so daß sie ein weites

Spektrum von Fähigkeiten entwickeln, inklusive Neugier und Abenteuerlust, so daß sie sich später auch problemlos in der Außenwelt zurechtfinden. Ich rate deshalb den zukünftigen Hundehaltern, sich einen Züchter auszusuchen, der die Bedürfnisse eines heranwachsenden Welpen kennt und der nicht einfach durch »Hundevermehrung« in einem langweiligen Hinterhofzwinger oder in einem Nebenraum, wo die Welpen ohne jeglichen Kontakt mit Menschen aufwachsen, Geld machen will.

Solche Opfer unseriöser Züchter werden mit großer Wahrscheinlichkeit in der Außenwelt nicht zurecht kommen, menschenscheu sein, sich vor anderen Hunden, plötzlichen Ereignissen usw. fürchten, und sogar unter Platzangst leiden. Es ist nur erstaunlich, daß doch relativ viele Welpen ihren Mangel an frühen Erfahrungen später kompensieren können und sich zu gut angepaßten Hunden entwikkeln. Die Angstneurosen einzelner Hunde hätten jedenfalls auf einfache Weise vermieden werden können.

Allerdings sind viele Phobien, die ich behandeln muß, auf einen Vertrauensverlust im Anschluß auf ein einziges traumatisches Geschehen zurückzuführen. Das häufigste Trauma als Ursache von Platzangst ist ein Kampf mit einem Rivalen unmittelbar neben dem eigenen Haus, das heißt entweder im Garten oder auf der Straße, die für den Hund vorher als sicher galt.

Das Risiko, dem Rivalen zu begegnen, ist möglicherweise immer gegenwärtig, wenn Blot hinausgeht, und sein Widerwillen wächst infolgedessen ständig. Mit der Zeit kann er seine Fähigkeit verlieren, außerhalb des Hauses mit so harmlosen Ereignissen wie dem Rauschen von Laub, dem Lärm eines vorbeifahrenden Wagens und freundlichen Annäherungsversuchen anderer Hunde fertig zu werden. Typischerweise ist die Reaktion des Hundes jedesmal ausgeprägt, auch an anscheinend ruhigen Tagen, wenn kein anderer Hund zu sehen ist.

Blots Platzangst kann aber auch von anderen Ereignissen verursacht worden sein, wie zum Beispiel dem behinderten Zugang zum Gebäude während eines Um- oder Anbaus, einem Verkehrsunfall, dem der Hund nur knapp entgangen ist, oder einem plötzlichen, erschreckenden Geräusch, das Blot mit der Außenwelt in Verbindung bringt. Die Konsequenzen sind normalerweise ausgeprägt und haben die Tendenz, sich zu verschlimmern. Der Hund ist eindeutig unglücklich, wenn man ihn zwingt, hinauszugehen, und weit entfernt von seiner früheren Lebensfreude außerhalb des Hauses.

Die Behandlung solcher Hunde ist dieselbe wie bei anderen nervösen Störungen. Auch hier geht es um die langsame Gewöhnung an die Außenwelt, vielleicht mit Hilfe eines großen Gartenzwingers, in dem der Hund einen Teil des Tages in Sicherheit draußen verbringen kann. Die Behandlung sollte jedoch bis zu dem Zeitpunkt hinausgeschoben werden, an dem die Ursache des Problems abgeschafft worden ist. Das heißt unter Umständen zu warten, bis die Bauarbeiten fertig sind oder bis man sich mit dem Besitzer des aggressiven Hundes geeinigt hat, daß er sein Tier besser unter Kontrolle hat und abgemacht worden ist, wer mit welchem Hund wann und wo hinausgeht. Sobald dies geregelt ist, kann Blot wieder in den Garten hinausgebracht werden, um zu lernen, daß er dort genau so sicher wie vor dem traumatischen Ereignis ist und daß jedes vom Wind verursachte Geräusch nicht unbedingt gefährlich ist. Francis sollte zuerst einige Male bei Blot bleiben und dann mit ihm rund um den Garten gehen; Blot sollte dabei angeleint sein und zu seiner Beruhigung vielleicht sogar ein Kopfhalfter tragen. Man kann auch die Futterrationen des Hundes in mehrere kleine Portionen aufteilen und den Ort, an dem er gefüttert wird, immer näher zum Zwinger verlagern und später sogar auf die andere Seite der Hintertür. Auch hier wird der Hunger als Ablenkung dienen.

Die Erfolgsaussichten der Behandlung von Hunden wie Blot sind oft sehr gut; sie hängen von der Kontrolle ab, die man über die auslösende Ursache gewinnt, weil man ja hier alte Verhaltensweisen wieder aktivieren und nicht versuchen will, dem Hund neue anzugewöhnen.

Angst vor der Ehefrau (dem Ehemann)

Sehr geehrter Herr Neville,

Unser Labrador Jake vergöttert mich, meine Kinder und sogar unser Kaninchen, aber er haßt meine Frau. Die Arme hat monatelang versucht, die Liebe des Hundes zu gewinnen, aber ohne Erfolg. Sobald sie den Raum betritt, versteckt sich Jake hinter mir oder hinter dem Sofa oder läuft sogar hinaus, wenn er kann. Sheila hat nie die Hand gegen ihn erhoben und hat nur immer versucht, ihn zu streicheln und sich mit ihm anzufreunden. Kann man die beiden zusammenbringen? Jake ist knapp über ein Jahr alt und wurde vor ungefähr sechs Monaten kastriert, aber dies hat seine Aversion gegenüber meiner Frau nicht geändert. Jetzt gibt es wirklich Probleme, weil meine Frau sich aufregt, wenn ich Jake besonders viel Zeit widme, um ihm das zu geben, was er von ihr nicht erhalten kann. Bitte helfen Sie uns, bevor es zum großen Krach kommt.

Hochachtungsvoll

David Hayward

Wenn Hunde die Ehefrau (oder den Ehemann) nicht mögen, spricht man nur selten von einer Phobie; viele Hunde haben eine Vorliebe für gewisse Familienmitglieder und mögen andere weniger. Eine so ausgeprägte Aversion kommt selten vor, aber die Behandlung ist dieselbe, wie wenn man versucht, die Beziehungen zwischen Hundehalter und Hund zu vertiefen. Gewisse Hunde binden sich sehr stark an eine mütterliche Figur und dulden die anderen Familienmitglieder, ohne in derselben Weise an ihnen zu hängen. Es ist nicht üblich, daß ein Hund ein bestimmtes Familienmitglied so ablehnt, während er sich sonst mit allen anderen Lebewesen im Hause, inklusive lärmige Kinder und schmackhafte Beutetiere wie Kaninchen anhänglich zeigt; für das unschuldige Opfer ist ein solches Verhalten wie eine Ohrfeige. In diesem Fall hat die Frau sich lange redlich bemüht, die Antipathie des Hundes abzubauen und sich zu diesem Zweck besonders ruhig und freundlich verhalten. Leider scheinen die Bemühungen umsonst gewesen zu sein, und jetzt leiden die anderen Beziehungen innerhalb der Familie darunter. Man kämpft um die Zuneigung des Hundes, und schließlich streiten sich die akzeptierten und zurückgewiesenen Familienmitglieder untereinander. Es mag kurios anmuten, daß man sich wegen eines Hundes streitet, aber es ist immer schmerzhaft, wenn man von einem Mitglied einer geselligen Gruppe abgelehnt wird. Wenn es sich dabei um einen Hund handelt, den man sehr gern hat, mehr oder weniger wie ein Familienmitglied behandelt und dem man viel Zeit und Geld geopfert hat, ist es härter, die Sache nicht persönlich zu nehmen und den anderen den Erfolg nicht zu vergönnen, als wenn man sich weniger Mühe gegeben hat, mit dem Hund nett zu sein, und sich auch gefühlsmäßig nicht so stark engagiert hat.

Normalerweise haben Hunde eher vor dem Hausherrn Angst, weil er oft unberechenbarerer Laune als die anderen Familienmitglieder ist, stärker schreit und weniger Geduld und außerdem eine tiefere, grollendere Stimme hat. Es gibt natürlich solche Fälle, bei denen der Mann wirklich weniger Geduld hat und laut schreit, wenn er sich aufregt. Ob es nun der Mann oder die Frau ist, der oder die die Nerven verliert – es ist klar, daß Temperamentsausbrüche den Hund verunsichern, und er wird sich in ihrer Gesellschaft weniger wohl fühlen, als wenn sie entspannt und freundlich sind.

Man sollte zuerst die frühen Erfahrungen des Hundes untersuchen und insbesondere feststellen, wer ihn fütterte, wer ihn streichelte und mit ihm spielte, um zu verstehen, ob die Bindungen vielleicht einseitig waren. In vielen Fällen ist es einer Hausfrau nicht klar, weshalb der Hund sie nicht lieben sollte. Vielleicht ist sie nicht oft zu Hause, oder der Geräuschpegel der Familie ist zu hoch, wenn Mutter mit den Kindern zusammen ist. Manchmal wird die Heimkehr des Vaters von einem allgemeinen Aufruhr begleitet, weil sich Mutter und Kinder zur Tür stürzen, um ihn willkommen zu heißen, so daß der erschreckte Hund lernt, aus dem Wege zu gehen.

Die Behandlung dieser Angst ist eine Familienangelegenheit und das gemeinsame Vorgehen festigt in vielen Fällen die strapazierten Familienbande. Das gemeinsame Ziel, dem immer noch geliebten Hund zu helfen, stärkt die Familiengemeinschaft, obwohl es für die betroffenen Mitglieder nicht immer leicht ist, die Ratschläge zu befolgen. Der geliebte Meister oder die geliebte Meisterin und andere Familienmitglieder, die der Hund gern hat, müssen sich viel weniger oft dem Hund widmen und während einiger Wochen jede seiner Liebesbezeugungen zurückweisen. Die Futtermenge wird auch hier auf kleinere Portionen verteilt, die nur vom ungeliebten Familienmitglied verabreicht werden; letzteres gibt auch die Leckerbissen und geht mit dem Hund spazieren. Die Spiele werden durch die Freunde des Hundes begonnen, aber durch den »Ungeliebten« fortgesetzt, der im Winter am nächsten zum Kamin oder zum Radiator sitzen darf, so daß ein Platz in seiner Nähe für den Hund noch attraktiver erscheint. Wenn diejenige Person aufbrausend ist, sollte sie ihr Temperament besser kontrollieren und sich die Mühe geben, dem Hund ruhig und freundlich entgegenzutreten.

Die Beziehung entwickelt sich normalerweise schneller, wenn der oder die »Ungeliebte« nicht mehr versucht, den unwilligen Hund zu verfolgen, und einfach wartet, daß er sie oder ihn braucht und ihm einige Anreize dazu liefert. Großgewachsene Leute sollten vielleicht zu Boden gehen, um das hündische Begrüßungsverhalten zu imitieren, statt sich von oben herab über den Hund zu beugen und ihn dadurch zu verunsichern und zu ängstigen. In einigen Fällen mögen die Fortschritte langsam sein, in anderen jedoch sehr rasch erfolgen – jeweils ohne ersichtlichen Grund.

Die größte Genugtuung für mich war diesbezüglich ein Brief, den ich nach der Behandlung einer Katze erhielt, die den Hausherrn haßte. Die Absenderin schrieb, daß die Katze sich sehr gebessert habe, daß sich aber vor allem auch der Ehemann, der vorher ein ungeduldiger und herrschsüchtiger »Macho« gewesen war, total verändert hatte. Aus Angst, die Fortschritte seiner Katze zu gefährden, hatte er alle seine unangenehmen Eigenschaften abgelegt.

Ob nervös oder ängstlich, verunsichert oder unselbständig: der Hund ist wegen seiner Intelligenz, seiner Lernfähigkeit und seiner stark entwickelten Überlebensinstinkte oft ein guter Patient von Hundepsychiatern. Die schwierigsten Fälle sind jene, die Elemente erlernter Hilflosigkeit enthalten, das heißt wenn der Hund gelernt hat, beim kleinsten beunruhigenden Ereignis schutzsuchend zu seinem Meister zu laufen, und dabei erfahren hat, daß dieser ihm gutmeinend, aber allzu mitleidig, half. Eine ähnliche Situation kann aus verständlichen Gründen entstehen, wenn man sich um einen älteren oder kranken Hund besonders kümmern muß. Weil die Hundehalter diesen Aspekten der Verhaltensstörungen beim Hund meist besonders verständnisvoll gegenüberstehen, sind sie auch gewillt, die erforderliche Zeit zu investieren und die nötige Einteilung dieser Zeit vorzunehmen, um die von einer Fachperson erteilten Ratschläge zu berücksichtigen und so dem nervösen, unfähigen, verunsicherten oder verängstigten Hund zu helfen. Normalerweise lohnen sich ihre Bemühungen mindestens teilweise, und die Lebensqualität des Hundes sowie die Freude seines Halters bessern sich beständig.

6

Aggression

»Wenn ein Hund einen Mann beißt, dann ist das keine Neuigkeit; beißt jedoch ein Mann einen Hund, dann ist es eine.«

Charles Dana *(New York Sun* 1881)

Es gibt eine unerhörte Vielfalt von Verhaltensweisen, die wir allzu schnell mit dem gemeinsamen Etikett »Aggression« versehen. Es gibt normale oder erwartete Formen, aber auch abnorme Formen von Aggression, solche, die wir wollen und beim Hund fördern, und solche, die wir ablehnen. Vielleicht sind wir etwas zu voreilig, wenn wir gewisse Verhaltensweisen wegen ihres potentiell gefährlichen und möglichen Angriffs als Aggressionen bezeichnen. Wir verhalten uns gegenüber jeglicher Form von gegen uns gerichteter Aggression abweisend, und es ist uns deshalb oft nicht möglich, zwischen den verschiedenen Arten aggressiven Verhaltens zu unterscheiden. Zu guter Letzt ist ja das Resultat dasselbe: Man wird gebissen.

Es wäre unklug von mir, alle Aggressionsprobleme beim Hund gleich zu behandeln, obwohl die Reaktion der meisten Hunde praktisch dieselbe ist – sie machen von ihren Zähnen Gebrauch. Jeder Fall muß individuell behandelt werden; man muß sorgfältig versuchen, herauszufinden, was die Aggression auslöst, wie stark die Reaktion ist, wie lange sie dauert und gegen wen oder was sie sich richtet, sonst hat die Behandlung überhaupt keine Erfolgschance.

Die gewöhnliche Antwort der Hundehalter auf alle Aggressionsformen bei ihrem Hund ist ihrerseits aggressiv. Wenn der Hund nicht bereits unkontrollierbar ist und es möglich scheint, daß er sich gegen sie wendet und sie verletzt, versuchen sie, den Hund durch noch mehr Gewalt zu unterwerfen, als er gezeigt hat. In fast allen Fällen verstärkt die eigene Nervosität oder Aufregung noch die Aggression des Hundes und hat nur einen mäßigen oder überhaupt keinen Besserungseffekt.

Öfters werden Hundehalter angegriffen oder gebissen, wenn es nicht hätte sein müssen. Während dies ihre Schuld sein mag, ist die traurige Konsequenz davon, daß der Hund bei der nächsten Herausforderung noch schneller aggressiv wird oder sich seinem Meister gegenüber sonstwie angriffslustig verhält. Zum Schluß entsteht eine spiralförmige Steigerung der Aggression, eine zerstörte Beziehung, mit gebissenen Hundehaltern und bestraften oder sogar getöteten Hunden. Leider sind in den schlimmsten Fällen oft Hundehalter involviert, denen von sogenannten Hundeabrichtern geraten wurde, einen ungehorsamen und vielleicht knurrenden Hund – der möglicherweise Angst vor allzu strengen Abrichtungsmethoden hat – mit einem Stock zu verprügeln. Allerdings wissen die meisten echten Hundekenner und -abrichter, daß ein erschreckter Hund durch Bestrafung noch mehr verunsichert wird, und sie wenden deshalb Beruhigungstechniken an.

Wie erklären Verhaltensforscher den Aggressionstrieb? Aggression ist feindseliges Gebaren einem Rivalen, einem Beutetier oder einer bedrohlichen Herausforderung gegenüber. In Wirklichkeit wird die Bezeichnung »Aggression« oft verwendet, um den ersten feindlichen Akt zwischen zwei Parteien zu beschreiben, obwohl das Opfer ähnlich reagieren kann und dann als defensiv beschrieben wird, bis es beginnt, die Oberhand zu gewinnen. Zweifelsohne ist die Aggression ein Bestandteil der gesamten Verhaltenspalette aller höher entwickelten Tiere und drückt sich in einer breiten Skala von Formen und Reaktionen aus.

Körpersprache und andere Verständigungsformen

Die Aggression der Raubtiere ist unentbehrlich für das Überleben aller wilden Jäger, und ebenso sind es aggressive Reaktionen auf Gefahren oder Herausforderungen. Die Aggression zwischen zwei ausgewachsenen Hunden innerhalb eines sozialen oder geselligen Umfelds ist jedoch etwas ganz anderes. Das ganze Repertoire der Reaktionen zwischen zwei an einem Streit beteiligten Hunden enthält nicht nur eine offensichtliche Zurschaustellung von Aggressivität wie bei echten Kämpfen, sondern auch eine ganze Anzahl furchtsamer Reaktionen, die die Aggression des Gegners hemmen sollen. Das Einschüchterungsritual zwischen zwei Rivalen ist, wegen der zunehmend dramatischen Spannung und der unterschiedlichsten Reaktionen beider Hunde, äußerst interessant zu beobachten (vorausgesetzt, es wird nicht wirklich gekämpft). Körperbewegungen und -stellungen, Gesichtsausdrücke und Vokalisationen werden eingesetzt, um dem anderen Hund Vorschläge zu übermitteln und Gefühlsregungen bekanntzugeben. Der andere Hund antwortet, wenn er sich nicht unterwirft, mit noch ausgeprägteren Reaktionen und ausdrücklicheren Gebärden, oder er zeigt demütige Reaktionen als unterwürfige Geste gegenüber den eindeutigen Zeichen des anderen Hundes. Solche Ausdrucksformen gehören eher zu einer Form von Wettkampf als zu einem aggressiven Verhalten und dienen eigentlich der Verhinderung von Gewalt. Dazu gehört das Anstarren des Gegners, das Bluffen, die Einnahme einer steifen Körperhaltung, wie wenn man kurz vor einem Angriff stünde, das Zurückziehen der Lefzen, um die Zähne bloßzulegen, und manchmal das seitliche Stehen, um größer und imponierender auszusehen – alles Absichtserklärungen, die den Gegner zum Rückzug bewegen sollen, um eine körperliche Auseinandersetzung zu vermeiden.

Zwei Rivalen können bei ihrem Imponiergehabe die Reihenfolge der Signale und Laute verändern, bis einer der beiden sich entfernt oder den Augenkontakt vermeidet und den Kopf, den Körper und den Schwanz in einer Demutsgebärde senkt, oder sich sogar auf den Rücken legt, seine Afterdrüsen entleert, Haar verliert oder unwillkürlich uriniert. Dieses Verhalten zwischen zwei gleichrangigen Rudelgenossen wird oft als unschlüssiges Schwanken zwischen Angst und Aggression, oder Dominanz und Unterwürfigkeit bezeichnet und nimmt meist ritualisierte Formen an.

Wenn wir unserem Hund »Nein« sagen, sollten wir nicht erschrekken, wenn er »schuldbewußt« wegschaut, seinen Schwanz senkt und sich etwas zusammenkauert, um uns zu zeigen, daß er unser Recht anerkennt, sein Verhalten zu verändern. Eigentlich meint er nur »Okay, ich werde tun, was du sagst und hoffe, daß du in der Nähe bleibst, um mich zu beschützen«. Dies hat er sehr früh von seiner Mutter gelernt, als sie ihn anknurrte oder von ihren Zitzen wegstieß, weil er zu lange oder zu heftig gesaugt hatte. Die Aussage in jenem Fall war »hör auf!« – ohne daß irgend ein Zweifel an Mutters momentanem Wunsch oder an ihrem ständigen Willen bestand, den Welpen weiterhin zu beschützen. Der Welpe lernt, daß kleine Zurückweisungen nicht das Ende der Welt bedeuten und daß die Einnahme einer unterwürfigen Haltung und das Akzeptieren des Schutzes verschiedene Ausdrücke der Beziehungen der Rudelsgenossen untereinander sind, die je nach Rang der Beteiligten an Intensität variieren. Natürlich kann es einmal vorkommen, daß er derjenige ist, der ein dominierendes Verhalten an den Tag legt und das Geschehen innerhalb des Rudels diktiert.

Wenn wir, als menschliche Hunde, das hündische Verhalten nachahmen, so daß unser Hund es als vorteilhaft empfindet, uns auf diese Weise anzuerkennen, haben wir eine erfolgreiche Beziehung zueinander. Wenn wir andererseits jedoch nicht nur »Nein« sagen, sondern den Hund auch treten, dann kann er eine Angstreaktion zeigen, die zwischen Hunden unüblich ist. Dies bringt uns zurück zur Unnötigkeit körperlicher Bestrafung bei der Korrektur unerwünschter Verhaltensweisen.

Der Hund mag sich zwar vollständig unterwerfen und sehr auffällige Angstzeichen zeigen, doch immer noch bei uns in unserer Gruppe bleiben wollen. Was wir erreicht haben, ist ein Zusammenbruch der normalen Verständigungsformen, die zwischen Dominanz und Unterwürfigkeit schwanken, ohne in ein Extrem zu verfallen. Menschen legen ein ähnliches Verhalten an den Tag, wenn sie ihrem Chef die Hand reichen und vermeiden, ihm allzu direkt in die Augen zu schauen oder seine Hand stärker zu drücken, als er es tut. Der Chef hat es nicht nötig, uns zu schlagen, um von uns die Anerkennung seiner Autorität zu erreichen.

Es ist interessant festzustellen, daß ein sehr unterwürfiger oder sich langsam zurückziehender Hund vom »Sieger« normalerweise nicht angegriffen wird.

Hunde, die jedoch versuchen, wegzulaufen – ein sehr unterwürfiges Verhalten, das in der Tierwelt von vielen Verlierern gezeigt wird – verleiten unweigerlich den Sieger dazu, seinen unterlegenen Gegner zu verfolgen und ihn anzugreifen, um die Botschaft zu verstärken. Möglicherweise löst eine Fluchtreaktion den Jagdinstinkt des Hundes aus.

Aggression, in Form von effektiven Kämpfen, kommt zwischen Hunden seltener vor als allgemein angenommen wird, weil auch ein sehr selbstsicheres, dominantes Tier beim Angriff riskiert, von den Zähnen des sich verteidigenden Tiers verletzt zu werden, so daß es für alle Beteiligten sicherer ist, die Differenzen mittels verschiedenen Imponier- und Drohgebärden zu lösen; aus diesem Grunde brauchen höher entwickelte Tiere eine geeignete Kommunikationsmöglichkeit.

Mich erstaunt es immer wieder, wie wir überhaupt in der Lage sind, mit unseren Hunden so gut auszukommen, wenn wir erst jetzt anfangen zu begreifen, was sie uns sagen, obschon wir ihnen mit wenigen Worten, Hand- und Körperzeichen eine ganze Menge Sachen beibringen können. Vielleicht stimmt das, was viele Hundehalter behaupten, nämlich, daß ihr Hund sie besser kennt, als es die eigene Familie tut.

Klassifizierung der Aggressionsformen

Die Aggressionsformen, die beim Hund Probleme verursachen, können in zwei klar abgegrenzte Kategorien eingeteilt werden: »normale«, die unter bestimmten Umständen erwartet werden können, und »abnormale« oder übertriebene Reaktionen. Jeder Hundehalter hat seine eigene Meinung über die Aggressivität seines Hundes, aber diese Meinung wird beeinflußt durch eine eventuell vorhandene Verletzungsgefahr für andere Hunde, den Halter selbst oder andere Leute, und in einem solchen Falle ist die Toleranzgrenze oft niedriger.

Bei den meisten Fällen handelt es sich nicht um eine normale oder erwartete Aggressivität, weil die meisten Hundehalter die Notwendigkeit eines Angriffs unter gewissen Umständen anerkennen und wissen, daß ihr Hund eigentlich ein Raubtier ist, mit dem man manchmal besser nicht in Konflikt geraten sollte.

Wie bei vielen anderen Problemen im Zusammenhang mit Aggressivität ist es oft nicht der Aspekt der körperlichen Gewalt, der den Hundehaltern Sorgen bereitet. Häufiger ist es der markante Kontrast zum normalerweise ruhigen und freundlichen Wesen des Hundes, der als Schock empfunden wird. Es ist die Unmöglichkeit, mit den üblichen, freundlichen und liebevollen Worten etwas zu erreichen, die den Hundehalter eine Entfremdung zwischen ihm und seinem Hund empfinden läßt.

Kurz, die Kommunikationsfähigkeit zwischen Mensch und Hund, oder Hund und Hund, ist entweder nicht richtig entwickelt, oder die Botschaft nicht verstanden worden, oder sie hat sich ganz einfach als ungenügend erwiesen, indem der eine dem anderen seine Absichten nicht mitteilen und deshalb eine aggressive Konfrontation nicht vermeiden konnte.

Wir werden uns zuerst mit den Problemen im Zusammenhang mit der raubtierhaften Aggressivität auseinandersetzen.

Raubtierhafte Angriffslust

Sehr geehrter Herr Neville

Mein Cairn Terrier Jock ist bei uns als »Killer« bekannt. Trotz seiner geringen Größe ist er ein ausgezeichneter Jäger von kleinen Nagetieren, Vögeln, Katzen... eigentlich von allem, was er finden kann. Der Garten scheint frei zu sein von allem Getier, aber die nähere Umgebung steht nach wie vor unter der Bedrohung von Jock. Auf unseren Spaziergängen durchstöbert er Hecken und Gebüsch, immer auf der Suche nach etwas, das er jagen und töten kann. Sobald er etwas findet, kehrt er erst dann zurück, wenn er seine Beute gefangen und getötet hat oder es ihr gelungen ist, zu entkommen. Er benimmt sich, als wäre er völlig taub. Was kann ich tun, um Jock von seinem mörderischen Gehabe abzuhalten und aus ihm einen Hund zu machen, der angenehm auszuführen ist? Im Hause ist er eher spielerisch aufgelegt und es macht Spaß, ihn um sich zu haben.

Mit freundlichen Grüßen

Moira Williams

Es ist schon bemerkenswert, daß trotz der Evolution, die der Wolf über mehr als zwei Millionen Jahre durchgemacht hat, und trotz allem, was wir in den rund 10000 vergangenen Jahren mit dem Hund während seiner Entwicklung zum Haustier gemacht haben, bei gewissen Hunden so ausgeprägte Grundinstinkte überlebt haben. Bei bestimmten Rassen haben wir einige Elemente bewußt herausgezüchtet, z.B. die Fähigkeit des Spaniels, das Wild im Gebüsch aufzustöbern, die Schnelligkeit des Greyhounds, sowie die Schärfe und die Beiß- und Tötungslust vieler Terriers. In letzter Zeit haben wir uns vor allem auch bemüht, bei den meisten Rassen die Folgsamkeit und vielleicht andere Formen von Aggressivität, z.B. die Wachsamkeit oder sogar die Kampflust, heranzuzüchten. Viele der üblicherweise sehr ruhigen Familienhunde können dem Jagdtrieb und Tötungsdrang einfach nicht widerstehen. Wenn er Gelegenheit erhält, dem Geruch der Beute zu folgen oder ein bewegliches Ziel zu jagen, taucht der Wolf in unserem Hund plötzlich wieder auf. Wie bei Moiras Cairn Terrier ist es dann sehr schwierig, uns mit dem Hund weiter zu verständigen, wenn die Beutejagd eingesetzt hat.

Während wir bei vielen Hunderassen den Jäger ausgesucht und trainiert haben, haben wir uns gleichzeitig bemüht, bei den meisten die raubtierhafte Reaktion zu dämpfen. An den modernen Hundeausstellungen gibt es trotzdem nicht vieles, das mit den Vorführungen der Arbeitshunde konkurrenzieren könnte. Die meisten unter uns sind zufrieden mit unserer zahmen Ausgabe eines Wolfs und haben gelegentlich Freude an seinem lautlosen Anpirschen und an seiner wilden Verfolgung eines Eichhörnchens im Park, ohne darunter leiden zu müssen, daß ein unverbesserlicher Jäger von morgen bis abends kontrolliert zu werden braucht.

Wir genießen den Gedanken, Macht über einen derart hochentwickelten, von uns fein abgestimmten und kontrollierten Killer zu haben, obwohl das sicher nicht Moiras Absicht war, als sie sich Jock aussuchte, denn das im Verborgenen weiter bestehende Raubtierverhalten kann äußerst lästig sein. Das rührt vor allem daher, daß wir der Meinung sind, daß dieser Aspekt entweder gar nicht vorhanden sein sollte oder daß wir in der Lage sein sollten, ihn unter Kontrolle zu halten.

Terriers wurden natürlich als Rattenfänger gezüchtet, die sich in die Erde eingraben und Tiere wie Dachse, Hasen und Füchse in ihren Höhlen verfolgen können. Ihre Ausdauer und Schnelligkeit sind berühmt und wurden über Jahrhunderte hinweg in öffentlichen Wettkämpfen zur Schau gestellt. Der Bull Terrier mußte in barbarischen Vorführungen seine Fähigkeit als Rattenfänger beweisen, wobei das Publikum natürlich selten Mitleid für die Ratten empfand. Über eine Zeitdauer von zehn Wochen tötete im Jahr 1862 ein Bull Terrier namens Jacko tausend Ratten in hundert Minuten, oder eine Ratte alle sechs Sekunden. Bei der letzten Vorführung hatte sich Jacko derart gesteigert, daß er das übliche »Kontingent« von hundert Ratten in fünf Minuten und 28 Sekunden erledigte, das heißt eine Ratte alle 3,28 Sekunden.

Jenny Lind, ein anderer Bull Terrier, brachte anläßlich einer einzigen öffentlichen Vorführung in einem Pub in Liverpool innert neunzig Minuten fünfhundert Ratten um, das heißt praktisch jede Sekunde eine.

Während eine solche Schlächterei heute kaum noch zugelassen werden dürfte, gibt sie uns zumindest eine Idee dessen, was ein Hund imstande ist zu tun, auch wenn er nicht hungrig ist. Eine solche Mordlust ist nur typisch für den Jagd- und Tötungstrieb, nicht unbedingt für einen ausgehungerten Hund, der verzweifelt nach Nahrung sucht. Sobald eine bestimmte Ratte tot ist, kann der Hund das Interesse an ihr verlieren und sich dem nächsten sich bewegenden oder vor Schreck gelähmten Opfer zuwenden. Landwirte berichten gelegentlich von ähnlichen Vorfällen, bei denen ein Fuchs oder, seltener, ein streunender Hund in einen Hühnerstall eingedrungen ist und ihn verwüstet hat.

Durch den Geruch der Beute angelockt, drang der Fuchs in den Hühnerstall ein, richtete dort ein mörderisches Blutbad an, indem er jedes Tier tötete, und nahm dann vermutlich nur eines davon zum Fressen mit. Nicht alle Füchse handeln so, aber die meisten Landwirte wollen dieses Risiko nicht eingehen und versuchen, falls sie Gelegenheit dazu erhalten, Füchse als Schädlinge zu vernichten. Meist sind sie nicht willens, eine finanziell aufwendige einbruchssichere Geflügelfarm zu erstellen.

Abgesehen von den Hühnerställen spielen die raubtierhaften Seiten des Wolfs, des Fuchses und anderer Hundeartigen eine lebenswichtige Rolle in der freien Wildbahn. Sogar in Australien, wo der vielverfolgte Dingo seit der Ankunft des weißen Mannes und besonders seit dem tragischen Vorfall bei Ayers Rock verteufelt wurde – ein Dingo stahl angeblich einen Säugling aus einem Zelt und fraß ihn auf –, beginnt die öffentliche Meinung, sich zu wandeln.

Ein interessanter Aspekt des raubtierhaften Angriffsverhaltens beim Hund ist das Fehlen von vorgängigen Absichtserklärungen zum Beispiel durch warnendes Knurren. Der Hund geht ganz einfach zum Angriff und Jagdverhalten über. Sobald die Jagd begonnen hat, geben insbesondere Spaniels Laut und bellen oder heulen aufgeregt während der ganzen Verfolgung der Beute; die Tötung selbst, wenn der Terrier sein Opfer beißt, der Wolf ihm die Eingeweide aus dem Leibe reißt oder es durch einen Biß am Hals erdrosselt, ist normalerweise lautlos. Sobald die Beute tot ist, gibt es ein lautes Geknurre, das sich vermutlich an die restlichen Rudelmitglieder richtet und sie auffordert, auf Distanz zu bleiben. Terriers sind manchmal etwas lauter und knurren, während sie ihr Opfer zu Tode schütteln, doch im allgemeinen ist das ganze Geschehen von ruhiger Effizienz.

Für Moira wird es wahrscheinlich schwierig sein, das Raubtierverhalten von Jock in Bahnen zu lenken. Abgesehen von der Tatsache, daß wir von der Natur solcher »instinktiver« Urverhaltensweisen wenig verstehen, können wir nicht viel tun, um Jock zu überzeugen, daß es auf einem Spaziergang interessanteres zu tun gibt als jagen. Wenn er mit vielen verschiedenen Tieren wie Katzen, Kaninchen, Schafen und sogar zahmen Ratten aufgewachsen wäre, hätte sich sein Wunsch, ewig zu jagen, wahrscheinlich nicht entwickelt. Allerdings gibt es viele Hunde, die den Unterschied zwischen der Katze, mit der sie das Leben im Haushalt teilen, und der Nachbarskatze, mit der sie nichts verbindet, sehr wohl kennen. Wenn Jock früh erzogen worden wäre, hätte die Besitzerin seine jagdlichen Fähigkeiten vielleicht genau so ausbilden können, wie es Halter von Spaniels oder Retrievern tun, wenn sie ihren Hund für die Jagd abrichten, das heißt durch engen Kontakt mit dem jungen, noch leicht zu beeindruckenden Tier, wenn es seine natürlichen »Instinkte« entdeckt. Sobald der Hund seine eigene Jagdstrategie entwickelt hat, bei der der Besitzer nichts zu tun hat außer dabei zu sein, ist es hart, ihn neu zu programmieren.

Es gibt natürlich Hunde, die überhaupt nicht gehorchen und ganz einfach am Horizont verschwinden, wenn sie kleine pelzige oder große gefiederte Kreaturen verfolgen. Rufe, Pfiffe, geworfene Bälle, Flüche, Bitten oder Drohung werden überhaupt nicht zur Kenntnis genommen, und zwar nicht aus Ungehorsam oder Trotz, sondern weil die Sinne des Hundes auf die wichtigste Überlebensfunktion, der Verfolgung und Tötung der Beute, fixiert sind. Sobald die Konzentration durch den Fang oder durch die erfolgreiche Flucht des Opfers abgebrochen wird, kehrt der Hund zurück zu seinem rufenden Meister, offensichtlich ohne sich des Ärgers bewußt zu sein, den er verursacht hat. Eine Bestrafung würde ihn total verwirren, und wenn er mit einer Ratte in der Schnauze erwischt würde, würde ihn eine Bestrafung auch nicht davon abhalten, eine andere zu jagen, auch wenn er aus Schreck sein Opfer fallen ließe.

Das auslösende Moment des raubtierhaften Angriffsverhaltens, nämlich die Bewegung des Opfers, wurde in einer amerikanischen Studie aus den frühen achtziger Jahren eindrücklich dokumentiert. Sie erwähnte einen Fall, in dem zwei Hunde plötzlich aus einem Wald auftauchten und zu zwei elfjährigen Knaben rannten, die in der Nähe spielten und die natürlich versuchten, zu flüchten. Der eine fiel zu

Boden und wurde von den Hunden nicht mehr beachtet, weil sie sich voll auf den anderen konzentrierten, der immer noch lief; sie holten ihn ein, rissen ihn zu Boden und ließen erst von ihm ab, als sie von einem Spaziergänger weggescheucht werden konnten. Wissenschaftler führten mit den beiden Hunden dann einige einfache Tests durch. In einem der Tests fuhr ein Radfahrer so schnell wie möglich um das Gehege, in dem sie eingesperrt waren. Die Hunde verfolgten ihn, und mitten in der Flucht entfernte sich der Radfahrer aus ihrem Blickfeld und wurde durch einen gut geschützten Läufer ersetzt, der direkt vor die Hunde lief. Sofort und ohne nähere Untersuchung lenkten sie die volle Stärke ihres Jagdverhaltens und, als sie ihn zur Strecke brachten, ihres Angriffs auf ihn, wie sie es mit dem Jungen gemacht hatten. Solche Angriffe kommen aber in der Statistik der Hundeangriffe auf den Menschen sehr selten vor (in weniger als einem Prozent aller Fälle). Die meisten Probleme im Zusammenhang mit raubtierhaftem Angriffsverhalten betreffen die Verfolgung echter Beute wie bei Jock, oder anderer beweglicher, aber oft lebloser Ziele.

Wenn also Jock umprogrammiert werden soll, wird Moira zuerst konsequent sein müssen und ihm nicht erlauben dürfen, wie viele es mit ihren Hunden tun, bestimmte Tier wie Kaninchen zu jagen, andere wie Katzen oder Eichhörnchen jedoch nicht. Für Jock gibt es da keinen Unterschied! Zunächst wird Jock während einiger Zeit ausschließlich angeleint ausgehen dürfen, vielleicht an einer ausziehbaren Leine, um doch noch etwas Freiheit zu haben. Alle Versuche, etwas Jagdbares zu verfolgen, sind zum Scheitern verurteilt, und Moira kann schnell wieder die Kontrolle übernehmen, wenn Jock dennoch die Verfolgung aufnehmen will. Während des ganzen Spaziergangs sollte Moira ihren Hund oft zu sich rufen und sich durch sanftes Ziehen an der Leine Nachdruck verschaffen. Sie sollte Jock durch ihren Tonfall aufmuntern und ihn überschwenglich loben, sobald er kommt. Leckerbissen können hilfreich sein, und vielleicht auch ein Lieblingsspielzeug zum Halten. An letzteres muß Jock vorher zu Hause gewöhnt werden, wie wir es bereits beschrieben haben. Danach ist es eine Frage der Übung. Moira muß mit Jock an möglichst viele Orte hingehen und mit ihm eine engere Beziehung aufbauen, indem sie ihn oft zu sich ruft und belohnt und dann in eine andere Richtung weiter geht. Erst wenn er gelernt hat, auf jeden Ruf zu reagieren, und zwar auch dann, wenn er etwas entdeckt hat und

aufgeregt ist, darf Jock wieder freigelassen werden. Die Behandlung ist nur in Einzelfällen absolut erfolgreich. Hunde wie Jock können unter Umständen noch zurückgerufen werden, wenn sie gerade eine Verfolgung aufnehmen, sind aber nach wie vor unansprechbar, wenn die Beute in Sicht ist und wegläuft.
Andere Hunde können davon abgehalten werden, Katzen nachzulaufen oder sogar Hasen zu verfolgen, wenn letztere sie noch nicht gesehen haben, aber sobald die Hasen flüchten, wird es außerordentlich schwierig sein, die Hunde durch mündliche Befehle zu stoppen, auch wenn sie sonst gut befolgt werden und auch wenn eine Belohnung im Spiel ist.

Jagd auf PWs, Jogger, Rollbrettfahrer, Katzen, Fahrräder usw.

Sehr geehrter Herr Neville

Unser Border Collie Cosmo jagt alles, was sich bewegt. Keine Pferde, Jogger, Rollbrettfahrer, Radfahrer oder sogar PWs sind auf unserer Straße vor ihm sicher. Natürlich versuchen wir, ihn im Hause zu halten, aber wir fürchten, daß er verletzt oder getötet wird, falls es ihm einmal gelingen sollte, auszubrechen. Wir machen uns auch Sorgen, daß er vielleicht ein Kind verletzt, da die Rollbrettfahrer seine Lieblingsopfer sind und er bereits unseren Sohn nach einer wilden Verfolgungsjagd am Fußknöchel blutig gebissen hat. Wir haben uns bemüht, mit Cosmo nett zu sein, haben aber auch versucht, ihn zu schlagen, aber nichts scheint ihn aufzuhalten als das Angebunden- oder Eingesperrtsein. Im Südosten Londons haben wir keine Schafe, die wir ihm zum Hüten geben könnten, und obwohl wir viel mit ihm spielen und ihm Bälle werfen, damit er sich austoben kann, haben wir uns gefragt, ob es vielleicht noch eine andere Möglichkeit gäbe, um ihn sicherer für die Gemeinschaft zu machen.

Mit freundlichen Grüßen

Simon und Georgina Willis

Die Bewegung, manchmal auch Geräusche, sind die Auslösemechanismen des Verfolgungsinstinktes beim Hund, und Border Collies scheinen eine besondere Vorliebe für eine ganze Reihe von geeigneten Zielen zu haben. Für sie geeignet, weil sie sich schnell bewegen und, wenn es sich um Jogger oder Radfahrer handelt, normalerweise ihre Geschwindigkeit noch erhöhen, um nicht eingeholt zu werden. Es ist natürlich leicht zu sagen, daß Border Collies nur auf dem Lande und nicht in einer Londoner Vorstadt gehalten werden und mit der Aufgabe betreut werden sollten, Schafe zu hüten – eine Aufgabe, für die sie in jahrzehntelanger Zucht selektiert worden sind. Die meisten Border Collies – auch diejenigen, die in Städten gehalten werden, verfolgen überhaupt nichts und niemanden und können auch ohne eine derartige, gezielte Aktivität sehr glücklich leben. Solche Probleme beschränken sich auch gar nicht auf diese Rasse, und alle, die je durch Irland gefahren sind, wissen, daß die Jagd auf PWs der nationale Zeitvertreib der irischen Hunde ist. Bei den ersten paar Hunden tritt man auf das Bremspedal, danach beachtet man sie nicht mehr und läßt sie sich müde laufen, bis sie heimkehren und auf das nächste Opfer warten.

Eine Bestrafung nach dem Ereignis, oder sogar kurz nachdem die Verfolgungsjagd aufgenommen worden ist, hat nie einen Besserungseffekt, da das Verhalten zu tief verwurzelt ist, um so spät noch gestoppt werden zu können. Vor einigen Jahren mußte ich in der Nähe eines Bauernhofs bei Kilkenny brüsk bremsen, um einen Zusammenprall mit einem Irischen Arbeitscollie zu vermeiden. Die Hündin war offensichtlich sehr erfahren, da sie in einer vorgängigen »Begegnung« mit einem englischen Touristen bereits ein Bein verloren hatte. Doch sie war so versessen auf die Verfolgung meines Wagens, daß der Verlust ihres Beins sie in eine noch verbissenere Autojägerin verwandelt hatte, und daß ich das Gefühl hatte, sie wolle sich rächen. Ihre Haltung bewies, daß sogar ein Unfall und der damit verbundene Schmerz ihre Jagdlust nicht im geringsten vermindert hatte und daß nur wenig Chancen bestehen, daß eine nachträgliche oder verspätete Strafe solche unerwünschten Verhaltensweisen erfolgreich korrigieren kann.

Immerhin eignet sich die Aversionsmethode am besten für die Behandlung von Verfolgungsjägern, egal, was die Hunde am liebsten verfolgen. Es ist alles eine Frage des Timings. Wenn sich Hunde wie Cosmo und Jock trotz intensiven Trainings nicht bessern, ist es sinnlos zu warten, bis ein Problem auftaucht, um erst dann zu versuchen, damit fertig zu werden. Der Hund muß im Gegenteil absichtlich in die Lage gebracht werden, in der er dem Auslösemechanismus der Verfolgungsjagd ausgesetzt ist, aber unter kontrollierten Bedingungen. Dazu braucht es Freiwillige. Man muß einen Jogger, Radfahrer, PW samt Fahrer oder einen Rollbrettfahrer finden, der sich dazu zur Verfügung stellt und unmittelbar neben dem Hund vorbei joggt, radelt, fährt oder rollt. Am wirksamsten ist es, wenn er von der Seite und nicht von vorne kommt. Mit Ausnahme des PWs, der mit großem Lärm und aus Sicherheitsgründen nicht schneller als mit 15 bis 20 Stundenkilometern fahren sollte, sollte sich das »Opfer« in der Nähe des Hundes möglichst rasch bewegen. Der Hund sollte mittels eines normalen Halsbands und einer langen Trainingsleine oder Abrolleine kontrolliert werden, und der Hundehalter sollte möglichst entspannt mit ihm spazierengehen. Sobald das »Opfer« verbeiflitzt, setzt der Hund zur Verfolgungsjagd an, und im selben Moment reagiert auch sein Meister. Beim Collie und bei vielen anderen Hunderassen ist die erfolgversprechendste Methode der Gebrauch einer Alarmsirene, wie sie zum Schutz vor Dieben erhältlich sind. Der Hund soll den schrillen, erschreckenden Ton mit der Beute in Zusammenhang bringen und dadurch in seiner Verfolgungsjagd gestoppt werden. Er verbindet dann das bewegliche Ziel mit unangenehmen Konsequenzen (negative Verstärkung durch Lärm), statt mit einer positiven Verstärkung durch die »Jagdlust«. Bei anderen Hunden erreicht man bessere Erfolge, indem man ein Würgehalsband anwendet (das ist ungefähr die einzige Rechtfertigung für dieses Torturwerkzeug) oder die Hunde durch lärmige, in ihre Nähe geworfene Objekte – zum Beispiel eine rasselnde Kette – erschreckt. Wenn es etwas gibt, das den Hund schon früher bereits einmal erschreckt hat, wie zum Beispiel ein quietschendes Spielzeug, kann man natürlich auch dieses benützen. Wenn das Timing stimmt, werden die meisten Hunde sofort von ihrer Verfolgungsjagd absehen. Viele werden ziemlich verängstigt sein, und in diesem Moment muß der Hundehalter besonders nett sein und den Hund beruhigen. Wenn der Hund auf Belohnungen anspricht, kann man ihm schnell, aber ruhig, einen Leckerbissen oder sein Spielzeug geben. Auch dies könnte, allerdings in relativ seltenen Fällen, in der Überlegung des Hundes mit der Bewegung des Opfers verbunden werden und so eine Besserung bewirken.

Ich wiederhole es: Es sind weder eine Bestrafung noch eine besonders strenge Hand nötig. Es ist jedoch von größter Wichtigkeit, daß der Hundehalter während des ganzen Ablaufs des Trainings ruhig bleibt, so daß die Erregung des Hundes nicht noch gesteigert wird. Der verängstigte Hund muß seinen Meister in diesem Augenblick als ruhenden Pol und »Zufluchtshafen« empfinden können. Es wird meist ein besseres Timing erreicht, wenn die Hundehalter selbst den Alarm auslösen, aber gewisse Hunde, möglicherweise jene mit dem echten »Killerinstinkt« und nicht nur dem Verfolgerinstinkt, reagieren besser, wenn der Lärm vom »Opfer« ausgeht. Die besten Resultate werden dann erreicht, wenn diese Hunde nahe genug an das Opfer herangelassen werden und schon fast zum Beißen ansetzen, wenn der Alarm ausgelöst wird.

Viele Verfolgungsjäger, und besonders oft die sehr lärmempfindlichen Collies und Collie-Mischlinge, sind bereits nach einer einzigen oder nach zwei solchen Erfahrungen von ihrer Lust auf bewegliche Ziele geheilt, und viele von ihnen laufen so schnell wie möglich zu ihrem Meister, wenn eines dieser ehemaligen Opfer in Sichtweite kommt, weil sie es eng mit den unangenehmen Folgen verbinden. Auch hier wird durch eine gelegentliche Wiederholung in unterschiedlicher Umgebung und anderen Begleitumständen erreicht, daß das Gelernte nicht wieder vergessen wird.

Schäferinstinkt

Sehr geehrter Herr Neville

Shep, mein Border Collie, führt sich mit der ganzen Familie, Katze inbegriffen, als ausgezeichneter Schäferhund auf. Im Garten treibt er die Kinder wie zu einer Herde zusammen, und manchmal tut er dies sogar in der Wohnung. Es ist mir zwar klar, daß er sie wie Schafe behandelt und sich benimmt, wie seine Rasse es infolge jahrelanger Zucht tun sollte, aber ich bin etwas besorgt, weil er jetzt angefangen hat, nach den Fersen der Kinder zu schnappen, wenn sie sich bereits bewegen, aber nicht in die von ihm gewünschte Richtung. Er schnappt nicht nach meinen Fersen oder nach denen meiner Frau, aber die

Kinder sind schon ziemlich zerkratzt und haben jetzt Angst, mit ihm zu spielen. Wie können wir Shep diese lästige Angewohnheit abgewöhnen, ohne ihn zu verwirren?

Freundlichst

Barry Gorman

Wie wir es bereits gesagt haben, lassen sich Collies oft durch Bewegung stimulieren, aber sie zeigen darüber hinaus noch einige interessante Verhaltensweisen. Eine davon ist der berühmte »Collie-Blick«, ein intensives Anstarren, das sie brauchen, wenn sie Schafe an einem bestimmten Ort »festnageln« wollen. Wenn Collies als Familienhunde gehalten werden, wenden sie diesen Blick oft bei Katzen an und können sich dadurch stundenlang beschäftigen. Die Katzen, die jedoch viel intelligenter sind als Schafe und sich auch viel besser verteidigen können, haben die Tendenz, solchen psychologischen Tricks einfach keine Beachtung zu schenken; wenn sie allerdings weglaufen, werden sie meist vom übereifrigen Hund verfolgt. Seltener wenden Collie ihren »Blick« gegenüber kleineren Hunden im selben Haushalt an, aber oft gegenüber anderen Hunden, denen sie auf ihrem Spaziergang begegnen. Jene Hunde kommen oft in den »Genuß« des vollen Repertoires eines Schäfers, der sich niederduckt, sie anschleicht, anstarrt, jagt und nach ihnen schnappt.

Barrys Problem mit Shep ist eindeutig das einer fehlgeleiteten »natürlichen« Aktivität, die etwas über das Ziel hinaus schießt. Shep schnappt nicht nach den Fersen der erwachsenen Familienmitglieder, weil ihr Status als ranghöhere Mitglieder der Familienhierarchie vielleicht besser definiert ist und nicht in Frage gestellt wird. Vielleicht spielt es aber auch eine Rolle, daß sie sich auch nicht so aufgeregt benehmen wie die Kinder und den Hund demzufolge auch nicht so erregen. Vermutlich ist nicht bekannt, ob es Shep je gelungen ist, sie durch sein Umkreisen, durch »den Blick« oder, falls dies nichts nützte, durch Schnappen nach ihren Fersen, zusammenzutreiben. Das Problem sollte durch genau dieselbe Behandlung durch Widerwillen (Aversion) gelöst werden können, die wir im letzten Abschnitt beschrieben haben. Shep sollte von Barry oder seiner Frau an einer langen Leine festgehalten werden, während die Kinder gebeten werden, vorbeizulaufen. Wenn der Hund ruhig bleibt, wird er mit Lob und Leckerbissen belohnt. Man kann sogar eine geduckte Haltung oder ein Anstarren dulden, aber sobald er losprescht, um die Kinder zusammenzutreiben, muß das Alarmgerät eingeschaltet oder ein anderes Ablenkungsmanöver gebraucht werden. Wenn er innehält, wird er auch jetzt belohnt. Es kann zusätzlich helfen, wenn die Kinder bei der Erziehung von Shep zum Gehorsam mit einbezogen werden, insbesondere wenn es um den Befehl »mach Platz« geht, der dann nach Bedarf gebraucht werden könnte. Shep ist einfach zu aufgeregt, wenn er mit den Kindern spielt. Diese und weitere Maßnahmen, die später in diesem Kapitel beschrieben werden, können helfen, die Kinder als ranghöhere Familienmitglieder zu etablieren, wie ihre Eltern, so daß der rangniedrigere Hund Shep sie nicht mehr belästigen darf.

Jagd auf Schafe

Sehr geehrter Herr Neville

Sabre, unser zweijähriger Deutscher Schäferhund, jagt Schafe. Wir haben dies erst kürzlich anläßlich unserer Ferien in Wales entdeckt. Wir ließen ihn beim Spaziergang von der Leine los, wie wir es normalerweise im Park auch tun, aber statt herumzuschnüffeln und ziemlich nahe bei uns zu bleiben, hob er den Kopf, nahm den Geruch von Schafen wahr und lief auf das Feld. Wir verfolgten ihn und riefen ihn zurück, aber er kümmerte sich nicht ums uns, überquerte in einem Satz die Abschrankung zu einer Schafweide und fing an, die Schafe umherzujagen. Glücklicherweise gelang es ihm nicht, ein Tier einzufangen, und Dad konnte ihn packen und wieder anleinen. Wir schimpften ihn aus, aber wenn wir ihn wieder freigelassen hätten, hätte er sich garantiert wieder auf die Suche nach weiteren Schafen begeben. Wir wissen, daß die Bauern solche schafjagenden Hunde abknallen, und wir möchten wissen, ob diese Unart von Sabre behandelt werden kann, weil wir ihn gerne wieder mit uns nach Wales in die Ferien nehmen würden. Sonst müßten wir ihn in ein Hundeheim geben, und unsere Ferien wären nur noch halb so lustig.

Mit freundlichen Grüßen

Joanna und Emma Carson

Die Jagd auf Schafe gilt als eines der größten »Verbrechen« unserer Familienhunde, und es wird auch am meisten darüber geschrieben. Es gibt Hunde, die Schafe erwürgen, und andere, die ihnen in einem wahren Blutrausch die Kehle durchbeißen und ihnen die Eingeweide herausreißen. Innert weniger Minuten kann ein einzelner großer Hund oder, schlimmer, eine Hundemeute, die sich vorübergehend zu einem Jagdverband zusammengeschlossen hat, ein derartiges Blutbad anrichten, daß man größte Mühe hätte, sie mit unseren netten Familienhunden am Kaminfeuer in Verbindung zu bringen.

Die Bauern sind natürlich sehr besorgt über das Ausmaß der Schäden. In Großbritannien kamen im Jahr 1989 über 10000 Tiere auf diese Weise um, und die Versicherungen mußten über eine Million Pfund bezahlen. Da muß man sich natürlich nicht wundern, daß viele Bauern sofort und zu Recht jeden Hund erschießen, der sich unangeleint in der Nähe ihrer Schafherden aufhält. Sie haben keine Wahl, denn auch wenn der Hund die Tiere nur jagt und nicht tötet, können viele Schafe so erschrecken, daß sie an Herzschlag oder an Erschöpfung sterben, oder, falls sie trächtig sind, Fehlgeburten erleiden. Der Bauer schießt also zuerst und stellt eventuelle Fragen erst nachträglich. Ähnlich reagieren Reiter, die oft von Hunden bedroht und angegriffen werden. Die Behandlung geschieht nach der bereits beschriebenen Methode des Widerwillens. Nur wenn der Hund überhaupt nicht darauf anspricht und als absolut letzte Chance vor dem Einschläfern, kann man den Gebrauch eines dieser schrecklichen Schockhalsbänder in Betracht ziehen, die leider in den USA und in vielen europäischen Ländern, zum Beispiel in Deutschland, allzu oft bei der Hundeerziehung verwendet werden. Jedesmal, wenn der Hund einen Fehler macht, erhält er einen durch Funk ausgelösten elektrischen Impuls. Sobald der Hund die Schafe angreifen will, wird der Impuls ausgelöst. Der gewünschte Effekt wird meist auch beim schwächsten Stromstoß erreicht; der Hund jault vor Schmerz und Überraschung auf und bricht seinen Angriff ab. Sofort muß ihn sein Besitzer rufen, trösten und beruhigen. Wenn er wieder ruhig ist, nähert man sich wieder den Schafen. Meist genügen eine oder zwei Erfahrungen, um den Hund zukünftig von der Schafjagd abzuhalten. Mit der Zeit kann man dem Hund etwas mehr Freiheit gewähren; wenn er allerdings nicht angeleint ist, sollte er zur Sicherheit einen Maulkorb tragen. Im Idealfall sollte der Hund, jedesmal, wenn man sich mit ihm einer Schafherde nähert, besorgt aussehen und sogar Anstalten machen, wegzulaufen, weil er die Schafe mit dem Schock verbindet; erst dann kann man ihn wieder unangeleint auf dem Feld umherlaufen lassen. Leider gibt es gewisse Hunderassen, wie zum Beispiel die Bullterrier, die für den Kampf gezüchtet worden sind und bei denen der Schmerz oft als zusätzliches Reizmittel wirkt oder infolge des dicken und gut geschützten Nakkens kaum gespürt wird. Solche Hunde sollten am besten ganz von den Schafen ferngehalten werden oder in ihrer Nähe immer angeleint bleiben.

Mütterliche Angriffslust

Sehr geehrter Herr Neville

Sobald unsere Corgihündin Queenie ihren Wurf von sechs Welpen bekam, verwandelte sie sich von einem typischen Corgi – etwas temperamentvoll, aber im Grunde genommen sehr lustig – in eine sehr temperamentvolle und gar nicht lustige Mutter. Sogar wir konnten uns nicht ihren Welpen nähern, ohne angeknurrt zu werden, selbst wenn wir nur das Zimmer betraten, um die Hündin zu füttern. Wenn wir uns nicht sofort entfernten, verwandelte sie sich in einen wütenden Wolf, sprang auf und knurrte wirklich bedrohlich. Seitdem die Welpen etwas älter geworden sind, hat sich ihr Benehmen etwas gebessert, und wir fragen uns, ob sie nach der Entwöhnung des Wurfs, oder wenn alle Welpen weggegeben worden sind, wieder normal wird.

Mit freundlichen Grüßen

Jane und Donald Evans

Die aggressive Verteidigung der Welpen ist eine weitere Form von Aggressivität, die wir akzeptieren, weil wir sie verstehen, obwohl ein solches Benehmen der ehemals friedlichen Hündin unter keinen anderen Umständen toleriert würde. Die große Mehrheit der Hündinnen verteidigen ihre Welpen nicht so heftig wie Queenie; falls sie es jedoch tun, haben wir eine der ausgeprägtesten Aggressionsformen unserer Familienhunde vor uns. Zum Glück verlassen die Hündinnen das Nest meist nicht, um jeden, der vorbeigeht, anzugreifen. Die drohende Haltung einer Hündin, halb im Nest, halb draußen, mit Welpen, die sich verzweifelt an den Zitzen festklammern, ist typisch. Die Evans müssen Queenie ihre Arbeit tun lassen, ohne ihr dabei behilflich sein zu können; sie dürfen sie während einiger Wochen nicht streicheln und müssen ihren Futternapf und das Wasser einfach in das Zimmer stellen, und die Angriffslust der Hündin wird sich auf die unmittelbare Umgebung des Nests beschränken. Es wäre nicht empfehlenswert, Queenie mit Gewalt in den Garten zu befördern, um sich zu versäubern, sondern die Zimmertür sollte ab und zu geöffnet werden, um der Hündin zu erlauben, von selbst schnell hinauszuflitzen und ebenso schnell wieder zu ihrem Wurf zurückzukehren.

Während dieses beschützerische Verhalten noch verständlich ist und die Besitzer sicher sind, wenn sie sich dem Wurf während einiger Zeit nicht nähern, ist die Sache etwas komplizierter, wenn es sich nicht um echte Welpen handelt. Viele Hündinnen sammeln Spielsachen oder andere kleine Gegenstände wie Kissen oder Pantoffeln ein, behandeln sie wie einen Wurf und verteidigen sie genau so heftig gegen die fassungslose Familie. Sogar Hündinnen, die gerade erstmals geworfen haben, können eigenartige Verhaltensweisen entwikkeln. Die Hündin ist mit einem neurologisch festgelegten Verhaltensmuster geboren, das ihr erlaubt, ihr Verhalten zugunsten der neugeborenen Welpen und bis zu deren Unabhängigkeit zu ändern. Die säugende Hündin verbringt, im Vergleich zu den oft wechselnden Perioden von Aktivität, geselligem Verhalten und Spiel, den größten Teil ihrer Tage zusammen mit ihrem Wurf. Wie bei allen höheren Säugetieren entwickelt die Hündin gleich nach der Geburt eine sehr enge Bindung zu ihren Welpen, die in der Natur zu den stärksten Bindungen überhaupt zählt. Sie kann sie sogar dazu bringen, ihre Welpen gegen jegliche Gefahr mit dem Einsatz ihres Lebens zu verteidigen.

Wir haben bisher noch nicht viel über den hormonellen Einfluß auf die Verhaltensweisen des Hundes gesagt, aber die mütterliche Angriffslust ist fast ausschließlich auf diesen Einfluß zurückzuführen. Während der Trächtigkeit, oder jedenfalls während zweier Monate nach dem Eisprung produziert die Hündin das Hormon Progesteron, um ihrem Organismus zu helfen, die mit der Trächtigkeit zusammenhängenden physiologischen Veränderungen zu verkraften, oder als Teil des Zyklus, die Fortpflanzungsorgane für die nächste Läufigkeit vorzubereiten. Progesteron hat auch einen beruhigenden Einfluß auf jene Hirnteile, welche die Gefühle steuern, führt normalerweise zu einer Reduktion der Aktivität und beruhigt die Hündin während dieser empfindlichen Zeit. Mit der Geburt der Welpen sinkt das Niveau und demzufolge der Einfluß dieses Hormons, und die Hündin ist wieder sehr empfindlich und reaktionsfähig, wenn ihre Gefühle angesprochen werden; dazu gehört auch ein ausgeprägtes Verteidigungsverhalten als Reaktion auf relativ harmlose oder früher gut geduldete Reize. Solche Reaktionen klingen mit der Zeit wieder ab, sobald sich der hormonelle Zyklus der Hündin wieder stabilisiert, und später kann man die Welpen berühren oder der Hündin die Hausschuhe und Kissen wegnehmen, wenn man ihr klarmacht, daß den lieben Kleinen kein Haar gekrümmt wird. Bis zu diesem Zeitpunkt empfiehlt es sich, Queenie einen möglichst ruhigen und sicheren Nistplatz einzurichten und zur Säuberung und Kontrolle der Welpen nur während der kurzen Abwesenheit der Hündin hineinzugehen.

Wenn die Hündin scheinträchtig ist, sammelt sie nicht nur eingebildete Welpen ein, die sie verteidigt, sondern produziert auch Milch, um sie zu füttern. In diesem Zustand muß sie tierärztlich behandelt werden; der Tierarzt wird ihr in den meisten Fällen ein Hormon spritzen, um die Milchproduktion zu stoppen und das Interesse der Hündin an ihren Pseudo-Welpen herabsetzen. Wenn man nicht beabsichtigt, mit der Hündin zu züchten, wird diese Behandlung auch eine Wegnahme der Welpen erlauben. Sobald der Tierarzt es empfiehlt, kann die Hündin dann kastriert werden, so daß der Zyklus des veränderten Benehmens definitiv unterbrochen wird.

Interessanterweise reagieren Hündinnen wie Queenie nicht gleich oder nicht gleich heftig bei jedem Wurf, und es ist durchaus möglich, daß sie den Evans erlaubt, sich um die nächsten Welpen zu kümmern. Möglicherweise hat sie mittlerweile begriffen, daß sie den Welpen nicht schaden wollen und im Gegenteil bei der Pflege der Welpen sehr nützlich sein können. In Hunderudeln lassen sich die Hündinnen oft auch von hilfreichen »Tanten« bei der Aufzucht unterstützen. Es gibt auch andere Hündinnen, die sich überhaupt nicht beschützerisch verhalten, schlechte Mütter sind und ihre Welpen vernachlässigen oder total im Stich lassen. Solche Hündinnen zwingen uns, die Rolle der Pflegeeltern zu übernehmen. Hier handelt es sich um unfähige Mütter, die in der Wildbahn niemals einen Wurf aufziehen könnten. Vielleicht ist der Verlust der mütterlichen Angriffslust ein erster Schritt in Richtung Verwässerung der mütterlichen Eigenschaften, und wir sollten glücklich sein, wenn wir eine instinktsichere Hündin wie Queenie haben.

Kannibalismus

Sehr geehrter Herr Neville

Wir haben uns so gefreut auf den Wurf unserer 18 Monate alten Cavalier-Hündin. Wir hatten ihr ein gemütliches Wurfnest vorbereitet und sorgten dafür, daß sie bis zum glücklichen Tag ruhig blieb. Nachdem sie drei hübsche Welpen geworfen hatte, fraß sie sie am nächsten Tag auf. Wir waren verzweifelt über ihr Verhalten, aber auch ziemlich angeekelt. Warum hat sie das getan? Wird sie, falls wir wieder versuchen, mit ihr zu züchten, sich ein anderes Mal gleich verhalten?

Mit freundlichen Grüßen

Anne und Paul Rogers

Obwohl für uns eher ekelerregend, ist der Kannibalismus im Tierreich nicht nur Insekten wie der grausamen Schwarzen Witwe vorbehalten. Viele Tiere, darunter Mäuse, Ratten, Kaninchen, Katzen und Hunde, können ihren Nachwuchs kurz nach der Geburt auffressen, oder manchmal sogar später, wenn die Ruhe des Lagers gestört wird. Einer der Gründe kann ein mangelhafter Hormonhaushalt sein, der den Tötungsinstinkt bei der Geburt und kurz nachher nicht hemmt. Möglicherweise siegt auch der Selbsterhaltungstrieb des Muttertiers über den mütterlichen Instinkt, wenn sie unterernährt ist.

Angenommen, Anne und Paul haben die Hündin im späten Stadium der Trächtigkeit die drei- bis vierfache Futterration gegeben und auch alle sonstigen Ratschläge des Tierarztes befolgt, ist Mitzies Reaktion wahrscheinlich auf eine Art Streß zurückzuführen.

Vielleicht war das ganze Vorgehen der Geburt für sie zu furchteinflößend, trotz Rogers Bemühungen, es ihr so komfortabel wie möglich zu machen, oder vielleicht ist sie wegen irgendeiner Störung erschrocken.

Das Absinken des Progesteronspiegels nach der Geburt kann sie auch übersensibilisiert haben, so daß sie auf die Bewegungen oder Schreie der Welpen erregt reagiert hat. Möglicherweise war aber auch einer der Welpen krank oder mißgestaltet. Für die Hündin dürfte es ziemlich sinnvoll gewesen sein, einen kranken Welpen aufzufressen oder zu verhindern, daß tote Welpen zu einer Ansteckungsgefahr werden oder behinderte Welpen später durch ihr abnormes Verhalten Raubtiere anziehen. Vielleicht will sie auch nur Nährstoffe zurückgewinnen oder keine Energie für die Aufzucht von Mißgeburten verwenden. Vielleicht waren diese Motivationen zu ausgeprägt und verleiteten sie dazu, ihren ganzen Wurf aufzufressen, auch die gesunden Welpen.

Noch wahrscheinlicher als alle diese Theorien ist, daß Mitzie gefühlsmäßig noch nicht erwachsen oder nicht erfahren genug ist, um mit dem größeren Trauma der Welpenproduktion fertig zu werden. Kannibalismus kommt weitaus am häufigsten bei jungen, unerfahrenen Erstgebärenden vor; in der freien Wildbahn geschieht dies vermutlich seltener, weil die jungen Hündinnen Gelegenheit haben, andere Hündinnen bei der Welpenaufzucht zu beobachten und ihnen vielleicht dabei auch etwas behilflich zu sein. Das bedeutet, daß eine Lernfähigkeit bezüglich der Aufzucht von Welpen besteht, die bei einem geselligen Tier eigentlich nur natürlich wäre. Vielleicht müssen Hündinnen wie Töchter das mütterliche Verhalten zuerst einmal durchspielen, um später erfolgreiche Mütter sein zu können. Die meisten unserer Familienhunde müssen ihre Welpen glücklicherweise nicht auffressen, so daß man den Rogers eigentlich nur raten kann, ihrer Mitzie noch etwas Zeit zu lassen, bevor sie es mit ihr nochmals versuchen.

Verteidigungsangriff – das Lager

Sehr geehrter Herr Neville

Zoot, unser Labrador × Deutscher Schäfer Bastard, scheint sein Lager als die Nationalbank zu betrachten. Er knurrt und schnappt wild nach uns, und niemand darf sich mehr als drei Meter nähern, wenn er darin liegt, oder sich zwischen ihm und seinem Lager befinden, wenn er sich dahin begeben will. Er stiehlt auch allerlei Gegenstände wie Handtücher oder Taschen und bringt sie auf sein Lager, um sie zu bewachen. Es gibt einfach keine Möglichkeit, diese Gegenstände zurückzunehmen, bevor Zoot hinausgegangen ist oder sich in einen anderen Teil des Hauses begeben hat – was manchmal Stunden später sein kann. Können wir erreichen, daß er sich weniger possessiv verhält? Wenn wir ihn schelten, wird er nur noch böser, so daß wir ihm aus dem Weg gehen, wenn er in einer solchen Laune ist.

Mit freundlichen Grüßen

John und Betty McCormick

Es gibt im Leben viele Sachen, die zu verteidigen es sich lohnt, besonders überlebenswichtige Dinge wie eine sichere Unterkunft, Nahrung und, für einige Hunde, sogar Wasser. Viele Hunde verteidigen auch ihr Spielzeug oder Trophäen wie Tücher und Gegenstände, die ihren Meistern gehören. Ein Großteil dieses Verhaltens hängt vom Rang des Hundes innerhalb der Familie ab – wir werden dies später noch näher erläutern. Die Verteidigung des Futters hat ebenfalls mit der Rangordnung des Hundes zu tun, wird aber vor allem in Kapitel 8 behandelt werden, wenn von futterabhängigen Problemen die Rede ist.

Die Angriffslust der Hunde, die ihr Lager verteidigen, läßt sich fast so leicht verzeihen wie die aggressive Verteidigung der Welpen durch ihre Mutter. Wir können ihren Wunsch verstehen, einen derartigen Besitz zu verteidigen, und die meisten Halter von Hunden wie Zoot lösen das Problem, indem sie das Lager des Hundes irgendwo außerhalb der Räumlichkeiten einrichten, in denen sich das Familienleben gewöhnlich abspielt, und den Hund einfach allein lassen, wenn er darauf liegt.

Bei Hündinnen kann der Wunsch, das Lager zu verteidigen, unmittelbar nach der Läufigkeit noch ausgeprägter sein als sonst, weil sie es nicht mehr nur als einen Ruheplatz betrachten, sondern als das Lager, wo sie ihren Wurf gebären und aufziehen wollen. Rüden können aber nach meiner Erfahrung ihr Lager genau so scharf bewachen.

Viele Hundehalter sind an diesem Verhalten selber schuld. Statt dem Hund das Lager als einen Zufluchtsort zu gestalten, als einen Platz, wo er sich ausruhen kann, wenn er müde oder bedrückt ist, verwenden sie es als einen Bestrafungsort. Jedesmal, wenn sie mit dem Hund unzufrieden sind und ihn bestrafen wollen, schicken sie ihn zu Bett. Schlimmer noch ist es, wenn der Hund seinem Meister gehorcht und sich zurückzieht oder sich sogar aus freien Stücken auf sein Lager begibt und sein Meister ihm folgt und ihm noch einen Klaps auf den Hintern verpaßt oder mit ihm schimpft. Was einmal ein sicherer Hort war, ist jetzt eine »Strafecke«.

Wenn Hunde wie Zoot keinen Ort mehr haben, wohin sie flüchten und sich verstecken können, knurren sie vielleicht aus Selbstverteidigung, werden wieder geprügelt und müssen dann als letzten Ausweg den Kampf aufnehmen. Ab sofort ist das Lager nur noch sicher, wenn es verteidigt wird, und der Hund wartet lieber nicht ab, daß er herausgefordert wird, sondern knurrt im voraus jeden an, der vorbeigeht. Es genügt, daß man den Hund anblickt oder sich ihm nähert, um eine ganze Kettenreaktion auszulösen, die den schnellen Rückzug des vermeintlichen Angreifers bezweckt. Bei einem großen Hund wie Zoot gelingt dies sehr gut, und die Sicherheit des Schlafkorbs ist gewährleistet.

Die Behandlung kann sehr einfach sein: Man nimmt den Schlafkorb weg (natürlich wenn der Hund nicht darin liegt!), so daß es nichts mehr zu verteidigen gibt. Der Hund muß lernen, an einem offeneren, gemeinsamen Ort zu schlafen. Man kann den Korb auch morgens wegnehmen und ihn spätabends wieder hinstellen, unmittelbar bevor man dem Hund gute Nacht wünscht und die Türe schließt. Am Morgen ist der Hund wahrscheinlich bereit, seinen Korb zu verlassen, um seine Meister zu begrüßen, in den Garten hinausgelassen oder gefüttert zu werden, so daß er genügend abgelenkt wird, um eine gefahrlose Wegnahme des Lagers zu gewähren. Leider gibt es Hunde, die dann lernen, sich einfach in eine Ecke zurückzuziehen und diese zu verteidigen, oder sie knurren jedesmal, wenn sie sich ausruhen, was ein viel größeres Problem ist, als wenn nur ein bestimmter Platz verteidigt wird. Auch bei diesen Hunden sollte man sich ihre Rangordnung und ihren allgemeinen Lebensstil anschauen, um eine erfolgsversprechende Behandlung einzuleiten, und sich nicht nur mit dem Problem an sich befassen wollen.

Ob nun das Entfernen des Schlafkorbs oder eine Begrenzung des Zugangs nützt oder nicht, ist es wie bei allen Aggressivitätsproblemen wichtig, daß man bei der Behandlung des Hundes weder Gewalt noch Herausforderungen gebraucht. Dies würde das ganze noch verschlimmern, weil der Hund, der sich ohnehin mit dem Rücken an der Wand wähnt und sich vermeintlich verteidigen muß, erwartungsgemäß kämpfen wird. In seinem Korb sollte sich der Hund ungestört ausruhen können, und der Korb sollte nie als Bestrafungsort mißbraucht werden. Wenn der Hund sich während einer anderen disziplinären Maßnahme in seinen Korb zurückzieht, darf er dort nicht physisch verfolgt werden. Wenn er sich zurückzieht, heißt das, daß er die Botschaft des mißmutigen Besitzers verstanden hat, so daß es unnötig ist, seine Demut durch zusätzliche Gewalt zu verstärken.

Der Hund sollte jedoch belohnt werden, wenn er mit der Zeit die Leute wieder näher an seinem Korb vorbeigehen läßt. Die Besitzer sollten eine freundliche Haltung einnehmen, sich etwas bücken, um weniger wie eine dominante Herausforderung auszusehen, und vermeiden, den Hund anzustarren oder ihm sogar in die Augen zu schauen. Wenn sie sanft mit ihm sprechen und sich nur langsam nähern, sollte sich so das Ausmaß der von Zoot verspürten Gefahr reduzieren. Man kann ihm auch kleine, schmackhafte und schnell zu schluckende Leckerbissen reichen oder hinwerfen; man sollte vermeiden, ihm größere Brocken zu geben, weil er sonst seine verteidigende Haltung noch verstärken könnte. Aus demselben Grunde sollte man vermeiden, ihm Spielzeug anzubieten. Langsam könnte dieses Vorgehen das Bedürfnis des Hundes, sein Lager zu verteidigen, vermindern, aber die Meister sollten danach ihr Recht etablieren, das Hundelager zu besetzen, indem sie von Zeit zu Zeit darauf stehen oder sitzen, und den Hund für seine Duldsamkeit mit liebevollen Worten und Leckerbissen belohnen. Normalerweise begeben sich die Hundehalter dadurch nicht in Gefahr, weil der Besitzanspruch den Großteil des Kampfes ausmacht, und wenn sie nicht mit dem Hund um die Wette laufen, um das Lager vor ihm zu erreichen, wird der Hund seinen Meister im Lager selbst nicht herausfordern; und das umgekehrte sollte natürlich auch nicht der Fall sein.

Der Hund sollte auch dafür belohnt werden, daß er aus dem Korb herauskommt, wenn man ihn ruft. Der Hundehalter muß es zuerst vielleicht vom Garten aus versuchen und den Hund dann mit einem Spiel oder Spaziergang belohnen. Bald wird der Hund auch reagieren, wenn er von der Hintertüre aus gerufen wird, und später von einem Nebenzimmer aus. So lange die Belohnung erteilt wird, sobald der Hund zu seinem Meister kommt, sollte er weiterhin gut gehorchen und bald auch dulden, daß man ihn jederzeit ruft, wenn er sich in seinem Korb befindet. Obwohl er sich dort immer noch possessiv zeigen kann, insbesondere wenn er Spielsachen oder andere Trophäen verteidigt, ist zumindest die Möglichkeit kampflos etabliert worden, ihn von dort wegzulocken; unter Umständen kann dies zu einer Entschärfung der Situation verwendet werden, wenn sich der Hund einmal auf seinem Lager »verbarrikadiert« hat.

Sobald der Hund etwas weniger empfindlich reagiert, wenn man sich seinem Lager nähert, und auch die Frage der Rangordnung geregelt ist, kann man sich mit kleinerem Risiko dem Problem der »Beutemacherei« widmen. Gegenstände wie Spielzeug und Büffelhautknochen müssen als wertvolle Besitztümer gelten, wenn sich der Meister oder ein anderer Hund dafür interessiert, und es muß sich ja lohnen, sie zu verteidigen. Der Besitz bedeutet einen höheren Gesellschaftsstatus – man denke nur an die ewigen Streitereien über das Recht, den neuen Wagen zu fahren oder die Fernbedienung des Fernsehers zu betätigen, auch wenn man gar nicht wirklich wissen will, was auf allen Kanälen gezeigt wird. Der Wunsch, den Besitz der Fernbedienung zu verteidigen, ist umso größer, wenn ein anderes Familienmitglied uns diesen Besitz streitig macht und wir den verzweifelten Wunsch haben, ein ganz besonderes Programm zu sehen. Dasselbe gilt für das besitzergreifende Verhalten des Hundes. Je mehr der Besitzer den Hund jagt oder ihn in seinem Besitzanspruch herausfordert, desto stärker wird sein Bemühen sein, diesen Gegenstand zu behalten. Der erste Teil der Behandlung ist demnach die Vermeidung einer direkten Konfrontation, besonders wenn die Handtücher, die Zoot stiehlt, das ganze Theater gar nicht wert sind. Wenn der Hund ihre Geldbörse gestohlen oder entdeckt hat und eifrig daran herumkratzt, oder sie genau dann in seinen Korb genommen hat, wenn Sie sie dringend brauchen, weil Sie noch etwas im Weinladen kaufen wollen, der in zwei Minuten schließt, dann ist ein schnelles Eingreifen nötig. In einem solchen Moment sollte der Hund abgelenkt werden, zum Beispiel, indem man die Türglocke läutet oder im Nebenraum mit dem Futternapf hantiert. Mit etwas Glück genügen diese Stimuli, und der Hund schießt aus seinem Korb hervor und vergißt seine Trophäe. Sobald der Hund in einen anderen Raum eingesperrt worden ist, kann der Hundehalter seine Geldbörse wiedererlangen und den dringenden Einkauf tätigen. Obwohl dieser bestimmte Kampf gewonnen ist, ist der Ausgang des eigentlichen Kriegs noch gar nicht entschieden, und der Hund kann jederzeit wieder Gegenstände stehlen und ihren Besitz verteidigen.

Wenn man sich allgemein völlig uninteressiert zeigt, wenn der Hund etwas gestohlen hat, verliert der Besitz viel von seiner Attraktivität. Beachten Sie das Geknurre nicht, wenn Sie am Hundekorb vorbeigehen, auch wenn Ihnen bewußt ist, daß Ihr linker Pantoffel unter den Pfoten des Hundes versteckt gehalten wird. Am besten sollten dem Hund einige seiner liebsten Beutestücke unter kontrollierteren Bedingungen angeboten werden, wenn der Halter im Vorteil ist und die Oberhand behalten kann. Dies sollte auf neutralem Grund inszeniert werden, vielleicht im Garten, wo die Wichtigkeit von »Haustrophäen« vermindert ist und der Hund nicht mit seiner Beute in der Schnauze in eine leicht zu verteidigende Ecke, in seinen Korb oder unter ein Möbelstück verschwinden kann. Der Hund sollte an der Leine gehalten und freundlich aufgemuntert werden, zu sitzen. Dann kann ihm ein ziemlich großer Gegenstand, wie ein Pantoffel, angeboten werden. Wenn der Hund ihn in die Schauze nehmen will, sollte der Meister den Pantoffel weiterhin festhalten und den Hund auffordern, wieder loszulassen und seinen Teil des Besitzes aufzugeben. Der Hundehalter sollte hier jedoch aufpassen, daß kein Kräftemessen, kein »Seilziehen« daraus entsteht. Sollte der Hund nicht loslassen wollen, versucht der Hundehalter ihn abzulenken, indem er mit ihm hin und her geht, ohne allerdings den Pantoffel loszulassen, oder den Hund zum Bellen und Loslassen bringen, zum Beispiel mit Hilfe eines Assistenten, der in diesem Augenblick an der Tür läutet. Noch günstiger ist es, dem Hund eine bessere Alternative in Form eines Leckerbissens oder eines Lieblingsspielzeugs anzubieten. Auch hier müßte er ja die Schnauze öffnen, um den zweiten Gegenstand zu packen. In jedem Fall sollte der Hund sofort gelobt und belohnt werden, sobald er den umstrittenen Gegenstand losläßt. Dann muß man dasselbe in der Kampfzone innerhalb des Hauses mit einer ganzen Reihe von Gegenständen wiederholen, für die sich der Hund bisher selten interessiert hat, bis zu seinem Lieblingsspielzeug, einer Handtasche, einem Handtuch oder – wegen des Geruchs die Lieblingstrophäe vieler Hunde – getragene Socken oder Unterwäsche, die einem Familienmitglied gehören.

Verteidigungsangriff – Revierverhalten

»Lassen wir dem Hund seine Freude am Bellen und Beißen, denn Gott hat ihn so gemacht.« Isaac Watts

Sehr geehrter Herr Neville,

Obwohl er etwas eigenartig aussieht, ist Scooby, unser Jack Russel × Deutscher Schäferhund (ja, das gibt es tatsächlich!) ein wunderbarer Familienhund – mit einer Ausnahme. Sobald er fremde Schritte hört, die sich unserer Türe nähern, oder wenn die Türglocke erklingt, der Postbote oder die Männer der Müllabfuhr kommen, verwandelt er sich in einen total Wahnsinnigen. Es stimmt, bei uns ist nie eingebrochen worden, aber diese Reaktionen kosten uns jetzt ziemlich viel Geld und werden sogar gefährlich. Wenn wir ihn nicht wegsperren, wenn der Postbote kommt, zerreißt er die Post; er hat auch bereits einen Drahtkorb zerstört, in den die Post durch einen Türspalt hineingelegt wird. Dabei bellt er pausenlos mit einer fürchterlich hohen Stimme, rennt wütend umher, steigt die Treppe hinauf, stürzt sich zu den Fenstern und dann zurück zur Türe, in der Hoffnung, den unglücklichen Besucher zu erschrecken. Man kann ihn noch so laut anschreien, es nützt nichts, und als wir zweimal versucht haben, ihn an seinem Halsband zu packen und zurückzuhalten, hat er uns sogar gebissen. Er beruhigt sich zwar, wenn der Besucher ein Familienmitglied ist oder jemand den er gut kennt, aber wir sind sicher, daß er alle anderen Leute beißen würde. Eigentlich können wir von Glück sprechen, daß er bisher noch niemanden erwischt hat. Wir haben jetzt einen Zettel an die Tür geheftet, auf dem steht: »Warten Sie bitte, bis wir den Hund weggesperrt haben.« Glücklicherweise macht dies den meisten Leuten nichts aus, und viele scheinen dies sogar komisch zu finden, aber sogar wenn sie bereits in der Wohnung sind, wagen wir es nicht, Scooby freizulassen, und natürlich bellt er pausenlos, während unsere Gäste bei uns sind. Wir wissen, daß er nur versucht, uns zu beschützen, aber wie, um Himmels willen, können wir ihm etwas Diskretion beibringen?

Mit freundlichen Grüßen

Joan und Brian Greenwood

Die vermutlich häufigste Schwierigkeit, mit der sich die Hundehalter auseinandersetzen müssen, ist der allzu große Eifer des Hundes, das Haus seiner Familie zu bewachen, obwohl er nicht immer so ausgeprägt ist, daß sich die Hundehalter an einen Hundepsychologen wenden wollen. Der Wille des Hundes, unsere Wohnstätte zu beschützen, war vermutlich einer der ersten Gründe, die den Menschen bewogen, Hunde bei sich aufzunehmen. In einer Zeit, die zunehmend gewalttätiger wird, schätzt man diese Eigenschaft immer noch sehr. Wir haben sogar gewisse Rassen, wie den Deutschen Schäfer oder den Dobermann, speziell für diesen Zweck gezüchtet, und auch andere Rassen besitzen diese genetisch vererbte Eigenschaft in hohem Maße. Die meisten Hundehalter schätzen diesen Wesenszug und den Schutz, der ihnen dadurch gewährt wird, auch wenn sie ihren Hund eigentlich nur als Gesellschafter oder als Arbeitshund, zum Beispiel als Jagdhund, gekauft haben.

Die wenigsten müssen ihren Hund lehren, wann er mit dem Bellen aufzuhören und ihnen die weitere Verteidigung des Hauses zu überlassen hat, weil der Hund natürlicherweise dem dominanten, höhergestellten Tier den Vortritt gewährt. Durch Beobachtung lernt er schnell, zwischen bedrohlichen und harmlosen Leuten zu unterscheiden; er weiß, wem er den Zutritt in die Wohnung gewähren soll, wer zwar nicht bedrohlich, aber nicht genügend bekannt ist, wer in wichtigen Geschäften kommt, und schließlich, wer versucht, ohne unsere Einwilligung in die Wohnung einzudringen und deshalb leicht abzuschrecken ist. In unserer Abwesenheit übernehmen die meisten Hunde die autoritäre Rolle und verteidigen unser Heim, indem sie bei unbekannten Geräuschen bellen oder in gewissen Fällen diejenigen angreifen, welche die Warnung nicht beachten. Einige verwirklichen die Drohung nicht und scheinen jedermann zu akzeptieren, dem es gelingt, in das Haus zu gelangen. Es gibt zwar viele Karikaturen über feige Hunde, die einem Einbrecher den Weg zum Safe zeigen, aber in den meisten Fällen führen sie ihre Pflicht getreulich aus.

Hunde, die sich etwas stark aufregen, wenn der Postbote oder der Milchmann kommt, können ohne große Schwierigkeit während dieser Zeit eingesperrt werden. Sie sind vielleicht unbequem und etwas laut, zeigen aber dadurch jedem unerwünschten Eindringling klar, daß er es mit einem Hund aufzunehmen hat, bevor er über den Familienschmuck herfallen kann. Oft ist der Hund mit einem allzu starken Territorialinstinkt sehr anhänglich gegenüber seiner Familie, und die enge Beziehung verstärkt vermutlich seinen Wunsch, das Heim zu verteidigen. Für viele Hunde ist die tägliche Ankunft des Postboten und des Milchmannes ein voraussehbares Spiel. Viele warten sogar darauf und gehen erregt hin und her, bis sie sich endlich auf die Türe stürzen können. Schließlich hat der Hund mit seiner Einschüchterungstaktik ja Erfolg, weil sich der Postbote jeden Tag rasch wieder entfernt. Der Hund weiß ja nicht, daß der Bote nur seine Arbeit tut, wenn er die Post verteilt, und sonst keinen Grund hat, weiter beim Haus zu verweilen. Einige Hunde richten ihre Angriffslust danach auf die Postsachen selbst, wenn sie durch den Türspalt gestoßen werden, und zerreißen innert Sekunden Briefe, Zeitungen und Checks zu winzigen Papierfetzen. Das genügt dann für die meisten Hundehalter, um einen Drahtkorb anzubringen oder einen Briefkasten außerhalb des Hauses aufzustellen.

Leider kommt es manchmal vor, daß der Hund im Garten ist und einen freien Zugang zur vorderen Eingangstüre hat. In solchen Fällen kann nicht nur die Post, sondern der Postbote, beziehungsweise seine Kleidung, zerfetzt werden. Es heißt, daß kleinere Hunderassen wie Terrier von den Dieben mehr gefürchtet werden als größere, die als traditionelle Wachhunderassen gelten. Viele Besitzer von solchen extrem territorial eingestellten Hunden nehmen sich nicht die Mühe, ihren Hund sicher einzusperren oder ihm den

Zugang zur Haustüre zu verwehren, und sie müssen dann in Kauf nehmen, daß der Postbote ihre Post zu Recht nicht mehr austeilen will.

Es ist eindeutig unsere Pflicht, unsere Hunde unter Kontrolle zu halten, obwohl gerade darin die Schwierigkeit besteht, denn schließlich hält man sich keinen Hund, um selbst zu bellen. Der Hund, der eingesperrt wird, sobald es an der Türe läutet, könnte seine Beschützerrolle überhaupt nicht erfüllen, wenn sein Meister einmal angegriffen werden sollte, und der übererregte Hund, der wild bellend umherrennt und imstande ist, die Hand seines Meisters zu beißen, als wäre er der Angreifer, ist noch schlimmer.

Dann gibt es auch die äußerst unangenehmen Probleme mit den Hunden, die selbst Freunde des Hauses bedrohen und angreifen, nachdem man sie hineingelassen hat, oder die sie gegen eine Wand drängen oder in einem Lehnstuhl festnageln und sie in höchstem Maße bedrohen, wenn wir das Zimmer auch nur einen kurzen Augenblick verlassen und dabei dem Hund die Verantwortung für das Haus zurückgeben. Ich mußte auch schon Hunde behandeln, die nicht alle Familienmitglieder gleichermaßen anerkannten und ihnen zum Teil kein Recht gewähren wollten, ins eigene Haus einzutreten, und dies auf überaus aggressive Weise kundtaten. Wir wollen und brauchen vielleicht auch Hunde, die sich territorial gebärden und unser Eigentum verteidigen, und gleichzeitig erwarten wir von ihnen, daß sie sich dabei nicht allzu eifrig zeigen, daß sie erkennen, wer annehmbar ist und wer nicht, und daß sie uns sofort wieder das Kommando überlassen, nachdem sie Alarm geschlagen haben. Für viele Hunde sind solche Bedingungen unrealistisch, und viele andere werden besonders abgerichtet und überwacht werden müssen, wenn wir ihre territorial bedingte Angriffslust in sichere Bahnen leiten wollen.

Wenn man überbeschützerische Hunde behandeln will, muß man vor allem jederzeit ruhig bleiben. Das mag etwas schwierig erscheinen, wenn es sich um einen wild umherrennenden, zähnebewaffneten Wahnsinnigen handelt wie Scooby, aber Joan und Brian sollten immer daran denken, daß ihr Schreien um Ruhe von Scooby als Bellen interpretiert wird und daß er meint, auch sie wollten den Eindringling in die Flucht schlagen. Nächstes Mal, wenn an der Türe geläutet wird und dies einen allgemeinen Unterbruch der Tätigkeit bewirkt, wird sich Scooby noch stärker herausgefordert fühlen und noch mehr erregt sein. Sollten Joan oder Brian ihm außerdem einen Klaps verpassen, würde diese Aggressivität des Meisters oder der Meisterin mit der Ankunft eines Fremden verbunden werden und einen noch größeren Widerwillen hervorrufen. Das ist natürlich ein zusätzlicher Grund für Scooby, noch lauter und früher zu bellen, um den Feind schnellstmöglich in die Flucht zu schlagen. Faßt man Scooby am Halsband, um ihn körperlich im Griff zu haben, wenn er bereits höchst erregt ist, würde dies von ihm als Behinderung seiner Verteidigungspflicht angesehen, und ohne zu realisieren, wen genau er beißt, könnte er einfach schnappen, um die Bewegungsfreiheit zurück zu erlangen, die er braucht, um seine Pflicht zu erfüllen.

Wie müssen Joan und Brian also diese Schwierigkeit im Betragen ihres sonst freundlichen und liebenswürdigen Familienhundes lösen? Die Lösung, wie bei so vielen Verhaltensstörungen, liegt im Vorausdenken und nicht in der momentanen Behandlung des bereits eingetretenen Falls. Wenn Scooby aufgeregt ist, kann man höchstens hoffen, daß man ihn in diesem bestimmten Fall zurückhalten kann, nicht aber, daß man seine Motivation für die Zukunft umprogrammieren kann. In dem Augenblick, wo Scoobys Besitzer eingreifen, sind sie bereits zu spät – Scoobys Motivation, zu bellen, umherzulaufen und sich aufzuregen, ist bereits erfolgreich gewesen.

Die Behandlung kann jedoch erstaunlich rasch und erfolgreich sein, wenn die Hundehalter im voraus denken, etwas Geld in eine geeignete Ausrüstung investieren und sich nach ruhigen Freiwilligen umsehen, die bereit sind, als Besucher zu agieren.

Um einen raschen Eingriff zu ermöglichen, wenn jemand an der Türe läutet, muß der Hund im Haus während einiger Zeit immer eine mittellange Suchleine tragen. Zu Beginn wird er sich möglicherweise etwas darin verwickeln und in seiner Bewegungsfreiheit eingeschränkt sein, aber nach einem Tag oder zwei sollte er sich bereits daran gewöhnt haben. Nach Bedarf kann die Leine gefaßt und der Hund sicherer unter Kontrolle gebracht werden, als es mit der bloßen Hand möglich ist, besonders wenn der Hund in einem solchen Fall gerne um sich schnappt. Ein ungewollter Biß ist meist genau so schmerzhaft wie ein gezielter. Die Leine erlaubt dem Hundehalter, seine Hand mehr oder weniger aus der Schußlinie zu halten und Scooby schnell daran zu hindern, wild hin und her zu laufen. Dies ist umso wichtiger, als daß dieses wilde Umherlaufen die Nervosität des Hundes noch verstärkt. Wenn der Hund ganz besonders unangenehm wird, sobald sich jemand an der Türe meldet, sollte er zu Hause zusätzlich einen leichten Maulkorb tragen. Dadurch ist der Hund weniger gefährlich, und sein Besitzer kann sich ihm besser nähern und sicherer einschreiten, was ihm wiederum ermöglichen wird, den Hund viel schneller zu meistern.

Die Greenwoods sollten mit Scooby laufend die Grundbefehle »Sitz!« und »Mach Platz!« üben, und darüber hinaus etwas Zeit darin investieren, ihn zu lehren, in einer Ecke des Eingangsraumes oder eines anderen Zimmers in Türnähe abzusitzen. Es ist klar, daß man dies am besten übt, wenn keine Besucher erwartet werden, daß man wie immer den Hund lobt und belohnt, und daß möglichst alle Familienmitglieder sich in die Aufgabe teilen. Von größter Wichtigkeit ist, daß Scooby, wenn er den Befehl »In die Ecke!« oder ähnlich erhält, sich freiwillig und begeistert an jenen Ort begibt, den man ihm zugeteilt hat, natürlich in der Erwartung eines Leckerbissens, eines Lieblingsspielzeugs oder eines Lobs, und nicht aus Pflichtgefühl oder weil er den Ärger seiner Meistersleute fürchtet.

Sobald Scooby dies kapiert hat, sollten die Greenwoods einige Freiwillige bitten – zu Beginn Freunde oder Bekannte, die Scooby gut kennt und mag –, zu einer im voraus abgemachten Zeit auf Besuch zu kommen. Der Vorteil, wenn man Freunde einspannt, ist, daß sie sich nicht ärgern, wenn sie während einiger Zeit hinter der Türe warten müssen, während die Greenwoods sich mit Scooby abgeben, und daß Scooby sich schnell beruhigen sollte, sobald die Türe geöffnet wird und er die Besucher erkennt. Kurz vor ihrer Ankunft sollten die Greenwoods Scooby in ihrer Nähe behalten, sich aber ansonsten so ruhig wie möglich benehmen. Scooby sollte durch nichts anderes erregt werden, weil er sonst beim Klang der Türglocke noch stärker »ausflippen« könnte. Um Scoobys Wunsch, die Familie zu beschützen, nicht zusätzlich zu schüren, sollten die Greenwoods sich ihm gegenüber kurz vor dem erwarteten Ausbruch ziemlich abweisend verhalten.

Wenn Scooby die Schritte des Besuchers oder die Türglocke hört, wird er in gewohnter Manier in ein Gekläffe ausbrechen, Angriffe auf die Türe starten und einen Wettlauf zu seinem liebsten Ausguck unternehmen. Im Idealfall werden seine Besitzer diesen Moment vorausgesehen haben und bereit sein, den Hund an der Leine zu fassen, sobald er seine Theatervorstellung beginnt; wenn nicht, sollten sie sich ihm ruhig nähern und die Leine aufheben. Sie sollten sich keinesfalls selbst aufregen, und auch ja nicht anfangen, den Hund anzuschreien. Bei gewissen Hunden genügt es bereits, die Leine zu behändigen, um sie zu beruhigen, weil sie sich der Führung ihres Meisters beim Spaziergang bewußt sind und ihm gerne auch in der Wohnung das Kommando überlassen. Leider werden nur wenige Hundehalter von überbeschützerischen Hunden dieses Glück haben.

Wir wissen bereits, daß das Anschreien des Hundes entweder auf taube Ohren fällt oder die Erregung des Hundes noch verstärkt. Wenn man aber ein sehr lautes, erschreckendes und unbekanntes Geräusch verursacht, indem man zum Beispiel ein Alarmgerät einschaltet, eine metallene Biscuitdose oder einen Pfannendeckel neben dem Hund auf den Boden wirft, sollte er genügend abgelenkt werden. Eine andere Möglichkeit, die Erregung kurzfristig zu dämpfen, ist, dem Hund Wasser oder Bitter Apple – eine harmlose, bitter schmeckende Lösung, die beim Tierarzt oder in der Tierhandlung erhältlich ist – ins Gesicht zu spritzen. Diese kurzfristige Ruhepause während des Sturmes sollte vom Hundehalter sofort dazu benützt werden, um sich mit seinem Tier zu verständigen. Mit einem ruhigen, aber festen »Sitz«, oder noch besser »In die Ecke«, sollte das Benehmen des Hundes unter Kontrolle gebracht werden können. Der Besitzer kann zusätzlich die Leine benützen, um seinen Befehl zu verstärken. Scooby sollte natürlich sofort belohnt und gestreichelt werden, wenn ihn dies beruhigt und nicht, umgekehrt, noch mehr erregt oder den Hundehalter in die Gefahr bringt, gebissen zu werden.

Wer den Hund lieber nicht erschrecken möchte, kann es mit der Belohnungstaktik versuchen und das Lieblingsspielzeug des Hundes neben der Eingangstüre bereithalten. Alle anderen Spielsachen des Hundes sollten weggeräumt werden, und alle Spiele und geselligen Kontakte zwischen dem Hund und den Familienmitgliedern oder Freunden, die er mag, sollten sich auf dieses einzige Spielzeug konzentrieren. Wenn der Hund nur dann beachtet und begrüßt wird, wenn er das Spielzeug gepackt hat, wird das Hervorholen des Spielzeugs mit einer positiven Erwartung verknüpft. Die territoriale Angriffslust kann dann unter Umständen in eine erwartungsvolle, freundliche Erregung umschlagen. Sollte sich der Hund jedoch nicht unbedingt um den eigentlichen Besitz des Spielzeugs kümmern, sollte man ihn zumindest daran gewöhnen, das Spielzeug zu fassen, so daß seine Zähne für eine Weile beschäftigt sind.

Erst, wenn der Hund ziemlich gut unter Kontrolle ist, sollten sich die Greenwoods ihren Besuchern widmen; dann wird sich übrigens schnell herausstellen, weshalb man zuerst nur geduldige und gut informierte Freunde bitten sollte, sich zur Verfügung zu stellen. Falls Scooby folgsam und ruhig genug ist, um in seiner Ecke zu bleiben oder dort festgehalten werden kann, umso besser. Allerdings wäre dies ein selten rascher und außergewöhnlicher Erfolg. Normalerweise kann der Hund jetzt zur Türe geleitet werden, falls nötig mit Pausen, um ihn wieder zu beruhigen. Neben der Türe sollte man ihm wieder den Befehl »Sitz« erteilen und die Türe erst öffnen, wenn er beruhigt ist. Auch wenn Scooby jetzt in freundliche Erregung gerät, weil er den Besucher kennt, sollte man die folgende Routine beibehalten. Scooby sollte weiterhin sitzen müssen und dann informiert werden, daß die Greenwoods den Besucher akzeptieren; dies können sie mit dem Wort »Freund« oder »Okay« tun.

Dem Besucher sollte man allerdings nicht erlauben, die Schwelle des Hauses neben dem Hund zu überschreiten. Wie jeder Zwingerbesitzer weiß, verstärken Türschwellen und enge Gänge die Verteidigungsbereitschaft des Hundes, weil solche Stellen einfacher durch aggressives Gebaren kontrolliert werden können, um das dahinterliegende Hauptterritorium zu verteidigen. Viele normalerweise friedliche Familienhunde zeigen sich im engen Zwinger extrem angriffslustig und können nur durch ein enges Loch hindurch gefüttert werden.

Zu Hause sollte man die Besucher bitten, sich entweder in den vorderen Garten oder sogar auf die Straße zurückzuziehen, um formell vorgestellt zu werden. Der Hund kann auch zum Hause zurückgeführt werden und der Besucher ihm folgen, aber im Hause selbst sollten sie sich in einem größeren Raum aufhalten. Auch hier sollte Scooby zuerst beruhigt werden, bevor man ihm erlaubt, sich dem Besucher zu nähern. Wichtig ist, daß der Besucher so ruhig wie möglich bleibt, daß er nicht mit dem Hund spricht, keine plötzlichen Bewegungen macht oder den Hund anstarrt. Oft sind diejenigen Leute, die zu Hause selbst einen freundlichen Hund besitzen, oder jene, die behaupten, vor Hunden keine Angst zu haben, schlechte Besucher, weil sie versucht sein könnten, sich Scooby zu früh oder zu selbstsicher zu nähern, was ihn nur noch mehr erregen dürfte, anstatt ihn zu beruhigen.

In der Wohnung selbst sollten alle wenn möglich Platz nehmen und sich unterhalten, während der immer noch angeleinte Scooby aufgefordert werden sollte, neben den Greenwoods zu sitzen – allerdings nicht so nahe, wie wenn er jetzt sie anstelle des Hauses zu beschützen hätte. Wenn sich die von der Ankunft des Besuchers ausgelöste Aufregung legt, beruhigen sich die meisten Hunde und man kann ihnen dann helfen, mit dem Besucher Kontakt aufzunehmen. Wenn es sich um einen guten Bekannten handelt, der von Scooby nicht bedroht wird, könnte man versucht sein, diese Phase wegzulassen; es ist jedoch äußerst wichtig, daß der Besucher zuerst in freundlichem Ton Scoobys Name erwähnen und dem Hund ab und zu einen Leckerbissen hinwerfen soll. Wenn er diesen annimmt, kann man Scoobys Leine lockern und dem Hund erlauben, sich etwas zu nähern, um die Leckerbissen aufzunehmen. Sobald Scooby realisiert, daß der Besucher eigentlich der Urheber einer angenehmen Sache ist, kann der Besucher die Belohnung von Scoobys »Verdienst« abhängig machen, das heißt, er gibt ihm den Befehl, zu sitzen, und nach Bedarf hilft ihm der Besitzer dabei.

Nur unter sorgfältiger Kontrolle, das heißt an der vom Hundehalter gehaltenen und angespannten Leine, sollte Scooby den Besucher beschnüffeln dürfen. Wenn alles gut geht, kann man dem Hund erlauben, unter denselben Bedingungen Körperkontakt aufzunehmen und dem Besucher, Scooby zu streicheln. Falls dies noch im Garten oder auf der Straße durchgeführt wurde, könnte man sich jetzt ins Haus begeben; der Besucher sollte vorausgehen, und der Hundehalter sollte bei jedem Schritt beruhigend auf Scooby einreden. Erst wenn alle im Haus sind, kann man die Leine lockern und Scooby freier umhergehen lassen; er sollte jedoch immer noch angebunden bleiben, falls eine unglückliche Bewegung des Besuchers wieder den Schutzinstinkt des Hundes wecken sollte und ein rasches Eingreifen nötig wäre. Wenn es ihm Spaß macht, kann der Besucher mit Scooby einen kurzen Spaziergang unternehmen, zuerst vielleicht in Begleitung des Besitzers. Auch deswegen würde Scooby die Ankunft von Besuchern als Auftakt zu angenehmen Ereignissen betrachten.

In den meisten Haushaltungen ist die Ankunft von Besuchern nicht leicht vorauszusehen – deshalb die Wichtigkeit der Laufleine, die während einer gewissen Zeit immer am Halsband des Hundes befestigt sein soll. Wenn jemand überraschend zwischen zwei vorbereiteten Besuchen an die Türe klopft, kann der Hund unter Umständen schneller reagieren als Sie und genau so aufgeregt sein wie eh und je; Sie können aber die Leine fassen und schnell mit der üblichen Routine beginnen. Vergessen Sie nicht, einen Zettel an Ihre Türe zu heften, um die Besucher aufzuklären; ein solcher Zettel ist jedenfalls besser als das übliche »Warnung vor dem Hund«-Schild.

Hunde mit einem ausgeprägten Territorialverhalten sollten an sehr vielen öffentlichen Orten ausgeführt und ermuntert werden, Kontakt mit möglichst vielen Hunden und Leuten aufzunehmen, weil dies die Wichtigkeit des Heims etwas herabsetzen dürfte. Der Hund betrachtet sein Heim mehr als einen Ort, wo er sich ausruhen kann und wo er sein Fressen erhält. Hunde, die ihr Leben lang in einem engen Zwinger oder die meiste Zeit in einem immer gleichbleibenden Garten und einem ebensolchen Haushalt verbringen, reagieren weit häufiger auf kleinste Änderungen im täglichen Einerlei, oder auf unregelmäßige, aber normale Ereignisse mit größter Aufregung. Solche Hunde regen sich wegen Kleinigkeiten wie die Landung eines Vogels im Garten oder die Ankunft eines Besuchers auf. Viel Bewegung und Auslauf außerhalb des eigenen Heims helfen, ihre Empfindlichkeit und ihre Aktivitätsmuster zu normalisieren.

Die Kontrolle des Hundes bei voraussehbaren und regelmäßigen Besuchern wie dem Postboten oder dem Milchmann, kann sich schwieriger gestalten, weil der Hund dabei meist noch aufgeregter ist als bei anderen Besuchern. Für die Behandlung dieses spezifischen Problems sollte man sich um die Mitarbeit der Betroffenen bemühen, denn ohne diese Mitarbeit sind die Schwierigkeiten allzu groß und werden am besten dadurch umgangen, daß der Hund morgens eingesperrt bleibt, bis die Post und die Milch verteilt worden sind. Die meisten Postboten werden sich jedoch einige Minuten Zeit nehmen, um sich mit dem Hund anzufreunden. Die erste Begegnung sollte auf neutralem Grund oder auf der Straße stattfinden, wo der Hund den Postboten genau wie irgendeinen anderen Passanten behandeln wird – es sei denn, er habe bereits die Uniform oder die Mütze erkannt. Der Hund sollte angeleint sein und der Hundehalter sollte anhalten, um mit dem Postboten zu sprechen, und dabei den Hund auffordern, zu sitzen. Sein Gehorsam sollte ruhig belohnt werden, und der Postbote sollte aufgemuntert werden, den Hund zu streicheln, falls dieser zuläßt, daß ihn Fremde außerhalb des Hauses berühren. Wie die Besucher zu Hause sollte auch der Postbote versuchen, den Hund absitzen zu lassen, eventuell mit Hilfe des Besitzers, und ihn dann für seinen Gehorsam belohnen. Dann sollte jedermann ruhig das Grundstück betreten und sich der vorderen Haustüre nähern, wo der Postbote seine Post einwerfen und gleichzeitig dem Hund einige Leckerbissen reichen sollte.

Wenn all dies gut vor sich geht, lernt der Hund die Stimme und die Schritte des Postboten kennen und freut sich mit der Zeit auf die Ankunft seines neuen Freundes jeden Morgen. Und wenn der Postbote keine Zeit hat, jeden Morgen an der Türe zu klopfen, um die Post auszuteilen oder den Hund zu begrüßen, kann er sicher, zusammen mit der Post, einige Leckerbissen durch den Türspalt einwerfen (legen Sie sie am Vorabend für ihn bereit). Manchmal funktioniert dieser Trick allzu gut und der Hund ist erregt wie eh und je und bellt genau so laut wie vorher, weil sein Freund angekommen ist.

Verteidigung des PWs

Sehr geehrter Herr Neville

Unser normaler, friedfertiger kleiner Cocker Spaniel Danny hat ein Doppelwesen wie Jekyll und Hyde. Überall und mit jedermann ist er ein perfekter »Gentleman«, es sei denn, er befinde sich im Wagen. Er liebt Autofahrten, führt aber, wenn sich jemand dem parkierten PW mehr als bis zu drei Meter nähert, ein Höllentheater auf, mit einem Geknurre und Gebell vom PW aus, daß einem angst und bange werden kann. Das Problem ist, daß wir es zwar gern haben, daß Danny den PW so gut verteidigt und daß er uns glücklicherweise hinein läßt, daß es aber immer schwierig ist, Danny zu Hause wieder aus dem PW zu locken. Er sitzt auf dem Rücksitz und knurrt uns wild an. Ich habe einmal versucht, ihn bei seinem Halsband zu packen und herauszuziehen, aber er hat mich gebissen; jetzt lasse ich die Wagentüre offen und der Hund kann aussteigen, wann es ihm gefällt. Gibt es eine zeitsparendere Methode?

Mit freundlichen Grüßen

Clare Amberley

PWs fördern bei gewissen Hunden oft die schlimmsten Charaktereigenschaften zutage. Während Hunde wie Robbie, aus Kapitel 5, sich vor dem Wagen fürchten, gibt es andere, die jede Fahrt genießen. Die meisten verteidigen den PW gegen Leute, die dumm genug sind, um einen Einbruch zu versuchen, und einige wie Danny verteidigen den Wagen in einer übertriebenen Weise, die eigentlich gar nicht zu ihrem üblichen Wesen paßt. Wie viele Hunde, die in einem Zwinger gehalten werden, betrachtet Danny den Wagen als Territorium, das wegen seiner geringen Größe und seiner wenigen Eingänge bequem zu verteidigen ist. Wenn er dieses Territorium verteidigt, fühlt er sich in Sicherheit und in einem Anhängsel seines Heims, wo er normalerweise nicht bedroht wird. Die meisten Hunde sind entspannter, wenn das Auto fährt, aber einige sind dabei so erregt, daß sie aus Sicherheitsgründen angebunden werden sollten. Die meisten PW-Verteidiger entspannen sich und benehmen sich wieder normal, sobald ihre Meister zurückkehren oder sobald die Türe oder das Fenster geöffnet werden, aber einige wenige konzentrieren ihre Bemühungen auf das offene Fenster, weil es als Schwachstelle des Systems angesehen wird, das ganz besondere Verteidigung benötigt. Dieses Verhalten hält sicher jeden Passanten auf Distanz, aber man sollte sich doch vergewissern, daß der Hund während unserer Abwesenheit niemanden verletzen kann.

Gewisse Hunde fühlen sich im Wagen so selbstsicher, daß sie nicht nur liebend gern mitfahren, sondern darin bleiben wollen, wenn man nach Hause zurückgekehrt ist. Danny will ganz einfach nicht aussteigen, weil es ihm im Wagen wohl ist. Er fühlt sich viel sicherer, und weil es sich um eine angenehme, schützende Ecke handelt, kann er sie und seinen Wunsch, dort zu bleiben, erfolgreich verteidigen. Wenn man ihn herauszerren will, läßt man sich auf eine Auseinandersetzung ein, in der er wegen der bequemen Lage im Vorteil ist – daher die Verletzungsgefahr für den Hundehalter. Er ist möglicherweise auch zu aufgeregt, um seinen Meister überhaupt zu erkennen, oder vielleicht zu mißtrauisch. Wie dem auch sei: Die Konfrontation ist nicht die richtige Weise, mit einem verärgerten, defensiven Hund umzugehen. Er sollte durch die Aussicht auf eine Belohnung geködert werden, und wenn die Amberleys sich, bei offener Wagentüre, einige Schritte vom Wagen entfernen, Danny rufen und gleichzeitig eine Büchse Trockenfutter schütteln, sollte er herauskommen. Falls nicht, könnten sie die Aussicht auf Belohnung durch ein Lieblingsspielzeug verstärken oder so schnell wie möglich gegen das Haus zu laufen und den Hund dabei rufen. Wenn er sich auch dadurch nicht bewegen läßt, sollten die Amberleys vor der Abfahrt eine lange Leine an Dannys Halsband befestigen und sie ein ganz kurzes Stück aus der geschlossenen Wagentüre hängen lassen. Bei ihrer Rückkehr können Sie die Leine gefahrlos fassen, die Türe öffnen, Danny sanft herausziehen und ihn gleichzeitig mit lieben Worten aufmuntern, herauszukommen und sich eine Belohnung zu holen. Die meisten Hunde verlassen den Wagen freiwillig, sobald sie etwas aus ihrer Ecke gezogen worden sind, weil sie sich dann weniger sicher fühlen und williger gehorchen. Auch in diesem Falle sollte der Hund sofort bei Verlassen des Wagens belohnt werden, und mit etwas Übung sollte Danny bald von sich aus den Wagen verlassen, ohne an der Leine gezogen werden zu müssen. Man könnte auch versuchen, mit ihm zu spielen, wenn der Wagen stillsteht, so daß der Hund lernt, spielerisch hinein und hinaus zu springen. Auch hier sollte er zu Beginn an einer ziemlich langen Leine gehalten werden.

Angstbeißen

Im letzten Kapitel haben wir gesehen, daß angsterfüllte Reaktionen ein natürlicher Teil der Überlebensstrategien aller Tiere sind und daß sie, abwechselnd mit aggressiven Zurschaustellungen und in Verbindung mit der Rangordnung, ein wichtiger Teil des Verständigungssystems zwischen Mensch und Hund darstellen. Angstreaktionen kommen besonders oft bei sehr rangniedrigen Individuen vor, und die Angstbeißer bedienen sich des Angriffs, wenn alles andere mißlungen oder die Gefahr zu nahe ist, um geduldet zu werden. Auch dies ist eine natürliche Verhaltensweise, aber eine, die offensichtlich schmerzvoll sein kann, besonders auch, wenn der Tierarzt oder die Hundecoiffeuse für den Hund nur ihr Bestes wollen.

Sehr geehrter Herr Neville

Unsere kleine Hündin Jodi hat ein ängstliches Wesen und schnappt immer nach anderen Hunden, die sich ihr im Park nähern. Wir bemühen uns, Begegnungen mit anderen Hunden zu vermeiden, aber leider zeigt Jodi dieselbe

Reaktion, wenn sie zum Tierarzt muß. Sobald wir in die Praxis eintreten, versucht sie, zu flüchten. Wir halten sie natürlich angeleint, so daß ihr nichts anderes übrigbleibt, als sitzen zu bleiben und vor Angst zu zittern. Wir müssen sie in das Behandlungszimmer hineinziehen und auf den Tisch hochheben. Manchmal schnappt sie nach uns, sicher aber nach dem Tierarzt und seinen Gehilfinnen, wenn sie sie untersuchen wollen. Normalerweise müssen wir sie schließlich in ein Handtuch wickeln und ihre Schnauze zubinden, um dem Tierarzt zu erlauben, sie zu untersuchen. Kann man ihr nicht begreiflich machen, daß der Tierarzt ihr nur helfen will?

Mit freundlichen Grüßen

Edwina Carlton

Der Angriff aus Angst erfolgt beim Hund aus dem Wunsch heraus, sich selbst zu verteidigen, und kommt in der freien Wildbahn immer dann zum Zuge, wenn der Hund direkt physisch bedroht wird. Diese Verhaltensweise kommt vermutlich genau so oft bei Rüden wie bei Hündinnen vor, obwohl die meisten Fälle, die ich bisher zu behandeln hatte, Hündinnen betrafen, die allgemein von schüchternerem Wesen waren. Der Hund und andere Tiere greifen aus Angst an, wenn es ihnen nicht möglich ist, einer Herausforderung oder Gefahr aus dem Weg zu gehen. Ein anfängliches Geknurre und Schnappen können einen anderen Hund unter Umständen dazu bewegen, sich zurückzuziehen und dadurch die Spannung des verängstigten Hundes zu reduzieren. In vielen Fällen ist die Nervosität der Hündinnen durch allzu forsche Annnäherungsversuche von Rüden vor ihrer ersten Läufigkeit verursacht worden. Erschrocken haben sie zugeschnappt und sich dabei selbst beigebracht, daß ein solches Verhalten sie vor allem beschützen kann, was sie nicht mögen. Danach tendieren sie dazu, vielen charakterbildenden rauhen Spielen aus dem Weg zu gehen, und werden zu allgemeinen Nervenbündeln, die allzu schnell zuschnappen. Meist genügt die Drohgebärde, um die Gefahr zu bannen, manchmal aber nicht. Die Tierärzte müssen ihre Arbeit verrichten, so wie Hundecoiffeusen auch, und manchmal sogar die Hundehalter, die den Hund baden oder ihm einen Dorn aus der

Pfote entfernen müssen. Die schmerzbedingte Angriffslust ist normalerweise eine intensive Form des Selbsterhaltungstriebes, das Angstbeißen eines Hundes, der keine Möglichkeit hat, wegzulaufen, weil er angebunden oder verletzt ist.

Wenn laute und dramatische Drohgebärden sich als nutzlos erweisen, bleibt dem Hund oft nichts anderes übrig, als anzugreifen, um sich zu verteidigen. Die Bisse sind dann normalerweise ein schnelles Schnappen, und kein raubtierhaftes Beißen und Reißen, oder Fassen und Zerquetschen. Die Absicht, die dahinter steckt, ist, die Hand oder den angreifenden Hund zurückzudrängen. Die zahlreichen Angstbeißer entwickeln ihre Verhaltensweise, wie viele der in Kapitel 5 beschriebenen nervösen Störungen, als eine direkte Folge einer mangelnden Sozialisierung mit anderen Hunden, Menschen und dem Leben im allgemeinen während der kritischen Lebensphasen. Allerdings gibt es gewisse Rassen, die dafür besonders anfällig sind, und gewisse Zuchtlinien innerhalb bestimmter Rassen sind zweifellos schreckhafter als andere. Die meisten Fälle, die ich behandelt habe, betrafen Deutsche Schäferhündinnen und kastrierte Collierüden, aber auch Pudel und Cocker Spaniels, deren Ohren und Pfoten oft empfindlich sind; Yorkshire Terrier und andere Rassen, die oft gebürstet und gekämmt werden müssen, zählen zu meinen regelmäßigen Kunden, obwohl auch jeder andere Hund an dieser nervösen Störung leiden kann.

Die Behandlung beinhaltet, wie man es sich denken kann, eine sanfte, kontrollierte und desensibilisierende Angewöhnung an die vermeintlichen Gefahren, ähnlich zur Behandlung anderer, in Kapitel 5 beschriebener nervösen Störungen. Allerdings lohnt sich eine Behandlung in gewissen Fällen kaum, weil sie zu traumatisch ist und der Hund vielleicht nur unter bestimmten, seltenen Umständen zum Angstbeißer wird. Ein typisches Beispiel dafür ist Jodi und ihre Reaktion auf den Tierarzt. Sie weiß vermutlich bereits zwei oder drei Straßen vorher, wohin sie geht, und das, zusammen mit dem Wartzimmer, genügt bereits, um sie zu verängstigen und beißbereit zu machen. Der Tierarzt könnte versuchen, mit Jodi im Wartzimmer oder auf der Straße Kontakt aufzunehmen und ihr eventuell Leckerbissen anzubieten, aber wenn er sie untersuchen muß, wird sie vermutlich nach wie vor nach ihm schnappen. Besser als sie dann in ein Handtuch zu wickeln und ihr die Schnauze zuzubinden wäre es, wenn sie bereits vorher mit einem Maulkorb versehen wäre; man könnte den Tierarzt auch um ein leichtes Beruhigungsmittel bitten, das zu Hause verabreicht werden könnte. Der Tierarzt könnte Jodi eventuell auch bei ihr zu Hause untersuchen und dabei seinen weißen Kittel in der Praxis lassen, um unerwünschte Assoziationen möglichst zu vermeiden. (Ich selber trage nie einen weißen oder grünen »Arbeitskittel« in meiner Praxis, und meine Patienten haben deswegen weniger Angst vor mir; allerdings sind alle meine Kleider voll Hundehaare und Hundespeichel!) Ein Hausbesuch ist allerdings nicht immer möglich, meist teurer, und Frau Carlton würde auch dann ihrem Hund einen Maulkorb umhängen und ihn und sie im voraus anleinen müssen. Angstbeißer beim Hundecoiffeur führen sich meist viel besser auf, wenn ihr Besitzer fortgegangen ist und der Hund dann nicht weiß, wohin er nach einem erfolgreichen »Angstbiß« flüchten kann; so steht er denn angstschlotternd, sonst aber untätig, auf dem Pflegetisch und »harrt der Dinge, die da kommen«. Es gibt sogar Hunde, die an der Prozedur mit der Zeit Gefallen finden und sich nicht mehr wehren, zu Hause jedoch nach wie vor schnappen, wenn ihr Besitzer sie bürsten und kämmen will. In den Hundesalons ist das Personal meist sehr erfahren in der Behandlung solcher Angstbeißer.

Gewisse Hunde, die vor Bürste und Kamm oder vor Berührungen im allgemeinen Angst haben, beschützen sich oft erfolgreich, bis ihr Fell völlig verfilzt und schmutzig ist. Das ist oft der Fall mit den langhaarigen, aktiven Rassen, zum Beispiel beim Cocker Spaniel. Der einzige Ausweg ist manchmal eine vom Tierarzt durchgeführte Vollnarkose und eine Ganzkörperschur. Nachher kann man versuchen, den Hund an die Pflege zu gewöhnen, weil das Bürsten des kurzen Fells weniger juckt. Bis die volle Haarlänge nachgewachsen ist, hat der Hund sich an die Fellpflege gewöhnt und vielleicht sogar gelernt, sie zu genießen.

Erworbene Aggressivität

Sehr geehrter Herr Neville

Als mein letzter Hund, ein absolut sanftmütiger Deutscher Schäfer, genannt Baz, vor einigen Monaten verstarb, war ich untröstlich. Ich beschloß dann, einem anderen uner-

wünschten Deutschen Schäfer ein Heim zu geben, da viele Leute sich wegen der negativen Pressemeldungen solcher Hunde entledigen. Im lokalen Hundeheim holte ich Bruno ab, der angeblich schlecht behandelt worden, sonst aber wie mein alter Baz ein großer »Softie« war. Während einiger Wochen ging alles gut; der Hund fügte sich bestens in meine Familie ein, inklusive die drei jungen Kinder und die Katze, und trotz der manchmal unnötigen Angstreaktionen gegenüber Unbekannten auf der Straße führte er sich immer gut auf und war nicht im geringsten angriffslustig gegenüber Menschen oder anderen Hunden. Bald lernte er, beim Läuten der Türglocke zu bellen und auf Befehl wieder zu schweigen. Gerade als wir dachten, daß alles perfekt sei, zeigte Bruno seine Kraft. Wir spielten alle im Garten meines Schwagers, als John durch die Hintertüre in den Garten hereinkam. Bruno blickte ihn an, ich sagte »okay«, und er kehrte sich wieder dem Spiel zu. Zum Spaß, und um John zu erschrecken, sagte ich leichthin »Töte ihn, Bruno«. Sein vorheriger Besitzer muß ihn auf Angriff abgerichtet haben, denn das ist genau das, was er versuchte, zu tun. Mit erschreckender Geschwindigkeit stürzte sich der Hund auf John und war eindeutig bereit, ihn in Stücke zu reißen. Zum Glück reagierte John schnell und es gelang ihm, durch das Tor zu flüchten. Bruno knurrte und bellte furchteinflößend, bis es mir gelang, ihn zurückzurufen und zu beruhigen. Eigenartigerweise verhielt sich Bruno später, als er John wieder traf, absolut freundlich ihm gegenüber, als wäre überhaupt nichts geschehen. Die Kernfrage ist natürlich: Kann Bruno »entprogrammiert« und sicher gemacht werden?

Mit freundlichen Grüßen

Jason Collins

Viele Hunde werden bewußt abgerichtet, um auf gewisse Befehle oder Situationen mit Angriff zu reagieren. Wenn dies in professioneller Manier gemacht worden ist, kann die gut kontrollierte und erlernte Angriffslust des Hundes zweifellos der Polizei bei der Verhaftung von Verbrechern, oder dem Militär äußerst wertvolle Dienste erweisen. Im Zweiten Weltkrieg selektionierte und trainierte eine »Hunde für die Verteidigung« genannte Freiwilligentruppe Hunde für das K-9 Korps der Amerikanischen Armee. Zu Beginn wurden 32 Rassen als brauchbar akzeptiert, aber 1944, gegen Ende des Kriegs, wurden nur noch der Deutsche und der Belgische Schäfer, der Dobermann, der Riesenschnauzer (alles Rassen, die in Europa noch heute von der Polizei oder den Armeen als Arbeitshunde eingesetzt werden) und der Collie abgerichtet. Von den Rottweilern hingegen war keine Rede. Wir haben üblicherweise bewußt gewisse große Rassen ausgesucht, meist den Deutschen Schäfer, um diese Rolle zu erfüllen, weil dieser Hund gut abrichtbar und intelligent ist. Wenn es aber für gewisse Hunde wichtig ist, zu lernen, wie und wann sie sich aggressiv zeigen müssen, ist es absolut lebensnotwendig, diese Aggressivität genau so schnell abschalten wie hervorrufen zu können; außerdem müssen die Angriffe spezifisch ausgerichtet sein und sich beispielsweise auf den Arm des Verbrechers oder Gegners konzentrieren, eher, um die Person festzuhalten, als um sie lebensbedrohlich zu verletzen. Die Ausbildung sollte unbedingt nur von solchen Leuten durchgeführt werden, die für abgerichtete Hunde einen echten Bedarf haben und die verantwortungsbewußt genug sind, um zu wissen, wie und wann man sich dieser Hunde bedienen kann, und vor allem auch, wer dafür in Frage kommt.

Leider genügt es vielen Hundehaltern nicht, einen großen Wachhund zu besitzen; sie müssen einen Schritt weiter gehen und das Biest zum Angreifen abrichten. Ein solches Amateurtraining, wie es von den Hundehaltern und manchmal sogar bei sogenannten Spezialisten durchgeführt wird, basiert normalerweise auf Grausamkeit und erzeugt eine gleich aggressive, aber weit weniger kontrollierbare Angriffslust, die auf Schmerz oder erwartetem Schmerz basiert. Ein so abgerichteter Hund kann nicht mehr als sicherer Familienhund betrachtet werden, dem man Kleinkinder anvertrauen könnte. Das sind die seltenen Fälle, wo ich überzeugt bin, daß der Hund ein armes Opfer der menschlichen Unzulänglichkeit ist, daß man ihn aber nicht mehr als geselligen Begleiter betrachten kann und daß er vom Tierarzt eingeschläfert werden sollte. Dies betrifft normalerweise nicht korrekt abgerichtete Polizeihunde, die nach ihrer aktiven Dienstzeit von ihren Führern als Familienhunde gehalten werden, weil der Hundehalter mit seinem Tier dieselbe Beziehung unterhält und weiterhin eine verantwortungsvolle Kontrolle ausübt. Je amateurhafter die Ausbildung, desto riskanter ist die Haltung des Hundes im täglichen Leben, und desto unwahrscheinlicher wird der neue Halter in der Lage sein, die Aggressivität des Hundes zu stoppen, wenn sie aus Versehen oder bewußt hervorgerufen worden ist.

Sehr geehrter Herr Neville

Rosco, unser Bernhardiner, ist ein sehr großer Hund. Seit er als Welpe von einem bösartigen Belgischen Schäferhund angegriffen worden ist, greift er jeden anderen Hund ohne Vorwarnung an und legt sie normalerweise sofort auf den Rücken. Sobald ihm dies gelungen ist, steht er breitbeinig über ihnen und knurrt während einer gewissen Zeit. Wenn sie sich jedoch nicht wehren, kann man ihn rufen oder gefahrlos wegzerren. Mit unserem anderen Hund Chip, einem Kerry Blue Terrier, und dem japanischen Akita Inu unserer Nachbarn ist er dick befreundet, so daß man nicht behaupten kann, er sei bedingungslos aggressiv. Können wir ihm beibringen, sich im Park mit anderen Hunden freundlicher aufzuführen?

Hochachtungsvoll

Simon Tilter

Es gibt natürlich selbsterlernte Komponenten bei vielen anderen Aggressionsformen. Der Erfolg des Hundes, dem es gelingt, seine Spielsachen, sein Lager, sein Futter oder seinen Zwinger zu verteidigen, verstärken seine aggressive Reaktion bei der nächsten Herausforderung und können ihn auch in anderen Situationen angriffiger machen. Rosco, der große Hund, ist ein typisches Beispiel für einen Hund, der aus Selbsterfahrung angriffslustig geworden ist. Nachdem er gezwungen worden war, sich mit seinen Zähnen und seinem Gewicht gegen den Angriff eines anderen Hundes zu verteidigen, hat Rosco gelernt, daß das sicherste Mittel, einen Angriff zu vermeiden, ein heftiger Angriff seinerseits auf alle anderen Hunde ist. Man könnte auch sagen, daß diese Verhaltensweise sich aus einer Angstreaktion heraus entwickelt hat. Da Rosco ein großer Kerl ist, hatten seine Angriffe ausnahmslos Erfolg und lohnten sich in jedem Falle. Rosco ist daher ein »selfmade« Rüpel geworden, der nur mit den wenigsten Hunden ein normales Sozialverhalten entwickeln konnte, und der vielleicht für viele andere, die wegen ihm lernen mußten, sich frühzeitig zu verteidigen, wiederum der Auslöser eines späteren unnötigen aggressiven Verhaltens sein wird.

Um Rosco geselliger zu machen, sollte man ihn unter kontrollierten Bedingungen vielen anderen Hunden vorführen, und zwar so, daß er sein erlerntes Verhalten nicht anwenden kann und gezwungen ist, normalere Methoden hündischer Verständigung anzuwenden. Dann merkt er, welche Hunde freundlich gesinnt sind (und mit denen es sich lohnt, Bekanntschaft zu machen), und welche es nicht sind und deshalb beiseite gelassen, nicht aber angegriffen und total unterworfen werden sollten.

Die physische Kontrolle ist ein Schlüsselelement bei der Behandlung solcher Schwierigkeiten, besonders, wenn es sich um einen so großen Hund handelt, und dazu ist ein Kopfhalfter ein äußerst wichtiges Hilfsmittel. Die Kontrollmethode, die bei Pferden, Rindern, Kamelen und anderen großen Nutztieren angewendet wird, ist natürlich auch höchst empfehlenswert bei großen Hunderassen. Sobald Rosco sich daran gewöhnt hatte, konnten seine Besitzer sich an die Aufgabe wagen, ihn mit anderen Hunden bekannt zu machen. Sie hatten sich vorher klugerweise immer bemüht, Rosco von anderen Hunden fernzuhalten, aber das hatte nur der Sicherheit der anderen Hunde genützt, ansonsten aber das Betragen Roscos nicht beeinflußt. Wenn sie beim Anblick eines anderen Hundes sofort einen anderen Weg einschlugen, um eine Auseinandersetzung zu vermeiden, haben sie wahrscheinlich Roscos Reaktion noch tiefer verwurzelt, weil ja in seiner Auffassung »Herrchen« und »Frauchen« genau so defensiv auf die anderen, bösen Hunde reagierten. Die einfache Tatsache, daß sie danach jedem Hund entgegengehen konnten, ohne ihm auszuweichen, war Rosco schon eine große Hilfe, obwohl Simon im Verborgenen Höllenängste ausstehen mußte.

Wenn man sich ihnen auf einem unbekannten Territorium nähert, reagieren Hunde wie Rosco normalerweise weniger selbstsicher, weil sie nicht wissen, wohin sie flüchten könnten, falls die Auseinandersetzung nicht zu ihren Gunsten ausgehen sollte. In Begleitung von Simon, der sich ruhig den anderen Hunden näherte und dabei freundlich mit Rosco sprach, zeigte der Hund bald, daß er gegenüber seinen Artgenossen weit toleranter war, als Simon geglaubt hatte. Typischerweise zeigte sich Rosco jedesmal, wenn er sich einem beabsichtigten Opfer näherte, äußerst erregt, winselte, tänzelte und versuchte, ihm aufzureiten. Das Kopfhalfter erlaubt eine sehr effektive Kontrolle, und Roscos Bemühungen wurden jedesmal vereitelt. Dann beruhigte er sich jeweils sehr rasch und versuchte, mit Einsatz seines ganzen Gewichts vorzupreschen. Doch wie bei der Ausbildung eines Pferds konnte man Roscos Kopf abwenden und den Augenkontakt mit dem anderen Hund dadurch unterbrechen. Simon lehrte ihn, auf Befehl zu sitzen, dann konnte er ihn beruhigen und ihn den anderen Hund wieder sehen lassen. Während einige Hunde klugerweise die Szene mittlerweile verlassen hatten oder von ihren Besitzern an die Leine genommen worden waren, schienen andere sich nicht besonders um den drohenden Bernhardiner zu kümmern. Unter ständiger Kontrolle konnte man zulassen, daß sie sich einander näherten und schließlich Nasenkontakt aufnahmen. Und tatsächlich fand Rosco etwas, das ihm ausnehmend gefiel: eine sehr zum Flirten aufgelegte junge Spanielhündin. Man erlaubte den beiden, sich an intimeren Körperstellen zu beriechen, und bald verhielten sie sich wie bei einer ganz normalen Kontaktaufnahme zwischen Hunden. Wir wußten ja, daß Rosco dazu in der Lage war, weil er den eigenen Kerry Blue Terrier zu Hause und den Nachbarshund duldete.

Nach diesem ersten Erfolg hieß es, das Gelernte oft zu wiederholen und mit vielen anderen Hunden Kontakt aufzunehmen. Bei solchen Patienten empfehle ich, zuerst wenig herausfordernde, dafür aber »lohnende« Hunde auszuwählen – in unserem Falle kleinere Hündinnen. Sehr bald war Rosco jedoch in der Lage, allen anderen Hunden zu begegnen, ohne sie anzugreifen. Kurz: Seine frühere Verhaltensweise war mehrmals gescheitert, und durch kontrollierte Begegnungen mit anderen Hunden hatte er gelernt, daß sein aggressives Vorgehen nicht nötig war, und daß andere Formen geselliger Kontakte lohnender waren. Wenn Rosco, aber auch ein kleinerer Hund, jedoch von anderen angegriffen wird, wird er sich nach wie vor verteidigen, denn er hat nur gelernt, nicht als erster anzugreifen. Viele Fälle von erworbener oder anerzogener Aggressivität werden noch verschlimmert, wenn der betroffene Hund in Begleitung anderer Hunde aus demselben Haushalt spazierengeht, denn er fühlt sich beschützt und weiß, daß er verteidigt würde, sollte etwas schiefgehen. Bei der Behandlung muß der Hund in einer ersten Phase deshalb ganz auf sich allein gestellt sein. Erst, wenn er sich bereits gebessert hat und seine Besitzer sicher sind, daß sie seine Reaktionen allein durch entsprechende Befehle kontrollieren können, kann er wieder zusammen mit seinem »Kollegen« ausgeführt werden.

Wichtig bei der Behandlung erworbener Angriffslust wie bei Rosco, ist die Unterscheidung zwischen dieser und anderen Formen von Aggressivität.

Aggressivität der Hunde untereinander

Sehr geehrter Herr Neville

Mein anderthalbjähriger Collie × Weimaraner Mischling Rambo haßt ganz einfach alle Hunde. Im Park versucht er, jeden einzelnen anzugreifen, und wir können es nur verhindern, indem wir ihn angeleint behalten. Wir haben ihn aus einem Tierheim erhalten, so daß wir nichts über sein vorheriges Leben kennen. Mit uns zu Hause und mit jedem Menschen, dem er auf der Straße begegnet, benimmt er sich äußerst wohlerzogen. Man würde kaum glauben, daß es sich um denselben Hund handelt, wenn er sich auf Artgenossen, groß oder klein, stürzt und sie ohne jegliche Vorwarnung anfällt. Natürlich haben wir ihn immer weggezerrt, doch er hat anderen Hunden schon böse Verletzungen zugefügt und scheint in jedem Kampf die Oberhand zu behalten, und sei die Gegenwehr noch so heftig. Wie können wir ihm andere Manieren beibringen?

Mit freundlichen Grüßen

Elizabeth und Jonathan Fisher

Für den durchschnittlichen Hundehalter ist nichts so unangenehm wie die Entdeckung, daß sein normalerweise freundlicher Gefährte andere Hunde anfällt und nach Gewalt lechzt. Die Halter solcher Hunde sehen sich einer ganzen Reihe von Schwierigkeiten gegenübergestellt. Zuerst ist dieses fürchterliche erste Mal, wenn ihr Hund einen unschuldigen, nicht herausfordernden anderen Hund angreift, dessen Besitzer regelmäßig im selben Park spazierengeht. Sobald der Angreifer von seinem Opfer weggezerrt, angeleint und ausgescholten worden ist, muß man sich ausgiebig beim verständlicherweise erbosten Besitzer des anderen Hundes entschuldigen. Normalerweise fallen Worte wie: »Oh, es tut mir so leid, ich weiß gar nicht, was über ihn gekommen ist; er hat bisher noch nie so etwas getan.« (Das tönt gut und wird möglicherweise in allen zukünftigen ähnlichen Zwischenfällen wieder gesagt werden.) Der Halter des angreifenden Hundes wird sich hoffentlich schuldig genug fühlen, um die Tierarztrechnung zu bezahlen.

Dann folgt eine Zeit, während der der Halter des aggressiven Hundes sich eine Menge Fragen stellt. Normalerweise führt er den Zwischenfall auf einen Mangel an Glück zurück, auf eine Wesensunverträglichkeit der beiden Hunde oder sogar auf eine unbemerkte Provokation seitens des Opfers. Nach weiteren derartigen Zwischenfällen macht sich der Hundehalter jedoch Sorgen. Vielleicht geht er nach wie vor im selben Park spazieren, hält aber seinen Hund an der Leine, um ihn jederzeit kontrollieren und von anderen Hunden fernhalten zu können. Oft geht er anderen Hunden bewußt aus dem Weg, indem er sofort eine andere Richtung einschlägt, sobald sich einer nähert. Wenn ihr Hund dann, wie es oft geschieht, aufgeregt wird und alle anderen Hunde aggressiv anbellt, beginnt er vielleicht, den Hund zu einer ruhigeren Tageszeit auszuführen, um das Risiko einer Begegnung weitgehend zu vermeiden. Es gibt sogar Hundehalter, die, um ihren guten Ruf zu wahren, dem »3 Uhr morgens-Klub« beitreten, in der Hoffnung, um jene Zeit garantiert keinem anderen Hund zu begegnen. Wenn sie jedoch einem anderen Hundehalter begegnen, dann ist es ironischerweise ein Leidensgenosse.

Der Lebensstil des Hundehalters kann sich dadurch drastisch verändern, die Freude, mit dem Hund spazierenzugehen, verwandelt sich endgültig in eine besorgniserregende Angelegenheit, und vielleicht machen ihm Nachbarn und Behörden sogar Vorwürfe wegen seines Hundes. Meist ist es dieser äußere Druck, der Hundehalter wie die Fishers dazu bewegt, fachmännische Hilfe zu suchen.

Viele dieser Probleme sind eine direkte Konsequenz fehlender Sozialisierung im Welpenalter (siehe Kapitel 3). Hunde, die allzu lange isoliert gehalten wurden oder nicht genügend anderen Hunden begegnen und von ihnen das richtige Sozialverhalten erlernen konnten, sind später nervös, wenn sie sich Artgenossen gegenüber sehen, oder werden übererregt und aggressiv. Typischerweise zeigen sich solche Hunde in ihrer Angriffslust überhaupt nicht wählerisch; sie greifen alles an: große Hunde, kleine Hunde, Rüden, Hündinnen, solche, die laufen und solche, die stehen, zu Hause oder auswärts. Wenn sie einige Male von größeren Hunden besiegt worden sind oder mit solchen in Kontakt gekommen sind, die sich besonders gut verteidigt haben, kann sich ihre Aggressivität vielleicht ändern, aber im allgemeinen bleiben Hunde wie Rambo doch ausgesprochene Despoten.

Leider enden viele von ihnen in Tierheimen oder werden einfach weiter verschenkt. Oft zeigen sich solche Hunde, die Artgenossen nicht ausstehen können, im Umgang mit Menschen ausgesprochen angenehm, folgsam und mit der Familie, ihren Freunden und allen Unbekannten auf der Straße, die anhalten und sie streicheln, immer zum Spielen aufgelegt. Dieser Aspekt verstärkt nur das Dilemma, was mit ihnen geschehen soll. Die betroffenen Hundehalter halten klugerweise den Kontakt mit der übrigen Hundebevölkerung auf einem relativ sicheren Minimum. Leider hilft die Tatsache, daß er nur nachts ausgeführt wird und dann nur anderen Ekeln begegnet, dem Hund nicht, sein Betragen zu revidieren, aber er wird sicher an Bewegungsmangel leiden. Durch ihre aufgestaute Energie, weil sie ja meist angeleint bleiben müssen, und durch den Mangel an Kontakt mit anderen Hunden, werden sich Hunde wie Rambo bei jeder Begegnung mit Artgenossen umso mehr aufregen. Es ist ein wahrer Teufelskreis.

Auch hier müssen Rambos Besitzer lernen, daß sie Rambo nicht daran hindern sollten, anderen Hunden zu begegnen. Sie sollten genau das machen, was sie am meisten fürchten, aber unter eng kontrollierten Bedingungen, wie bei der Behandlung von Rosco. Während letzterer jedoch seine Opfer vor allem unterwerfen und nicht sie daran hindern wollte, ihn schnuppernd zu untersuchen, ist Rambos Wille eindeutig auf ein gewalttätigeres Vorgehen ausgerichtet. Vor jeder Übung muß demnach für die Sicherheit der anderen Hunde gesorgt werden. Ein Kopfhalfter und eine Ausziehleine sind unentbehrlich für eine wirksame und rasche Kontrolle von Rambo, wenn er in die Nähe eines anderen Hundes geführt wird. Solange die Besitzer der Schnelligkeit ihrer Reaktionen noch nicht gänzlich vertrauen, sollte Rambo außerdem einen Maulkorb tragen. Er wird eine Weile wie ein grimmiger Krieger oder wie ein Gladiator aussehen,

und vielleicht werden die anderen Hundehalter es deshalb nicht zulassen wollen, daß er sich ihren Lieblingen nähert, um sie zu beschnüffeln.
Mit etwas Glück werden die Fishers wohlgesinnte Hundehalter aus der Gegend finden, die sich im Anfangsstadium der Behandlung zur Verfügung stellen, so daß die Fishers lernen können, mit einem aggressiven und erregten Rambo umzugehen. Bald werden sie mit ihrem Rambo genau so sicher arbeiten können, wenn er keinen Maulkorb mehr trägt.

Wenn Rambo einem anderen Hund gegenübersteht, wird er vermutlich erregter sein als Rosco, und eine simple Annäherung mit mildem Eingreifen des Hundehalters, unter Kontrolle der Augenkontakte und beruhigendem Einreden, wird sich in den meisten Fällen als ungenügend erweisen, um einen aggressiven Rambo so zu beruhigen, daß er aus der Erfahrung einen Nutzen ziehen kann. Die Fishers sollten sich beim Spazierengehen mit Rambo genau so ruhig verhalten, sich aber vor allem zu Beginn bemühen, nur solchen Hunden zu begegnen, die Rambo voraussichtlich am wenigsten erregen. Vielleicht sind es große, eindrucksvolle Hunde, oder solche, die Rambo früher einmal vertrieben haben und in ihm Erinnerungen an eine Niederlage wecken könnten. Vielleicht rufen kleinere Hunde weniger Aggressionen hervor, was darauf hinweisen könnte, daß sich in Rambos Angriffslust Elemente einer rivalisierenden Aggressivität befinden. Auch wenn sich Rambos Besitzer für gewisse Hunde entschieden haben, die ihrer Meinung nach die kleinste Herausforderung darstellen, und die Begegnung an einem unbekannten Ort stattfindet, muß Rambo bei der ersten Kontaktaufnahme oder bei der Möglichkeit einer solchen Begegnung besonders gut kontrolliert werden. Es nützt nicht viel, wenn man ihn einfach wegzerrt oder seinen Angriff abblockt. Man sollte die physische Kontrolle noch zusätzlich durch ein ablenkendes Element verstärken, wie das Heulen eines Taschenalarms, einen kalten Wasserstrahl oder ein rasselndes Geräusch.
Wie im Falle des angriffslustigen, übererregten territorialen Hund geben diese Taktiken dem Hundehalter eine kurze Gelegenheit, die Kontrolle wieder zu übernehmen, den Hund sich setzen zu lassen, ihn zu belohnen und ihn zu beruhigen, bevor er wieder dem anderen Hund vorgestellt wird – das heißt, falls dieser sich nicht bereits durch den angriffigen Hund und die vielen unangenehmen Begleitgeräu-

sche hat abschrecken lassen. Und wenn Rambo mit einem bestimmten Hundetyp einige gute Fortschritte gemacht hat, kann man ihm aufregendere Erlebnisse gewähren, bis er Hunde jeder Größe, jeder Art und jeden Geschlechts duldet, ohne sich sonderlich aufzuregen.

Es kann auch sehr nützlich sein, Rambo an einen Ort mitzunehmen, wo er Hunden unter kontrollierteren Bedingungen begegnet als im Park oder im nahen Wald.

Manchmal erweist sich eine sympathische und gut organisierte Ausbildungsklasse im lokalen Hundeklub als ideale Lösung, obwohl Hunde wie Rambo unter Umständen von den anderen Beteiligten als störender Faktor empfunden werden können, wenn er nicht vorher schon behandelt worden ist. Es gibt aggressive Hunde, die sich in Gegenwart vieler anderer Hunde sehr viel gesitteter benehmen und nicht sofort zum Angriff übergehen – vielleicht, weil sie sich unter den vielen Artgenossen nicht für ein bestimmtes Opfer entscheiden können. Natürlich muß man sich vorgängig mit den anderen Hundehaltern darüber absprechen, weil Rambo trotzdem eine besondere Behandlung benötigt und nicht einfach auf die Menge losgelassen werden darf.

Die traditionelle Art, mit Hunden wir Rambo umzugehen, war, sie im Augenblick des Angriffs mit dem Würgehalsband zu drosseln, sie zu schlagen und anzuschreien. In gewissen Fällen mag der Erfolg auf viel Glück und ein gutes Timing beim Eingreifen zurückzuführen sein, so daß der Hund sein Betragen oder die Anwesenheit des anderen Hundes mit dem gleichzeitigen Auftreten von unliebsamen Konsequenzen verbindet, genau wie dies beim Einschalten eines Taschenalarmgeräts der Fall ist. In solchen Fällen lernt der Hund nicht, sich mit anderen Hunden besser zu vertragen, sondern nur, ihnen aus dem Weg zu gehen, statt sie anzugreifen. In Fällen, in denen das Fehlverhalten des Hundes schon seit langem besteht, ist dies vielleicht alles, was man erwarten kann. In anderen Fällen hilft das gewaltsame Einschreiten des Hundehalters möglicherweise, seine Rangordnung und dominierende Stellung zu festigen, und damit auch das Recht, seine »Meute« bei allen Begegnungen zu kontrollieren.

In der Vergangenheit wurde von dieser verstärkten Dominanz vielleicht allzuoft Gebrauch gemacht, um eine ganze Reihe von Verhaltensstörungen beim Hund zu beseitigen. Es besteht kaum Zweifel, daß sich diese Methode in einigen Ausnahmefällen bewähren kann,

aber in den meisten Fällen verstärkt eine übertriebene Intervention mit Geschrei und Gezerre die Angriffslust des Hundes, die sich dann unter Umständen auch gegen den eigenen Meister richten kann.
Das Anschreien lockert in einem solchen Moment die Bindung zwischen einem nervösen Hund und seinem Meister, und er empfindet die Anwesenheit eines anderen Hundes als mit Schmerzen und Verwirrung verbunden.

Das Prinzip der höheren Rangordnung des Hundehalters wird etwas später in diesem Kapitel behandelt werden, wenn es um die Aggressivität des Hundes gegen den eigenen Meister geht. Bei einem Hund wie Rambo ist es tatsächlich nützlich, wenn das Recht des Meisters, einzuschreiten und die Bereitwilligkeit des erregten Hundes, ihm dies zu erlauben, verstärkt wird. Wie wir es später noch sehen werden, müssen die allgemeinen Beziehungen zwischen Hundehalter und Hund neu definiert werden. Außerdem müssen mit dem Hund des öftern Gehorsamkeitsübungen, verbunden mit Belohnung, durchgeführt werden. Auch hier lohnt es sich unter Umständen, sich einer Gruppe von gleichgesinnten Hundeführern zuzugesellen oder mit einem anerkannten Hundetrainer zusammen zu arbeiten. Die meisten Hundehalter könnten, nachdem sie gelernt haben, wie sie mit ihrem Hund umgehen müssen, dies problemlos auch allein durchführen.
Wichtig ist, daß keinesfalls Gewalt angewendet wird, sondern nur einfühlsames Verständnis und Geduld. Eine bessere Kontrolle durch mündliche Befehle und die Aussicht auf Leckerbissen und Spielsachen, immer häufiger in Gegenwart anderer Hunde, sollte sich auch in heiklen Situationen bewähren.

Mit etwas Glück werden die Fishers bald in der Lage sein, aus dem »Drei-Uhr-morgens-Klub« auszutreten und sich selbst und Rambo an einen normaleren Tagesablauf zu gewöhnen, bei dem andere Hunde nur als einzelne Elemente eines facettenreichen Lebens außerhalb des Hauses betrachtet werden. Vielleicht dauert es einige Wochen, bis alle Beteiligten so entspannt sind, daß sie Rambo unangeleint anderen Hunden entgegentreten lassen können. Vorsichtshalber sollten die Fishers ihrem Rambo vor den ersten derartigen Begegnungen noch einen Maulkorb umhängen, falls es doch noch einige Hunde gäbe, bei denen Rambo sein neu erlerntes Verhalten vergäße.

Rivalitäten zwischen Rüden

Sehr geehrter Herr Neville

Mein schwarzer Labrador Andy ist eine echte Kratzbürste im Umgang mit allen anderen Rüden. Ungeachtet ihrer Größe versucht er, ihnen zu imponieren. Das beginnt mit Anstarren und einem steifen Gang, und dann versucht er, dem anderen unter furchterregendem Geknurre den Kopf auf die Schultern zu legen. Den Schwanz hält er zu Beginn über den Rücken gerollt oder kerzengerade hochgestellt, später etwas tiefer, und die Schwanzspitze peitscht hin und her. Wenn sich der andere Hund unterwirft und flüchtet, mag Andy halbherzig versuchen, ihn zu verfolgen, doch in den meisten Fällen kommt er sofort zurück, wenn man ihn dann ruft. Manchmal setzt er seine Verfolgung allerdings fort, um den Unterlegenen vollends zu unterwerfen. Wenn sich der andere Hund auf den Rücken legt, läßt Andy normalerweise von ihm ab, aber es ist auch schon vorgekommen, daß er den anderen trotzdem noch angegriffen hat. Wir haben einige unliebsame Zwischenfälle erlebt, und meine Frau und ich sowie einige Halter von Opfern von Andys Aggressivität sind gebissen worden, als wir versuchten, in den Kampf einzugreifen. Andy scheint kastrierte Rüden besser zu dulden und zeigt sich allen Hündinnen gegenüber als ausgesprochener Kavalier. Denjenigen, die er wirklich mag, folgt er überall hin und hört überhaupt nicht hin, wenn man ihn zurückruft. Ist er ein unverbesserlicher »Macho«?

Mit freundlichen Grüßen

Edmund Pringle

Hier handelt es sich um einen ganz anderen Aggressivitätstypus als im Falle von Rosco (erworbene Aggressivität) und Rambo (Spätfolgen einer mangelnden Sozialisierung). Andy ist in der Tat ein Macho, aber während möglicherweise einige Aspekte seines Verhaltens durch Siege verstärkt worden sind, ist seine Angriffslust vor allem hormonell bedingt. Er ist ja bestens in der Lage, sich mit Hündinnen zu verständigen, wo es mehr um eine Werbung als um ein Kräftemessen geht. Außerdem kann er bei einigen seiner Gegner die unterwürfigen Zeichen erkennen und sich dadurch von einer Fortsetzung des Angriffs abhalten lassen. Anders gesagt: Die Angriffslust ist ein Teil von Andys normalen Verhaltensweisen, und sie drückt sich aus, wenn Andy anderen Rüden begegnet, besonders solchen, die noch ihre volle »Ausrüstung« besitzen. Auch diese neigen dazu, ein Imponiergehabe an den Tag zu legen, obwohl sie in den wenigsten Fällen wirklich zum Kampf herausfordern, im Gegensatz zu Andy. Ihr Geruch ist jedoch für letzteren bereits eine größere Herausforderung, und wenn sie ihm widerstehen, laufen sie Gefahr, mit seinen Zähnen Bekanntschaft zu machen. Ein solches Imponiergehabe ist großteils auf den Einfluß des männlichen Hormons Testosteron zurückzuführen, und zwar bereits vor der Geburt, wenn das Gehirn des Embryos »vermännlicht« wird, und später, bei der Pubertät, wenn sich unter dem Einfluß der eigenen Testosteronproduktion das Sozialverhalten der erwachsenen Hunde formt.

Testosteron wird von den Drüsen in den Hoden produziert, so daß man bei diesem Aggressivitätstypus meist an eine Kastration des Hundes denkt. Zweifellos ist die Kastration das Mittel der Wahl, und sie bewirkt meist eine markante Abnahme des männlichen Wetteifers, wenn sie zum rechten Zeitpunkt ausgeführt wird, das heißt vor dem vollendeten dritten Altersjahr. Untersuchungen haben gezeigt, daß sich durch die Kastration fünfzig bis sechzig Prozent der intermännlichen Aggressivität bei Hunden jeglichen Alters bessern läßt, daß die besten Resultate jedoch dann erzielt werden, wenn der Hund nach der Kastration kontrollierten Kontakten mit anderen Rüden ausgesetzt wird und den richtigen Umgang mit ihnen lernt. Ihr Geruch könnte ihn trotz Testosteronmangel immer noch erregen und man sollte von seinem gedämpften Ego kurz nach der Operation ausgehen, um seine alten Gewohnheiten umzumodellieren.

Die meisten Hunde wie Andy zeigen ihre Angriffslust gegenüber anderen Rüden und ein ausgeprägtes Sexualinteresse für Hündinnen während der Pubertät, wenn eine vermehrte Testosteronproduktion die Entwicklung der sekundären Geschlechtsmerkmale und des Sozialverhaltens bewirkt. Andys Verhalten ist offensichtlich vom Willen geprägt, ranghöher zu sein als alle anderen Rüden, mit Ausnahme jener, die ihre Unterwürfigkeit einem dominanteren

Hund gegenüber rasch und unmißverständlich zeigen. Wenn sie jedoch riechen, als wären sie ranghöher und bedeuteten trotz allem eine Herausforderung, kann Andy sie unter Umständen dennoch angreifen. Andys Verhalten kann mit zunehmender sexueller Maturität noch schlimmer werden.

Man kann diese Verhaltensweise logischerweise mit Darwins Überlebenstheorien verbinden; indem Andy ein ausgesprochen kämpferisches Profil annimmt, hält er die anderen Rüden von den Hündinnen fern und vergrößert seine Aussichten, sein Erbgut auf eine nächste Generation zu vererben. Wegen seines erhöhten Hormonspiegels ist sein Interesse für läufige oder auch nicht läufige Hündinnen besonders ausgeprägt.

Während der Pubertät machen die meisten Hunde – wie unsere Jünglinge – eine Zeit der Herausforderung und des Wetteiferns mit anderen männlichen Wesen durch. Für alle Beteiligten ist es eine lausige Zeit, aber das aneckende männliche Gebaren wird allmählich durch Erfahrungen und Mißerfolge geschliffen. Beim Hund geschieht dies zugunsten eines freundlicheren, wenn auch noch rivalisierenden Benehmens gegenüber der Konkurrenz. In einem Wolfs- oder Hunderudel werden freche junge Rüden oft von älteren, erfahreneren Rüden hart in ihre Schranken gewiesen und von den Hündinnen ferngehalten, wenn sie sich zu früh herausfordernd benehmen. Für diese Jungtiere erfolgt ein Aufstieg in der Rangordnung des Rudels, und eine damit verbundene erfolgreiche Paarung, langsamer als bei einem Hund, der in der menschlichen Gesellschaft aufgezogen wird. Da allerdings sind viele soziale Verhaltensweisen wie das Sexualverhalten für die älteren Mitglieder der menschlichen Gruppe nicht annehmbar, auch nicht in spielerischer Form bei jüngeren, noch nicht ausgewachsenen Hunden. Einige typisch »wohlerzogene« und nicht aggressive Familienhunde scheinen jedoch das zu erreichen, worauf sie aus sind, wenn sie in der Begegnung mit anderen Hunden ein aggressives Gebaren an den Tag legen. Die relativ seltenen Kontakte mit anderen Hunden bedeuten, daß Andy jedesmal noch erregter ist, wenn er einem anderen Rüden (oder einer Hündin) begegnet, und der Erfolg seines Angriffs nährt seine Aggressivität. Interessanterweise gehen große Hunde wie die schwarzen Labradors oft als Sieger aus diesen Begegnungen mit anderen Rüden hervor, aber kleinere Hunde, die mehr als einmal die Unterlegenen sind, verlieren meist nichts von ihrer Motivation.

Eine chirurgische Kastration ist bei jungen, pubertären Rüden, die sich etwas zu aggressiv gegen andere Rüden verhalten, nicht immer sofort nötig. Der Tierarzt kann den Hund zuerst »chemisch kastrieren«, das heißt ihm eine Spritze mit einem anti-männlichen Hormon verabreichen, das den Einfluß des eigenen Sexualhormons während einiger Wochen zu unterdrücken vermag. Wenn die Wirkung der Spritze wieder nachläßt, wird der Jungrüde möglicherweise etwas toleranter sein, weil sein Hormonspiegel meist gesunken und stabiler geworden ist. Wenn sein früheres Verhalten wieder auftritt, kann die Behandlung wiederholt werden, bis der Hund in körperlicher und sozialer Hinsicht erwachsener geworden ist. Erst wenn die alte Aggressivität nach Abklingen jeder Injektion wieder auftaucht, ist klar, daß sie hormonell bedingt ist; dann bringt eine chirurgische Kastration mit höherer Wahrscheinlichkeit eine definitive Lösung des Problems. Bei älteren Hunden genügt die Kastration allein nicht, wenn der Hund nicht gleichzeitig durch ein kontrolliertes Vorgehen resozialisiert wird; dies kann im Verlauf von normalen Begegnungen mit anderen Hunden stattfinden. Wenn die Kastration und die nachfolgende Resozialisierung noch nicht genügen, kann der Tierarzt dem Hund zusätzlich eine Injektion des weiblichen Hormons Progestin verabreichen; eine solche Injektion ist in 15 Prozent dieser Fälle erfolgreich.

Sehr geehrter Herr Neville

Wir haben zwei Springer Spaniels, genannt Spritzer und Merlin; es handelt sich um zweijährige Wurfbrüder. Im Alter von etwa 15 Monaten haben sie plötzlich angefangen, miteinander zu kämpfen, und dies meist ohne Vorwarnung. Sie können im selben Zimmer recht friedlich nebeneinander sitzen, und plötzlich ist die Hölle los. Beide mußten bereits mehrmals vom Tierarzt wegen Verletzungen behandelt werden, und obwohl jener Fachmann dachte, die beiden würden aus diesem Stadium herauswachsen, war dies bisher nicht der Fall. Sie streiten sich sogar häufiger und ernsthafter, und obwohl wir beide gleich behandeln, scheinen sie einander einfach nicht zu mögen. Der Tierarzt rät uns, Spritzer zu kastrieren, weil es scheint, daß er die meisten Kämpfe anzettelt. Glauben

Sie, daß dies helfen kann? Wäre es nicht besser, beide zu kastrieren, oder für einen der beiden einen neuen Besitzer zu suchen?

Mit freundlichen Grüßen

Sarah und Arthur Garing

Andy, von dem im letzten Brief die Rede war, demonstrierte ein spezifisches, meist im Freien vorkommendes aggressives Imponiergehabe gegenüber anderen Hunden. Die meisten Probleme im Zusammenhang mit Dominanzansprüchen treten zwischen Hunden auf, die im selben Haushalt wohnen und zur selben »Meute« gehören. Ich habe in meiner Praxis so oft Fälle von streitsüchtigen Brüdern gesehen, daß ich allen zukünftigen Hundehaltern rate, ausschließlich ein Pärchen zu wählen, wenn sie zwei Wurfgeschwister kaufen wollen, und die Hündin später kastrieren zu lassen. Wenn sie jedoch zwei Rüden wünschen, rate ich ihnen, zwei unterschiedliche Rassen zu wählen, oder wenn es unbedingt die gleiche Rasse sein muß, zumindest Tiere aus zwei verschiedenen Würfen. Merlin und Spritzer zeigen ein typisches Verhalten, von dem die Garings zwar meinen, es sei plötzlich aufgetreten, obwohl die Rivalität in Wirklichkeit bereits Wochen vorher begonnen hat. Der Besitz eines Lieblingsspielzeugs, der Zugang zum Futternapf oder das Verhalten des »ranghöchsten Hundes«, des Meisters, können jeden der beiden zum Angriff provozieren. Möglicherweise war das Angriffspotential latent immer vorhanden und brauchte nur ein Ansteigen des Testosteronspiegels, um die Reaktionsschwelle zu erreichen. Die Garings sehen sich jetzt einer Situation gegenübergestellt, die nicht einfach zu lösen sein dürfte. Merlin und Spritzer sind mehr oder weniger gleich groß und gleich stark, da von derselben Rasse und demselben Wurf abstammend, und es gibt für keinen der beiden einen genügenden Grund, um sich dem anderen zu unterwerfen, ohne daß vorher ein entscheidender Machtkampf stattgefunden hätte. Hunde sind nicht demokratisch eingestellt, auch wenn wir Menschen, die normalerweise für eine Gleichstellung eintreten, es uns manchmal wünschten. Rüden brauchen eine Rangordnung, sogar in einem Haushalt, wo ihnen alles Lebensnotwendige in Hülle und Fülle angeboten wird. Obwohl diese Strukturen nicht offensichtlich zu sein brauchen und auch nicht immer verstärkt werden müssen, sind sie unabdingbar. Wenn es den Hunden nicht möglich ist, eine solche Rangordnung zu erstellen, ist das auf ein bis drei Gründe zurückzuführen. Vielleicht sind die Hunde, wie im Falle von Wurfbrüdern, zu eng miteinander verbunden. Vielleicht ist einer der beiden ein besonders dominanter und unduldsamer Rüde, der den Unterlegenen so zu erniedrigen versucht, daß dieser bei jeder Herausforderung kämpfen muß, um sich zu verteidigen. In anderen Fällen wird gestritten, weil wir, die ranghöchsten Mitglieder der Gruppe, in unserem Wunsch, beide gleich zu behandeln, den Status des rangniedrigeren Hundes so erhöhen, daß der andere Rüde dies als eine Gefährdung empfindet und er den Rangniedrigeren »an seinen Platz« verweisen muß. Manchmal fühlt sich der unterlegene Hund durch unsere Anwesenheit so gestärkt, daß er dem anderen seinen höheren Rang streitig machen kann, und er wird jedesmal, wenn wir den Raum betreten, einen Streit anzetteln. Wir müssen uns bemühen, Hunden wie Merlin und Spritzer zu helfen, eine normale hündische Hierarchie zu etablieren. Wenn dies gelingt, werden die Kämpfe aufhören oder nur noch bei voraussehbaren Gelegenheiten, zum Beispiel anläßlich der Fütterung, stattfinden und können dann besser kontrolliert und vermieden werden.

Bei zwei gleich willensstarken Brüdern ist es eher unwahrscheinlich, daß das Problem ohne die Kastration des einen gelöst werden kann. Der Tierarzt könnte es in einer ersten Phase mit einer antihormonellen Behandlung versuchen, aber meine Erfahrung hat mir gezeigt, daß dadurch nur ein vorübergehender Waffenstillstand erreicht wird und daß die Kämpfe nach Abklingen des Medikaments wieder aufflammen. Die kritische Frage ist, welcher der Streithähne sich am besten für das tierärzliche Messer eignet. Sehr oft machen Hundehalter und Tierärzte denselben Fehler und wählen dabei den aggressiveren Hund. Leider ist es meist die falsche Wahl, weil dadurch der Status des ranghöheren Rüden etwas erniedrigt wird, so daß der bisher unterlegene dann versucht, seine Chance zu ergreifen und sich den dominanten Rang zu erkämpfen. Leider hat der kastrierte Hund immer noch die Erinnerung an seinen früheren leichten Vorrang, und er wird auch ohne Testosteron den Kampf fortsetzen. In solchen Fällen muß immer der rangniedrigere Hund kastriert werden, auch wenn er meist ein nicht herausforderndes Opfer ist. Wenn dem Besitzer nicht klar ist, wer der Unterlegene ist, sollte er darauf achten, welcher Hund dem anderen den Vortritt überläßt, wenn beide über eine Schwelle gehen wollen, oder welcher von beiden den anderen zuerst an den Futternapf läßt oder ihm ein Spielzeug abtritt. Sollte auch jetzt kein Unterschied erkennbar sein, müßte man eine Wahl auf's Geratewohl treffen, aber in einem solchen Falle wären die Hunde ohnehin so gleichgestellt, daß es keine große Rolle spielen würde, welchen der beiden man kastrieren würde – Hauptsache, man kastriert einen. Nehmen wir an, daß bei den Garings Merlin der dominante Hund ist, und daß Spritzer der kastrierte Unterlegene ist. Nach der Kastration wird der Geruch von Spritzer, als der des unterlegenen Hundes, von Merlin viel weniger als eine Herausforderung aufgefaßt werden. Der Testosteronspiegel von Spritzer wird rasch sinken, aber er kann während einiger Zeit noch einen männlichen Geruch aufweisen, besonders im Fell der Penisregion. Sobald der Tierarzt es nach der Operation erlaubt, sollte man ihn deshalb baden. Wenn der Hund bei der Kastration noch relativ jung ist, werden sich die Schwierigkeiten danach vermutlich von selbst legen. Es lohnt sich deshalb, frühzeitig an eine solche Lösung zu denken. Je älter die Hunde und je länger die Vorgeschichte des Konflikts, desto etablierter das Kampfverhalten und desto länger die Zeit, bis sich die Schwierigkeiten definitiv legen. Möglicherweise wird Merlin nach wie vor auf Spritzer aggressiv reagieren, wenn dieser in der Nähe eines Lieblingsspielzeugs sitzt. Sollte sich auch dies mit der Zeit nicht bessern, könnte man dem kastrierten Hund noch eine Spritze mit weiblichen Hormonen verabreichen, um seinen Geruch für Merlin noch weniger herausfordernd zu machen. Dieselbe Methode kann auch bei zwei kastrierten Rüden angewendet werden, wenn sie sich bezüglich ihrer Rangordnung uneins sind. Allerdings kommt dies relativ selten vor.

Wenn der Unterhund Spritzer durch Kastration und/oder weibliche Hormone zur Genüge »neuparfümiert« ist, müssen die Garings den Status von Merlin und Spritzer von oben herab festigen. Wie Offiziere, die in ihren Rängen für Ordnung sorgen, müssen sie darauf achten, daß der unkastrierte, dominierende Hund alle Privilegien seines Ranges genießt. Merlin muß als erster gefüttert, begrüßt und gestreichelt und beim Spaziergang als erster angeleint werden und im allgemeinen einen freieren Kontakt zu den Besitzern haben als Spritzer. In einer ersten Phase sollten sie Spritzer ihre Zuneigung nur dann kundtun, wenn Merlin schläft oder sich in einem anderen Raum aufhält. Später muß nur die richtige Reihenfolge eingehalten werden, so daß Merlin nichts dagegen zu haben braucht, daß Spritzer auch beachtet wird. Alle Gegenstände, deren Besitz sich die beiden Hunde streitig machten, sollten entfernt werden, und Gegenstände wie Knochen, die bei den Hunden einen Wettkampf hervorrufen könnten, sollten den Hunden gar nicht angeboten werden oder nur dann, wenn sie sicher getrennt sind. Auch Spielsachen sollten entfernt werden, könnten aber beim Spielen wieder angeboten werden, am besten im Freien, zum Beispiel im Garten, und jedem Hund separat oder zusammen, falls kein aggressiver Wettstreit darüber entflammt. Der Haushalt sollte ein allgemein besser organisierter und ruhigerer Ort werden, wo die beiden Hunde bei möglichst gleichbleibender Laune gehalten werden. Jegliche Aufregung sollte im Freien stattfinden, wo Kämpfe weniger wahrscheinlich sind, weil die Hunde außerhalb des Heims weniger erwarten, durch Leckerbissen oder Spielsachen belohnt zu werden, oder zumindest nicht sofort.

Es ist besonders wichtig, daß Spritzer, der unterlegene Hund, von seinen Besitzern keinen direkten Schutz erhält. Dies ist manchmal hart für den Hundehalter, weil der unterlegene Hund oft den angenehmeren und anhänglicheren Charakter aufweist als der andere. Hunde wie Spritzer sind häufig besonders folgsame und »liebenswürdige« Hausgenossen, und sie lernen schnell, wie sie uns durch große, bittende Augen und einen wedelnden Schwanz um die Pfote wickeln können. Hunde wie Merlin sind oft unabhängiger, weniger anhänglich und herausfordernder, und obwohl sie die Liebe ihres Meisters nicht so offensichtlich brauchen, nehmen sie es den anderen Hunden übel, wenn sie in den Genuß eben dieser Liebe kommen. Für die Garings wird es also sehr schwierig sein, die freundlichen Avancen von Spritzer zu ignorieren, wenn Merlin in der Nähe ist, aber zu Beginn der Behandlung ist es genau das, was sie tun müssen.

Zum Glück gelingt es den meisten Besitzern von zwei sich streitenden Rüden, das Problem so zu lösen.

Rivalitäten zwischen Hündinnen

Sehr geehrter Herr Neville

Meine kleine Mischlingshündin Flossie genießt die Auf-

merksamkeit, in unserem Park, der meisten Rüden, inklusive einiger der größten, und sie scheint auch problemlos in der Lage zu sein, ihnen beizubringen, wann sie genug hat, ohne sie beißen oder sich mit ihnen streiten zu müssen. Sie haßt jedoch unsere andere Hündin Jetsam, eine Cavalier-Hündin, und greift sie wild an, sobald sie sie sieht. Wir müssen mit beiden separat spazieren gehen und sie auch zu Hause auseinander halten. Flossie ist auch zu anderen Hündinnen im Park nicht besonders freundlich, obwohl sie sie duldet, solange sie nicht versuchen, sie zu beschnüffeln oder mit ihr zu spielen. Wenn ein warnendes Schnappen sie nicht davon abhält, kann sie sie ernsthaft angreifen, bis sie davonlaufen. Was wir jedoch wissen möchten ist, ob wir Flossie und Jetsam wieder zusammenbringen können.

Mit freundlichen Grüßen

Fiona Wilson

Streitigkeiten zwischen Hündinnen, ob es sich um Rangordnungskämpfe, territoriale Ansprüche oder ganz einfach um Charakterunverträglichkeit zwischen zwei Persönlichkeiten handelt, sind immer sehr schwierig zu behandeln. Solche Kämpfe sind seltener als Kämpfe zwischen Rüden und scheinen nicht hormonell bedingt zu sein, außer in seltenen Fällen, wenn eine Hündin vor, während oder nach der Läufigkeit stärker reagiert. Während dieser Zeit gibt es Hündinnen, die ihr Heim weniger gern mit einer anderen Hündin teilen, die vielleicht als Konkurrenz betrachtet wird. Dr. Valerie O'Farrell hat interessante Untersuchungen über die Auswirkung der Kastration auf das Verhalten der Hündin durchgeführt und herausgefunden, daß praktisch keine Besserung eintritt, außer in Fällen, wo sich die Hündin auch gegenüber ihren Meistern aggressiv-dominant verhielt – ein Problem, das wir später in diesem Kapitel noch näher untersuchen werden. Ich habe die Kastration jedenfalls nur vorgeschlagen, wenn sich die Kämpfe zwischen den Hündinnen ausschließlich während der Läufigkeit einer der beiden Hündinnen ereigneten, oder wenn eine bestimmte Hündin während dieser Zeit sich so stark veränderte, daß sich in einem Haushalt mit mehreren Hunden die

Beziehung aller Hunde untereinander drastisch verschlechterte, was dann zu Kämpfen zwischen anderen Hündinnen führte. Normalerweise ist die Situation jedoch so klar, daß der Hundehalter seine Hündin spontan dem Tierarzt zum Kastrieren bringt, ohne dafür zuerst einen Psychologen um Rat fragen zu müssen.

Die meisten Fälle von Unverträglichkeit zwischen Hündinnen betrafen jedoch kastrierte Hündinnen und entwickelten sich als Folge eines einzigen Vorfalls und nicht, wie bei Merlin und Spritzer, in einer langsam aufgebauten Rivalität, die dann plötzlich in Gewalt ausartete. Zwei perfekt miteinander auskommende Hündinnen können wegen eines Spielzeugs, eines Leckerbissens oder eines Lieblingsplatzes so aneinander geraten, daß ihre gegenseitige Beziehung danach nie wieder in Ordnung ist. Dies kann in jedem Alter geschehen und kommt genau so häufig zwischen Schwestern wie zwischen miteinander nicht verwandten Hündinnen vor, obwohl es bei jüngeren Tieren vielleicht etwas öfter beobachtet werden kann. In vielen Fällen, die ich behandelt habe, bestanden Unklarheiten bezüglich der Rangordnung der beiden Streitenden, und eine Verstärkung der Hierarchie war meist das wichtigste therapeutische Element. Eine hormonelle Behandlung der unterlegenen Hündin mit dem beruhigenden Progesteron – aber nur, wenn sie bereits kastriert ist – kann hilfreich sein, aber in vielen Fällen ist die Prognose nicht sehr günstig. Wenn man bei kämpfenden Rüden eine Erfolgsprognose von mehr als 90 Prozent erwarten kann, sinkt diese Erwartung im Falle von Hündinnen auf unter 50 Prozent. Obschon Kämpfe zwischen Hündinnen weit seltener vorkommen, weil sich die Hündinnen weniger offensichtlich um eine Rangordnung kümmern und weniger anspruchsvoll sind als Rüden, sind sie, wenn sie sich ereignen, oft viel ernsthafter. Kämpfende Hündinnen geben erfahrungsgemäß viel weniger oft klein bei, und wenn die Besitzer nicht da sind, um sie zu trennen, können sie bis zum Tode kämpfen. Bei den Rüden enden solche Streitereien – mit Ausnahme von Kämpfen zwischen Vertretern sogenannter Kampfhunderassen –, sobald der eine die Überhand gewinnt und der andere sich unterwirft oder wegläuft. Wenn die beiden Rüden einander wieder treffen, ist es unwahrscheinlich, daß sie den Kampf wieder aufnehmen, und oft vergehen mehrere Tage, bevor wieder ein Streit entflammt. Streitende Hündinnen nehmen ihren Kampf jedoch meist sofort wieder auf, wenn man sie losläßt, und müssen, wie Fiona und Jetsam, zu ihrem Schutz getrennt werden. Um eine Besserung zu erreichen, muß man Flossie und Jetsam wieder zusammenbringen und ihnen die Gelegenheit geben, ihre Beziehung wieder zu normalisieren. Wegen der Risiken wird Fiona diese Begegnungen sorgfältig kontrollieren müssen. Beide Hündinnen sollten Maulkörbe und lange Suchleinen tragen. Fiona sollte sich sehr abweisend zeigen, auf keinerlei aufmerksamkeitsheischende Tätigkeit der beiden eingehen und bereit sein, beim ersten Geknurre, Anstarren oder Haarsträuben einer der Hündinnen rasch und energisch einzugreifen. Kurz, als Gruppenleiterin darf Fiona in den Rängen keinerlei Unstimmigkeiten oder Gezänke zulassen. Wenn sie jedoch nach der Behandlung und einigen Versuchen, sie auf neutralem Grund zusammenzuführen, immer noch aggressiv reagieren, kann man nichts mehr unternehmen, und es ist besser, wenn entweder für Flossie oder für Jetsam ein neues Zuhause gesucht wird – je weiter weg, umso besser. Wenn dies für den Hundehalter auch ein schmerzhafter Entscheid ist, muß er im Interesse beider Hündinnen gefällt werden. Sie müßten sonst unter konstantem Streß leben und sich ein Zuhause teilen, in dem hinter der Türe der Feind lauert.

Viele Hündinnen leben zusammen, ohne einander je anzuknurren, und wenn eine in einer bestimmten Situation oder an einem bestimmten Tag zu dominieren scheint, kann es ein andermal oder in einer anderen Situation genau umgekehrt sein. Gewisse Hündinnen zeigen ihren Status, indem sie alle Spielsachen einsammeln und sie bewachen, ohne jedoch mit ihnen zu spielen oder an ihnen zu kauen. Vielleicht bellen sie laut oder starren eine andere Hündin intensiv an, um sie zu bewegen, ihnen ein einzelnes Spielzeug zu überlassen, damit sie es zu den anderen hinzufügen kann. Die unterlegene Hündin kann uns leid tun, aber wenn dies hilft, die soziale Hierarchie zu behalten, wäre es unklug von uns, die Spielsachen gerechter zu verteilen, weil sonst ein Wettkampf entbrennen könnte. Wenn die höherrangige Hündin ihre Sammlung jedoch durch Schnappen verteidigt oder sonstige unerwünschte Verhaltensweisen entwickelt, indem sie der anderen beispielsweise das Verlassen des Zimmers verwehren oder ihr nicht gestatten würde, sich dem Meister zu nähern, sollte die Rangordnung von oben herab geregelt werden.

Ich erinnere mich an einen Fall von zwei sich bekämpfenden Yorkshire Terrier-Hündinnen, der genau so angefangen hatte. Jegliches Spielzeug wurde entfernt und das Sitzen auf Frauchens Schoß wurde zur heißestersehnten Belohnung. Wenn die rangniedrigere

Hündin sich der Meisterin näherte, sprang die andere auf ihre Rivalin, biß sie und trieb sie in die Flucht. Das Opfer versuchte trotzdem immer wieder, auf den Schoß ihrer Meisterin zu gelangen, weil sie dann Schutz erhielt und von oben herab aus sicherem Abstand die andere anknurren konnte. Sobald sie sich wieder auf dem Boden befand, wurde sie von der anderen angegriffen, und die arme Hundehalterin wußte bald nicht mehr, ob sie die Hündin wieder hochnehmen, sie trösten und die Angreiferin bestrafen sollte, oder ob sie letztere hochnehmen und das Opfer im Stich lassen sollte. Die Antwort war, keine von beiden in Gegenwart der anderen hochzuheben, um den Streitpunkt aus dem Weg zu schaffen, sie aber einzeln ganz besonders zu hätscheln. Die Kämpfe hörten auf, die Hündinnen organisierten ihre Hierarchie, und die Besitzerin konnte sich wieder in Ruhe hinsetzen. Wenn es also ganz bestimmte Situationen gibt, die Spannungen und Kämpfe hervorrufen, kann die Behandlung streitender Hündinnen erfolgreich sein, vorausgesetzt, sie erfolgt frühzeitig und bevor die Streitereien einen allgemeineren Charakter annehmen. Wenn Hündinnen einander auf bloße Sicht bekämpfen, gibt es wenig Hoffnung für eine Besserung der Lage.

Sehr geehrter Herr Neville

Wir haben drei eigene Hunde, zwei Jack Russel-Hündinnen und einen Mischlingsrüden ungefähr gleicher Größe, sowie, als regelmäßige Besucherin, eine weitere Jack Russell Hündin, die einem Angestellten gehört, der ganztags bei uns arbeitet. Alle Hunde kommen gut miteinander aus, haben ihre kleinen Vorlieben und Abneigungen, sowie ihren eigenen Schlafplatz. Wenn jedoch die Türglocke läutet, bricht Anarchie aus. Alle stürzen sich wild bellend auf die Türe, aber statt den Gast hinter der Türe anzubellen, wenden sich plötzlich alle gegeneinander und sind in den größten Kampf verwickelt. Wir haben versucht, sie mit kaltem Wasser, mit Taschenalarmgeräten, mit zusammengerollten Zeitungen und sogar mit einer Reitpeitsche zu trennen, aber wenn wir nicht mindestens zwei der Hunde hochheben und in ein anderes Zimmer sperren, bevor wir die Türe öffnen, geht der Kampf mit unverminderter Heftigkeit weiter. Sobald die Türe offen ist und der

Besucher entweder eingetreten oder wieder fortgegangen ist, benehmen sich die Hunde wieder normal. Einige der Verletzungen, die sie bei solchen Streitigkeiten davongetragen haben, sind ziemlich schlimm. Welche Behandlungsmöglichkeiten gibt es?

Mit freundlichen Grüßen

Celia Grant-Smith

Wenn es um die Möglichkeit einer Rangverbesserung oder einer Belohnung für den rangniedrigeren Hund geht, insbesondere im Zusammenhang mit der Erlangung eines Spielzeugs oder mit dem Zugang zum Meister, ist relativ klar, weshalb Hunde sich einander gegenüber aggressiv verhalten. Wenn es dabei jedoch nichts zu gewinnen gibt, ist der Grund weit weniger klar; die Verletzungen können jedoch genau so schlimm sein.

Die Rangordnung innerhalb einer Hundemeute ist oft ungefähr gleich stabil wie eine südamerikanische Regierung, und sie kann bei der kleinsten Aufregung auseinanderfallen. Das aufregende Klopfen oder Läuten an der Türe und das Bedürfnis aller Hunde, ihr Territorium zu beschützen, bringen das empfindliche Staatsgebilde bald aus dem Gleichgewicht, und untergeordnete Individuen ergreifen die Gelegenheit, die Macht an sich zu reißen, während die ranghöheren Hunde mit »Außenpolitik« beschäftigt sind. Am Schluß hat man einen Haufen bellender und einander beißender und besteigender Hunde.

Zur Behandlung gehörte die Aufstellung einer klaren Rangordnung zwischen den Hündinnen. Der Rüde, als klarer Opportunist, brauchte nicht beachtet zu werden; er war ohnehin bereits kastriert worden und war normalerweise ein friedfertiger Kleiner. Es waren eindeutig die Hündinnen, die den Haushalt beherrschten, und das Verhalten der Nummer Zwei, die die Probleme verursachten. Beim Läuten der Türglocke griff sie jeweils die Nummer Eins aufgeregt an, letztere versuchte zurückzuschnappen, um danach ihre Pflicht bei der Türe fortzusetzen. Sobald die Nummer Zwei sich etwas zurückzog, wurde sie von der Nummer Drei angegriffen, die von der vorübergehenden Niederlage profitieren und den zweiten Rang einnehmen wollte. Wir bemühten uns einerseits, die Sache mit der territorialen

Reaktion in den Griff zu bekommen (wie früher beschrieben) und auch die Nummer Zwei von der Türe fernzuhalten, indem wir zuerst eine Abschrankung benützten, und später die Hündin lehrten, auf Befehl in eine Ecke zu gehen. So war das Problem bereits gelöst, da die Nummer Drei kein Interesse hatte, die Nummer Eins herauszufordern, und der Rüde ganz einfach das Interesse verlor, weil vermutlich niemand mehr da war, den oder die er besteigen konnte. Hundehalter mit mehreren Hunden sollten wissen, daß in einer Hundemeute die normalen hündischen Verhaltensweisen die Oberhand gewinnen, im Gegensatz zu den Haushaltungen, wo nur ein oder zwei mehr menschlich orientierte Hunde gehalten werden.

Hypernervosität

Wir haben bereits gesehen, wie viele Hunde, wenn sie erregt sind, uns aus Versehen beißen, falls wir ihnen in die Quere kommen. Solche Probleme können meist durch allgemeines Gehorsamstraining gelöst werden, aber es gibt einige, denen man sich im besonderen widmen muß, um eine Verletzungsgefahr auszuschließen. Der Welpe, der aufspringt, um seinen Besitzer und Besucher zu begrüßen, kann geduldet und sogar dazu aufgemuntert werden, solange er klein ist und leicht zur Seite gestoßen werden kann, aber wenn ein ausgewachsener, 30 Kilo schwerer oder noch mächtigerer Hund dasselbe versucht, ist er durchaus in der Lage, jemanden umzuwerfen und ihm mit seinen Krallen schmerzhafte Kratzer zuzufügen, auch wenn er dadurch nur seine Freude ausdrücken will. Das Aufspringen ist eine interessante Verhaltensweise, weil man leicht daraus schließen kann, daß er einfach den Augenkontakt mit uns sucht; er versucht aber auch, das Gesicht seines Meisters zu lecken. Wenn jener sich nämlich zum Hund hinunterbeugt, um ihn zu begrüßen, wird er unter Umständen gründlich abgeleckt werden, besonders um den Mund. Man vermutet, daß der Hund dadurch versucht, seinen Besitzer zum Hervorwürgen von Futter zu bewegen, wie es die jungen Wildhunde oder Wölfe nach der Entwöhnung bei ihren Eltern machen, wenn diese von der Jagd zurückkehren. Die intensive, aufregende Zuwendung zielt darauf hin, eine Mahlzeit zu erhalten, und obwohl dies bei domestizierten Junghunden selten der Fall ist, ermuntern wir unsere Hunde, wenn sie uns bei unserer Heimkehr begeistert empfangen, und sorgen durch eine andere Art von Belohnung dafür, daß dieser natürliche Instinkt weiter vererbt wird. Wenn der Hund älter wird, dulden wir weiterhin, daß er uns so begrüßt, und der Hund kann dieses Hochspringen als eine freundliche Geste auffassen, die er auch bei anderen Gelegenheiten anwenden kann. Es gibt Hunde, die an Familienmitgliedern hochspringen, um zur Festlegung einer neuen Rangordnung herauszufordern; durch das Hochstehen verringern sie den Größenunterschied. Mit diesem Problem werden wir uns etwas weiter hinten in diesem Kapitel befassen. Ob er nun dominant, aufgeregt oder futterbettelnd ist, kann der Hund, der an uns hochspringt, meist nicht davon abgehalten werden, indem man ihm befiehlt, sich zu setzen oder ihn wegschiebt, weil diese zusätzliche Beachtung und Aufregung nur seine Bemühungen »belohnt«. Er wird bei unserer nächsten Heimkehr garantiert wieder an uns hochspringen. Wenn man ihm diese Unart abgewöhnen will, muß man dem Hund nie erlauben, an uns hochzuspringen, auch wenn wir alte Kleider tragen, um die es nicht schade ist. Der Hund kann ja wirklich nicht den Unterschied zwischen Jeanshosen und einem Abendanzug machen. Die besten Resultate erzielt man hier auch mit einem lauten, erschreckenden Geräusch oder mit einem Wasserstrahl ins Gesicht; noch wirksamer ist »Bitter Apple«. Wenn der Hund sich dann auf allen vier Pfoten nähert, kann ihn sein Meister belohnen. Zuerst sollte er auf Befehl absitzen, und dann erst zur Begrüßung gestreichelt oder auf den Rücken geklopft werden, denn auch wenn er sich wieder aufregt, ist es für ihn viel schwieriger, aus einer sitzenden Lage aufzuspringen, als aus dem Stand. Man kann die Begrüßung noch zusätzlich unter Kontrolle behalten, indem man den Hund zur Begrüßung ein weiches Spielzeug – das man zu diesem Zweck in der Nähe der Eingangstüre aufbewahrt – in die Schnauze nehmen läßt, besonders, wenn es sich um einen Jagdhund handelt, der oft von sich aus seinem heimkehrenden Meister etwas zur Begrüßung bringt.

Sehr geehrter Herr Neville

Mein Pointer Oliver nimmt immer meine Hände und Handgelenke in die Schnauze. Früher war es lustig und es machte mir Spaß, mit ihm Scheinkämpfe durchzuführen, aber jetzt macht er dies jedesmal wenn ich heimkomme, während anderen Spielen, wenn er aufgeregt ist, wenn ich versuche, ihn zu streicheln und auch ganz einfach, wenn er meine Aufmerksamkeit will. Jetzt, da er fast ein Jahr alt ist, wird dieses Fassen besser als Beißen beschrieben, obwohl die Zahnabdrücke in meiner Haut bis jetzt noch nicht geblutet haben. Wenn ich versuche, meine Hand wegzuziehen, beißt er fester zu, und wenn ich meine Hände verstecke, regt er sich stark auf und springt an mir hoch, um sie zu finden. Was habe ich falsch gemacht?

Mit freundlichen Grüßen

Alan Fairclough

Wenn das Aufspringen, um einen Gesichtskontakt zu haben, eine Begrüßungsform und ein Sozialkontakt ist, die der Welpe früh mit seiner Mutter übt, ist es nicht erstaunlich, daß wir es später auch noch zwischen ausgewachsenen Hunden beobachten können, auch wenn die Aufregung des Welpen, der seine Mutter begrüßt, später einem kontrollierteren und ruhigeren Vorgehen Platz macht. Weil der Hund normalerweise wegen des Größenunterschieds nicht mit seinem Meister in Gesichtskontakt treten kann, und weil er meist auch nicht an ihm hochspringen darf, merkt er bald, daß die Menschen mit den Händen in Körperkontakt treten. Während die meisten Hunde das Recht des Meisters anerkennen, als erster Körperkontakt aufzunehmen und nur ab und zu ihre Schnauze in seine Hand stoßen, um gestreichelt zu werden, gibt es einige, wie Oliver, die gelehrt wurden oder von sich aus gelernt haben, daß sie die Intensität dieser Kontakte selbst bestimmen können.

Bei Junghunden kommt es oft vor, daß sie die Hände und Handgelenke ihres Meisters in die Schnauze nehmen. Man kann ihnen dies abgewöhnen, indem man sie nur selten gewähren läßt, oder indem man sie anders begrüßt und berührt. Es gibt jedoch Hunde, die sich an eine Hand regelrecht hängen und wenn sie sich daran gewöhnt haben, werden sie wie Oliver versuchen, die Hand ihres Meisters zu kontrollieren, indem sie sie fester fassen, bis es in der Aufregung oder wenn der Meister versucht, seine Hand zurückzuziehen, sogar zu Verletzungen kommen kann. Das, was beim Welpen noch als Spiel oder als Begrüßung gilt, kann sich beim heranwachsenden Junghund zu einer herausfordernden Geste entwickeln. Es ist wahrscheinlich besser, solche Körperkontakte von Anfang an zu vermeiden und auch einen Welpen nur ruhig zu begrüßen, indem man ihn auf dem Kopf oder am Körper streichelt, ihm aber nicht erlaubt, mit seinen Zähnen unsere Hände zu berühren.

Wenn der Junghund oder auch der erwachsene Hund eine solche Unart hat, ist die Behandlung schon schwieriger. Die meisten Hundehalter finden bald heraus, daß das Schimpfen den Hund nur noch mehr aufregt, und daß er sich umso mehr an ihre Hand hängt. Es nützt auch nichts und könnte sogar gefährlich sein, den Hund mit einer Hand schlagen zu wollen, während er die andere Hand in seiner Schnauze hält. Man muß beim Hund einen Widerwillen hervorrufen, wie bei dem, der an seinem Meister hochspringt; Abschreckungstaktiken lösen das Problem meist gut, insbesondere ein Spritzer von Bitter Apple gegen das Gesicht des Hundes, wenn er die Hand seines Meisters fassen will. Der Hundehalter muß jedoch nicht vergessen, seinen Hund zu belohnen, wenn er sich anders verhält, so daß der Hund bald von sich aus andere Kontaktformen sucht und nicht nur wegen des bitteren Sprays von seinem Meister fernbleibt.

Aggressivität gegen den eigenen Meister

Bei den verschiedenen Formen von hündischer Aggressivität, die in diesem Kapitel behandelt wurden, haben wir auch viele Fälle gesehen, wo der Hundehalter von seinem eigenen Hund oder einem fremden gebissen wurde, oder wo der Hund aus verständlichen und mehr oder weniger entschuldbaren Gründen einen anderen Menschen biß. Es gibt auch Situationen, wo wir es verdienten, gebissen zu werden, weil wir beispielsweise einen Hund gereizt oder sogar angegriffen haben. Solche Fälle werden am besten vermieden, indem man sich Hunden gegenüber nie grausam zeigt.

Was auch der Grund sein mag, warum wir gebissen wurden, realisieren wir plötzlich die Fähigkeit des Hundes, sich zu verteidigen, sein Opfer zu packen und zu töten, und gelegentlich aus Angst oder Aufregung um sich zu beißen, ohne uns überhaupt zu erkennen. Das sind alles Risiken, die wir kennen und akzeptieren müssen, wenn wir Raubtiere wie Katzen und Hunde als Haustiere halten wollen.

Wenn wir in aggressiver Weise bedroht oder aus verständlichen oder entschuldbaren Gründen gebissen werden, müssen wir zuerst unsere Verletzungen behandeln und müssen die Auseinandersetzung mit dem Hund und seiner Zukunft auf einen späteren Zeitpunkt verlegen. Möglicherweise beschließen wir, ihn zu behalten und den Zwischenfall als unglückliches Ereignis zu betrachten; vielleicht wird sich der Hund zukünftig bessern, oder vielleicht beschließen wir, ihn wegzugeben. Der Schock über den Zwischenfall ist vielleicht vor allem körperlich, aber wenn ein Hundehalter vom eigenen Hund ohne ersichtlichen Grund bedroht oder gebissen wird, ist der Schock nicht nur physischer Natur. Das emotionelle Trauma, mit einem Hund zusammenzuleben, der normalerweise ein liebenswertes Haustier ist, der aber in gewissen Situationen den Hundehalter und seine Familie ernstlich gefährden kann, ist nicht leicht zu verkraften. Vielleicht vergeben die Kinder dem Hund, daß er sie oder ihren Papi gebissen hat, und weinen, weil er jetzt eingeschläfert werden soll. Der Hundehalter realisiert, daß es unverantwortlich ist, den Hund jemand anderem zu geben, weil er ja den neuen Besitzern dasselbe antun könnte wie ihm, und die meisten verantwortungsbewußten Hundehalter würden nicht im Traum daran denken, sich wie Feiglinge zu benehmen und den Hund einfach auszusetzen. So bleibt das Problem zu Hause, und erst, nachdem jemand ernsthaft verletzt worden oder die Spannung unerträglich geworden ist, wird ein Entscheid gefällt.

Sehr geehrter Herr Neville

Mein zweijähriger Dalmatiner Jones ist ein ziemlich schwieriger Geselle. Er war immer ein sehr spielerischer, manchmal auch etwas grober Welpe, aber in den vergangenen Wochen hat er angefangen, meine Frau und mich ziemlich bedrohlich anzuknurren. Er macht dies, jedesmal wenn man ihn stört, oder wenn er ein Spielzeug oder sonst einen Gegenstand hält, den er uns nicht geben will, wenn er sein Futter erhält, und insbesondere, wenn man mit ihm schimpft, weil er ungehorsam war. Er zieht die Lefzen hoch, starrt uns an und knurrt dabei ziemlich heftig. Bis jetzt hat er zum Glück noch keinen von uns gebissen. Er ist im allgemeinen ziemlich folgsam und es macht Spaß, mit ihm auszugehen, aber zu Hause ist er eher unangenehm und zurückhaltend. Eigenartigerweise ist er mit Besuchern zuerst äußerst freundlich, benimmt sich aber in der Folge, wenn sie länger als einige Stunden bleiben, mit ihnen genau so wie mit uns. Wir sind vermutlich noch nie gebissen worden, weil wir die Warnungen jeweils ernstgenommen haben und von Jones zurückgewichen sind, aber das Problem wird immer schlimmer. Wenn der Hund auf einem Sessel sitzt, kann man sich nicht zu ihm setzen; wenn er oben auf der Treppe liegt, kann man nicht gefahrlos an ihm vorbeigehen, und ich bin sicher, daß es nur noch eine Frage der Zeit ist, bevor wir gebissen werden, auch wenn wir uns noch so viel Mühe mit Jones geben. Sollte ich ihm einmal eine Tracht Prügel verpassen, um ihm zu zeigen, wer der Herr im Hause ist? Und falls nicht: Was könnten wir sonst noch unternehmen, um unsere Sicherheit zu gewährleisten?

Mit freundlichen Grüßen

Norman Blakewell

Jones zeigt die sehr typischen Verhaltensweisen eines Hundes, der sich in der Familie, seinem Rudel, einen höheren Rang erkämpfen will. Im allgemeinen spricht man in einem solchen Falle von einer »dominanten Aggressivität«, aber ich glaube, daß diese Probleme in zwei ziemlich unterschiedliche Kategorien eingeteilt werden können, nämlich in echte dominante Aggressivität und in Rangopportunismus. Es gibt zweifellos Hunde wie Jones, die wirklich dominierend sind und die Leitung des Rudels übernehmen wollen. Normalerweise handelt es sich um Rüden im Alter zwischen 18 Monaten und zwei Jahren. Eine Kombination von genetischen Anlagen, von kurz nach der Geburt, im frühen Welpenalter innerhalb des Wurfs und von kurz vor der sozialen Maturität gemachten Erfahrungen im Umgang mit den Besitzern, und vom Hormonspiegel bahnen langsam, aber sicher den Weg zur höheren Stellung innerhalb des Rudels.

Das sind die harten Burschen, die zum Herrschen geboren sind. Nicht jeder Hund kann ein Führer sein, das ist klar, und die meisten werden nie den höchsten Rang einnehmen, weil es immer andere

Hunde geben wird, die den Wettkampf gewinnen. Andere werden einen hohen Rang einnehmen und warten müssen, bis ein noch ranghöherer Hund sich verletzt, erkrankt oder stirbt, bevor sie in der Rangordnung weiter vorankommen können. Sie versuchen ihr Glück immer wieder, sei es im Hunderudel oder in der menschlichen Familiengemeinschaft, und wenn man auch ziemlich viel tun kann, um das Risiko, von einem echt dominanten Individuum angegriffen zu werden, niedrig zu halten, muß man sich dessen trotzdem bewußt sein, daß es sich bei diesen Hunden immer um eher eigenwillige, hartnäckige, besitzergreifende und manchmal heißblütige Individuen handelt, die normalerweise die Anwendung einer harten und konsequenten Disziplin erfordern. Die Sicherheit der Familie ist eine wichtige Voraussetzung für die Behandlung, und sie muß besonders denjenigen Personen gewährt werden, die vom Hund als knapp ranghöher betrachtet werden, weil sie es sind, die vom Hund am häufigsten herausgefordert werden dürften.

Hunde wie Jones sind selten während der ganzen Zeit unangenehm oder gefährlich, und das ist der Grund, warum die meisten Hundehalter das Gefühl haben, sie seien in der Lage, sie ohne größeres Sicherheitsrisiko zu behalten und ihre anderen Wesenszüge zu genießen. Für Jones wird das Leben ausschließlich aus dem Standpunkt der eingenommenen Sozialstellung betrachtet. Meist werden seine Rudelgenossen entweder als rangniedriger und deshalb nicht als ernstliche Herausforderung betrachtet, oder als ranghöher und deshalb als zu bekämpfende und zu besiegende Konkurrenten. Jones wird jedoch nur in bestimmten Situationen versuchen, seinen Rang beizubehalten oder gar zu verbessern. In anderen Situationen erwartet er möglicherweise Respekt von seinen Rudelsgenossen und wird diese Erwartung nur durch ein Anstarren, ein leichtes Sträuben des Nackenfells oder eine Erhebung des Schwanzes unterstreichen. Wenn wir, wie dies oft der Fall ist, diese Anzeichen nicht sehen oder nicht beachten, wird Jones sie vermutlich auch vergessen. Das Ereignis ist ganz einfach nicht wichtig genug, um ein solches Imponiergehabe zu rechtfertigen, und ist sicher keinen Kampf wert – das heißt, wenn wir ansonsten unterwürfig und respektvoll genug sind.

Dominante Hunde können insbesondere Anspruch auf Spielsachen, gestohlene Haushaltsgegenstände, Futter, Knochen, Ruheplätze und ihren Schlafplatz erheben. Einem Hund wie Jones solche Gegenstände streitig machen zu wollen, wäre sehr unklug, weil er in diesen Besitztümern die Vorteile seines Ranges sieht, wie wir schnelle Wagen, teuren Schmuck und große Häuser als menschliche Statussymbole betrachten. Jones wird sie mit größter Heftigkeit verteidigen und wird später dazu übergehen, jeden anzugreifen, der sich nähert oder vorbeigeht, auch ohne ihn herauszufordern. Jones wird vielleicht nicht mehr dulden, daß seine Besitzer ihn bürsten oder baden, und er wird auch nicht mehr tolerieren, daß man ihm die Ohren, die Augen oder die Zähne untersucht; vielleicht wird er sich sogar nicht mehr anleinen lassen. Ein hochrangiger Hund akzeptiert ganz einfach nicht, daß untergeordnete Individuen ihn aus der Nähe untersuchen, besonders wenn sie dabei über ihm stehen und ihn anstarren, denn das betrachtet er als sehr dominante Gebärde ihrerseits. In einem solchen Augenblick benehmen wir uns in seinen Augen ja nur wie Rivalen, die einen ranghohen Hund herausfordern, und er wird dieselbe Taktik anwenden, um uns zu vertreiben – steife Körperhaltung, hochgestellter Schwanz, gesträubte Nackenhaare. Das zu Beginn... später, wenn er sieht, daß seine Rechte festgesetzt sind, kann er ohne Vorwarnung beißen, wenn man sich ihm nähert, um ihn zu berühren, insbesondere an den in sozialer Hinsicht empfindlichen Stellen wie Gesicht, Nacken, Widerrist und Hinterteil.

Als ranghohes Tier wird Jones oft gewisse Schlüsselstellungen in der Wohnung, sowie den Zugang der Familienmitglieder kontrollieren. Das bedeutet normalerweise, daß dominante Hunde sich nicht so höflich benehmen, wie wir es beispielsweise einer Dame oder einer höhergestellten Person gegenüber tun würden, wenn es um den Vortritt beim Überqueren einer Türschwelle oder beim Beschreiten eines langen, engen Ganges geht. Wir würden zur Seite stehen und den anderen durchlassen, und dabei möglicherweise den Blick senken. Jones ist derjenige, der dieses Vortrittsrecht rücksichtslos beansprucht und erwartet, daß jeder ihm aus dem Wege geht. Der Wille, das Rudel zu beherrschen, kann sich auch außerhalb des Hauses manifestieren, oft in Form eines stark an der Leine ziehenden Hundes, der nicht bei Fuß gehen will, auch wenn er sich dabei halb zu Tode würgt.

Ein dominanter Hund kann sich absichtlich in der Nähe der Türe hinlegen, so daß seine Rudelsgenossen nicht ohne seine Erlaubnis ein- und ausgehen können. Ich habe Fälle gesehen, wo der Hund knurrte, sobald sich jemand der Türe näherte, und so die Leute zwang, sich wieder hinzusetzen. Wie wir es bereits beim Territorialverhalten und bei der Verteidigung von Zwinger und Wagen gesehen haben, genügt es, die Ein- und Ausgänge zu kontrollieren, um nicht nur die Gefahren auf ein Minimum zu reduzieren, sondern um die Bewegungen der Leute innerhalb dieser Grenzen zu kontrollieren. Ein dominanter Labrador, den ich kannte, hatte gelernt, nachts vor der Badezimmertür zu schlafen und jedem den Zutritt durch Zähnezeigen zu verbieten. Als seine Besitzer beschlossen, der Konfrontation aus dem Weg zu gehen und während einiger Zeit die Toilette in der unteren Etage zu benützen, ging eine Zeitlang alles gut, bis er merkte, daß er ausgetrickst worden war und eine Stellung in der Mitte zwischen dem Badezimmer und der Treppe einnahm, von wo aus er der Familie den Zugang zu beiden Räumen verwehren konnte. Eigenartigerweise war er morgens immer hocherfreut, wenn er die Familie sah, und tagsüber konnten sie sich im Hause nach Lust und Laune bewegen. Indem er die Treppe monopolisierte, zeigte der Labrador die Bedeutung, die viele Hunde, und insbesondere dominante, der Höhe beimessen. Wenn Sie sich je gewundert haben, warum so viele Yorkshire Terrier und andere kleine Schoßhunde sich manchmal so unmöglich benehmen, wenn sie auf den Armen ihres Besitzers getragen werden, oder warum ein angenehmer Familienhund protestiert, wenn er aus den Polstersesseln gejagt wird, denken Sie daran, daß sie sich sicher fühlen und daß es ihnen leichter ist, aus dieser Höhe ihre Stellung und vielleicht ihren Status zu verteidigen. Aus demselben Grund haben unsere Vorväter ihre Burgen auf Anhöhen gebaut, und Reiter auf dem Rücken ihrer Pferde scheinen hochmütig auf die anderen Sterblichen hinunterzublicken. Die meisten Hunde haben einen eindeutigen Nachteil innerhalb des menschlichen Rudels, und das ist ihre mangelnde Höhe. Unser aufrechter Gang auf zwei Beinen verleiht uns einen natürlichen Vorteil. Vielleicht ist das einer der Gründe, warum der Hund normalerweise die ranghöhere Stellung seiner Meister akzeptiert. Wenn der dominante Hund jedoch die Situation ausgleichen kann, indem er hochspringt oder, noch häufiger, auf Stühle steigt oder sogar noch höher hinaufklettert, zum Beispiel auf die oberste Treppenstufe, so daß wir Sterblichen uns langsam und mit gesenktem Blick (weil sonst unser Nacken steif würde) von unten nähern müssen, so hat er seinen Rang weiter ausgebaut.

Was wir bei Hunden wie Jones sehen, ist die Weigerung, gewisse Beziehungen zu dulden, die wir als konfliktlos betrachten würden, und die es auch für viele Hunde sind. Dies ist noch offensichtlicher, wenn Jones es ohne Geknurre und Warnung nicht duldet, daß jemand sich ihm nähert und ihn berührt. Das kann beginnen, wenn er auf seinem Lager liegt oder sich sonstwo ausruht oder wenn ein Bedürfnis besteht, ihn anzufassen, und es geht später so weit, daß jede Annäherung verboten wird, mit einigen Ausnahmen, wo es sich für Jones offensichtlich lohnt, seine Besitzer zu akzeptieren. In anderen Momenten wird er vielleicht, wie der andere Hund, mit dem wir uns bereits befaßt hatten, Aufmerksamkeit verlangen, indem er die Hand oder das Handgelenk seines Meisters packt. Dies kann mit zunehmendem Alter des Hundes immer schmerzhafter werden, weil der Hund je länger je härter zupackt und später sogar beißt, insbesondere wenn der Hundehalter vorerst ein freundliches, leichtes Anfassen geduldet hatte und jetzt den Hund »herausfordert«, indem er versucht, seine Hand wegzuziehen.

Jones mag es dulden, daß man ihn streichelt, während seine Mahlzeit zubereitet wird, oder wenn seine Leute nach Hause zurückkehren, nachdem sie eine Weile fort waren. Es ist interessant, den Auflauf zu beobachten, wenn der Top-Hund nach einer Abwesenheit zum Rudel zurückkehrt. Er duldet es, angesprungen, an allerlei privaten Stellen beschnüffelt oder an den Ohren gezogen zu werden, und gewährt während kurzer Zeit den anderen Rudelmitgliedern eine ganze Reihe Freiheiten, vermutlich um ihnen Zeit zu lassen, zu begreifen, daß er zurückgekommen ist und immer noch das Kommando hat. Nach kurzer Zeit entfernt er sich und läßt danach solche Kontakte nicht mehr zu, es sei denn aus eigener Initiative.

Dies ist eine normale Verhaltensweise des dominanten Hundes. Er wird direkte Annäherungen seines Meisters immer weniger dulden, dafür aber umso häufiger von sich aus den Kontakt mit ihm suchen oder seine Aufmerksamkeit verlangen. Die Hundehalter, die nach der Zuneigung ihres Hundes hungern, sind in der Regel allzu bereit und glücklich, sofort auf ihn einzugehen, wenn er freundlich ist, ohne zu merken, daß sie ihn dabei in seinem Standesbewußtsein unterstützen und ihm die Gelegenheit geben, das Wie und Wann ihrer Beziehungen zu bestimmen. Vielleicht darf der Hundehalter den Rücken seines Hundes streicheln, nicht aber dessen Kopf anfassen. Hunde wie Jones können sich sogar in scheinbarer Unterwerfung auf den Rücken legen, aber wenn ihr Besitzer ihren Bauch anfaßt, beißen sie ihn, weil er sich allzu dominant gezeigt hat und aus der

Situation Vorteil ziehen wollte, während der Hund ja nur ein freundliches Zeichen setzte.

Wenn dies allzu widersprüchlich klingt, so nur, weil es die Komplexität der wechselhaften Beziehungen zwischen Dominanz und Aggressivität sowie Angst und Unterwürfigkeit aufzeigt, die zwischen Rudelsgenossen auftreten können, und die wir noch nicht wirklich begreifen. Ein Hund kann sich die meiste Zeit dominant verhalten, sich aber von Zeit zu Zeit oder sogar immer körperlich unterwürfig zeigen, mit gelegentlichen dominanten Körperhaltungen oder Drohungen. Auch wenn der Hundehalter sich dadurch verwirrt fühlt, sollte er seinen dominanten Hund immer sorgfältig behandeln, auch wenn dieser sich einmal ausgeprägt freundlich oder unterwürfig benimmt.

Wegen ihrer oft höheren Durchschnittsintelligenz und ihrer lebhaften Reaktion auf die Umwelt sind dominante Hunde oft sehr gut abrichtbar. Wenn sie im Freien noch guten Gehorsam aufweisen, ist es zu Hause, wo Rang und sozialer Status viel wichtiger sind, oft schwieriger. Hunde wie Jones gehorchen dann nicht oder zeigen sich zumindest zurückhaltend. Obwohl sie die Grundbefehle wie »Sitz« sehr wohl kennen, können sie beschließen, sie nicht zu befolgen, weil sie dem Hundehalter das Recht nicht zugestehen, ihnen ihr Verhalten vorzuschreiben, außer wenn es sich lohnt, zu gehorchen, weil eine sofortige Belohnung winkt, wie zum Beispiel die Fütterung. In den meisten Fällen beachten sie jedoch den Befehl nicht und gehen weg, so daß der Befehl in lauterem oder herrischerem Ton wiederholt werden muß, was viele Hundetrainer als einen Fehler betrachten würden. Andere wiederum können eine störrische oder abweisende Haltung einnehmen und den Gehorsam verweigern, um dann bei lauterer Wiederholung des Befehls, oder wenn sich der Meister nähert, um den Hund zu unterwerfen, zunehmend aggressiv zu reagieren. Wenn man einen dominanten Hund anstarrt oder sich über ihn beugt, faßt er dies oft als ernsthafte Bedrohung auf und reagiert sehr rasch aggressiv. Manchmal wird er eine behutsame Annäherung auf gleicher Höhe tolerieren, ein andermal jedoch knurrend zurückweisen und sogar beißen, falls der Besitzer sich nicht zurückzieht.

Wenn man gewisse Spiele mit ihm spielt, wird Jones sich vermutlich sehr kompetitiv verhalten. Die körperliche Stärke kann in Spielen wie Seilziehen und Ringen getestet werden. Je mehr Jones als Junghund bei diesen Gelegenheiten »gewinnt«, desto mehr wird er später körperliche Taktiken anwenden, wie das Fassen der Hand und des Handgelenks oder das Beißen, um als erwachsenes Rudelmitglied einen hohen Rang einzunehmen oder zu verteidigen. Und mögen wir uns noch so sehr bemühen, keine solchen Spiele zu spielen, wird Jones sich besonders erfolgreich zeigen, wenn es um das Fassen und nicht Loslassen der Leine geht. Wenn der Hundehalter am andern Ende zieht, ist der Wettkampf im Gange; wenn der Hundehalter nachgibt, hat der Hund gewonnen und einen anderen Pluspunkt im Kampf um die Dominanz verzeichnet. Auch wenn sich bei den aufregenden Zerrspielen keine gefährliche Aggressivität entwickelt, genügt es, daß Jones gewinnt, weil er körperlich stärker ist (und Dalmatiner können extrem stark und hart sein), oder weil wir ihm den Sieg aus »Fairplay« überlassen, oder weil wir mitten im Spiel einen Telefonanruf beantworten müssen, um Späteffekte zu zeitigen. Jones wird vielleicht ein Spielzeug oder einen eroberten Gegenstand packen und nicht zurückgeben wollen, dabei aber erwarten, daß wir Kraft anwenden und aggressive Verhaltensweisen an den Tag legen, genau wie er es vorher im Spiel mit etwas für uns weniger Wichtigem getan hat. Besitz verstärkt somit sein Recht auf Besitz, und der Hundehalter kann in einen Konflikt hineingezogen werden, um seinerseits wieder etwas zu besitzen. Jones denkt, daß er bei einer solchen Auseinandersetzung gewinnen kann – und wenn er einmal seinen Rang gefestigt hat, kann er dies vermutlich auch in den meisten Fällen.

Besucher werden vermutlich die Geschichten über Jones' dominantes Benehmen als Märchen abtun, weil Hunde wie Jones besonders gerne neue Rudelgenossen in sein Heim aufnehmen. Sie können sich gegenüber Gästen auffallend freundlich und aufdringlich benehmen, ihnen erlauben, sie zu streicheln und anzufassen und Sachen zu tun, die sie ihrem Meister nie zugestehen würden. Aber nur während kurzer Zeit. Wenn der Besucher länger bleibt, wird auch er in seine Schranken verwiesen werden, sobald der Hund ihn eingeschätzt und entschieden hat, daß er bleiben darf und deswegen einen untergeordneten Rang einnehmen muß.

Jones wird seine Dominanz mit gelegentlichen Ausbrüchen von Aggressivität in allen beschriebenen Situationen behalten. Typischerweise wird er auch ein eher heißblütiger Rüde sein, möglicherweise oft an Möbelstücken, Decken und Beinen aufreiten und bei jeder Gelegenheit von zu Hause weglaufen, um sich auf die Suche nach

Hündinnen zu begeben. Wir werden die sexuellen Probleme im nächsten Kapitel behandeln, aber es ist logisch, daß der hochrangige Rüde sexuell aktiver ist als ein rangniedrigeres Individuum, da er ja seine Anlagen an kommende Generationen weitergeben sollte. Konsequent dominierende Rüden können zu Hause auch ein unerwünschtes Sexualverhalten an den Tag legen, sich allzu sehr für Hündinnen interessieren und sich anderen Rüden gegenüber aggressiv verhalten, als wären nicht ohnehin schon genügend Probleme vorhanden.

Während Jones und Gleichgesinnte das Bild eines Hundes ergeben, die in einem Wolfsrudel besser am Platz wären und sich nicht als Familienhunde eignen, gibt es »dominante« Hunde, die gleichzeitig wunderbare Hausgenossen sein können. Anführer müssen intelligenter und härter als ihre durchschnittlichen Rudelsgenossen sein, besser auf ihre Umgebung reagieren und sich auf Spaziergängen selbstsicherer benehmen (Jagdausflüge). Oft verteidigen sie ihr Heim energischer, beschützen ihre Rudelsgenossen vor Angriffen außerhalb des Hauses, weisen aggressive Hunde in die Flucht, ohne unbedingt als erste anzugreifen; sie müssen zu Hause auch unabhängig und problemlos sein, und auch spielerisch, besonders wenn es um Wettkämpfe mit ihrem Meister geht. Wenn er sicher gemacht werden kann, ist der dominante Hund genau das, was sich viele Hundehalter wünschen – ich inbegriffen. (Ja, das war wieder eine Beschreibung des verflixten Bandits!)

Das gefährdetste Familienmitglied ist nicht unbedingt ein Kind oder die Hausfrau. Wenn der Hund sich bereits als hochrangiger einstuft, um im Haushalt die Nummer Zwei hinter Herrchen zu sein, dann ist es letzterer, welcher die ganze Kraft seiner Bemühungen um eine Rangverbesserung zu spüren bekommt. Männer haben normalerweise gewisse Vorteile gegenüber Frauen in diesem hündischen Konkurrenzkampf, nämlich ihre tiefere, drohendere Stimme, einen von Testosteron imprägnierten Geruch und, wie eine gewisse, mir nahestehende Frau behauptet, ihre Intoleranz und ihre Ungeduld dem heranwachsenden Familienhund gegenüber. Der wetteifernde Hund behält mehr Respekt vor dieser Leaderfigur als vor der Hausfrau. Es gibt jedoch auch sehr viele menschliche »Rudel« mit Hunden, die aus hündischer Sicht – und vielleicht auch aus der Sicht des Ehemannes – matriarchal regiert werden. Der Hund betrachtet die Frau als Leithund und fordert sie nie heraus, weil ihre Beziehung möglicherweise besser definiert war, als der junge Hund heranwuchs und es tagsüber mit ihr und den Kindern oft ausprobierte, wie weit er gehen konnte. Es war Herrchen, der schlechtgelaunt heimkam und sich auf eine Weise aufführte, die nicht in den restlichen Tagesablauf paßte, weil seine Rückkehr eine Anpassung der Rangordnung innerhalb der Familie markierte, mit folgsamen Kindern und vielleicht einer ebensolchen Ehefrau, die dadurch alle um einen Rang sanken.

Auch wenn ich früher dachte, daß ein solcher Hund im Verlaufe einer allerdings ziemlich langen Behandlung wieder tragbar gemacht werden und sich zu einem angenehmen Hausgenossen entwickeln könnte, habe ich eine Familie nie dazu aufgemuntert, wenn Kinder gefährdet waren. Erwachsene können während kurzer Zeit das Risiko in Kauf nehmen, verletzt zu werden, und können dieses Risiko meist aber auch beschränken. Kinder aber vergeben leichter und könnten alles über die neue Behandlung des Hundes vergessen und für den dominanten Hund plötzlich neue Herausforderungen bedeuten, wenn sie ihn beispielsweise streicheln wollen, während er sich unter einem Möbelstück ausruht. Ein schnappender Biß, und die Kinder könnten zeitlebens verunstaltet sein. Wir sollten also kein derartiges Risiko eingehen. Ich habe dies kürzlich wieder erlebt, als ich einen sehr dominanten Springer Spaniel behandeln mußte und das Gefühl hatte, daß die 9jährige Tochter des Hauses sehr gefährdet war. Ihr rechthaberischer Vater wollte jedoch unbedingt den Willen des Hundes »brechen« und schlug meine Warnung, daß sich sein Kind in Gefahr befand, weil wir den Hund umständehalber nicht genügend kontrollieren konnten, in den Wind. Solange er selber in der Nähe war, war der Hund mehr oder weniger gefahrlos; leider war der Mann berufsbedingt nicht allzu oft zu Hause.

Ich erinnere mich immer noch an die erste Zeile meines Briefes an ihn, um meine Diagnose zu bestätigen. Sie lautete wie folgt: »Ich rate Ihnen, diesen Hund sofort durch den Tierarzt einschläfern zu lassen.« Als er mich ungefähr eine Woche später anrief, um mir zu sagen, daß er dies getan habe, vergaß er jedoch zu erwähnen, daß er zuerst noch zugewartet hatte. Der Tierarzt erzählte mir später, daß dem Mädchen zwei schwere Bißverletzungen zugefügt worden waren, die genäht werden mußten. Dominante Hunde dürfen nur unter sehr sorgfältiger Anleitung und in Kenntnis der Risiken für die Beteiligten behandelt werden. Wenn die Sicherheit des meistgefährdeten Familienmitglieds nicht gewährleistet werden kann, ist es besser, dem Hund ein neues Zuhause bei sorgfältig ausgesuchten Hundehaltern zu geben oder ihn einschläfern zu lassen. Zum Glück bin ich meist nicht derjenige, der diesen Entscheid fällen muß, weil meine hilfreichen Kunden in den meisten Fällen von sich aus oder auf Anraten des Tierarztes einsehen, daß die Euthanasie oft die weiseste Lösung ist.

Normalerweise behandle ich Fälle, bei denen genügend Hoffnung auf eine Besserung besteht und bei denen die Hundehalter bereit sind, die nötigen Anstrengungen zu unternehmen, um den Hund zu reformieren. Es ist klar und sollte vielleicht gar nicht erwähnt werden, daß es sinnlos ist, einen Hund zur Besserung auswärts zu geben. Der Hund kann zurückkommen, nachdem er sich seinem Trainer gegenüber unterwürfig verhält, um zu Hause am genau gleichen Punkt weiterzufahren, wo er vorher war.

Um den Hund in der Nähe von verletzlichen Familienmitgliedern gefahrlos zu machen, wird er zu Beginn der Behandlung unter Umständen die ganze Zeit einen Maulkorb tragen müssen – das heißt, wenn der Besitzer sich dem Hund genügend nähern kann, um ihm diesen Maulkorb umzuhängen. Normalerweise wird der Hund zumindest einem Familienmitglied erlauben, ihn in einer solchen dominanten Weise im Gesicht anzufassen, und so wird ihm die Ehre dieser ersten Aufgabe zuteil. Die Spannung der Familienmitglieder, die mit dem Hund leben müssen, wird unmittelbar nachlassen, weil der Hund zwar noch knurren und die Familienmitglieder bedrohen kann, sie dies aber nicht mehr beachten müssen, weil sie ja wissen, daß der Hund sie nicht wirklich beißen kann. Dies darf jedoch kein Vorwand sein, um den Spieß umzudrehen und den Hund zu prügeln. Der Spieß darf und muß umgedreht werden, aber in feinerer Weise.

Da echt dominante Hunde sich anderen Rüden gegenüber oft aggressiv und hypersexuell betragen, empfiehlt es sich oft, den Hund ohne weiteren Zeitverlust, das heißt, bevor er drei Jahre alt ist, zu kastrieren. Nach diesem Zeitpunkt kann vermutlich keine große Besserung mehr erreicht werden, weil der Sinn für den sozialen Status dann bereits fest verankert ist. Man nimmt an, daß das Potential für die Dominanz gleichzeitig mit der Geschlechtsbestimmung beim männlichen Fötus festgelegt wird, und einige glauben, daß bereits im Alter von wenigen Tagen die zukünftigen dominanten Tiere aktiver sind, den wärmsten Platz im Nest erobern und sich vergewissern, daß sie immer über die ertragreichste Milchzitze verfügen. Deshalb wachsen sie möglicherweise schneller heran und finden bald heraus, daß sie in den spielerischen Auseinandersetzungen innerhalb des Wurfes von den Wurfgeschwistern respektiert werden. Sie lernen, Spiele und Kontakte einzuleiten, statt nur die Aufmerksamkeit der anderen zu dulden, und spielen vielleicht etwas härter. Vielleicht verteidigen sie auch bereits verschiedene Gegenstände in der Umgebung des Nests.

Bei der zweiten Hormonausschüttung, die während der Pubertät auftritt, können die Absichten, die hinter den Verhaltensweisen stecken, noch verstärkt werden. Solche Hunde produzieren sogar mehr Testosteron als ihre unterlegenen Wurfbrüder. Darum ist die Kastration von allzu angriffslustigen Rüden ein sinnvoller Behandlungsanfang. Manchmal werden dadurch ausgeprägte Erfolge erzielt, obwohl das Alter des Hundes und die Erfolge, die er durch sein dominantes Verhalten innerhalb des Wurfes, gegenüber anderen Hunden und schließlich seinen Besitzern erreicht hat, eine ausschlaggebende Rolle spielen. Nach meinen Erfahrungen scheinen dominante Vertreter gewisser Rassen wie Dobermann und Deutscher Schäfer (die Wachhunde) besser auf die Kastration anzusprechen als andere, wie zum Beispiel Springer Spaniels und schwarze Labradors (vielleicht Jagdhunde allgemein), obwohl andere Verhaltensforscher diese Auffassung nicht teilen. Auch hier kann zusätzlich zur Kastration der Tierarzt eine Injektion von weiblichem Hormon (Progestin) machen, um die Gefühle des Hundes zu beruhigen und die Anwendung von umprogrammierenden Techniken zu vereinfachen. Progestin kann auch in den selteneren Fällen dominanter Hündinnen angewendet werden, obwohl Dr. O'Farrell herausgefunden hat, daß sich die Aggressivität dominanter Hündinnen durch die Kastration noch verschlimmert.

Der wichtigste Aspekt in der Behandlung von Jones, und vielleicht der schwierigste in der Anwendung, ist das Vereiteln aller seiner Bemühungen, als erster mit seinen Besitzern Kontakt aufzunehmen, und insbesondere jedes Versuchs, ihre Hände in die Schnauze zu nehmen. Die Besitzer müssen bei Jones' Anstarren nicht reagieren, und auch nicht, wenn er sich auf ihre Füße setzt, sich an sie anlehnt, ihnen als freundliche Einladung zum Spiel ein Spielzeug bringt oder sogar friedlich neben ihnen sitzt und seine Schnauze unter ihre Hand schiebt. Jedesmal, wenn die Blakewells den Bitten ihres Hundes nachgeben, verstärken sie ungewollt sein Recht, seinen und ihren

Lebensstil vorzuschreiben. Wenn es Jones nicht gelingt, seine Besitzer zu erweichen, wird er sich möglicherweise besonders bemühen, ihre Aufmerksamkeit auf sich zu ziehen, sie begeisterter als sonst bepfoten, ihnen Spielsachen oder Gegenstände wie Geldbeutel usw. bringen, weil er weiß, daß dies eine Reaktion bewirkt, oder bellend hochspringen. Die Blakewells müssen versuchen, diese Zeit zu überstehen, weil Jones schließlich seine Versuche aufgeben wird, sich in einem gewissen Abstand hinlegen und sie mit großen, um Aufmerksamkeit bittenden Augen anblicken wird.

In diesem Augenblick können die Blakewells Jones zu sich heranrufen und sich kurz um ihn kümmern oder ihm einfach erlauben, neben ihnen zu sitzen. So sind sie es, die den Kontakt anregen und Jones, der mittlerweile nach Zuneigung lechzt und etwas verwirrt ist über die distanzierte Haltung des Rudels, das er bisher beherrschte, wird gerne ihren Aufforderungen Folge leisten. Dies ist jedoch noch nicht das Ende. Bevor Jones von seinen Besitzern Zuwendung oder Zuneigungsbezeugnisse erhält, muß er einem einfachen Befehl wie »Sitz«, oder noch besser »Mach Platz« gehorchen, weil er dadurch neben seinen Besitzern eine unterwürfige Stellung einnehmen muß. Jones muß sich die Zuneigung seiner Rudelgenossen, den Zugang zu seinem Futternapf, zum Garten, zum Spaziergang (mit Leine) und das Recht, sich von einem Ort zum anderen zu begeben, »verdienen«. In vielen Fällen kann das Regime mit fortschreitender Behandlung langsam gelockert werden, falls der Hund bereits weniger dominant ist; in anderen Fällen wird es ewig eingehalten werden müssen, weil der Hund jede Auflockerung als erneuten Aufstieg in der Rangordnung betrachtet. Alles hängt davon ab, wie stark der Hund weiterhin versuchen wird, seinen Rang zu verbessern, auch nach der Kastration und einer strengeren Behandlung durch seine Besitzer.

Als nächstes muß der Hund aus dem Schlafzimmer ausquartiert werden. Viele dominante Hunde dürfen im Schlafzimmer ihres Meisters übernachten. Da ist es nicht erstaunlich, daß den Kindern kein Recht zugestanden wird, dem Hund Befehle zu erteilen, wenn sie weiter weg vom sicheren Zentrum des Heims schlafen müssen. Das Schlafen am sichersten und komfortabelsten Ort, und manchmal sogar im oder auf dem Bett, ist eines der Privilegien des hohen Ranges, und der Hund wird demzufolge danach trachten und es auch verteidigen. Diesbezügliche Untersuchungen haben gezeigt, daß dies in 80 Prozent der Fälle der erste Grund war, daß Hundehalter von ihren dominanten Hunden gebissen wurden. Mein Ratschlag ist, daß man immer versuchen muß, den Hund so weit wie möglich vom Schlafzimmer zu entfernen, vielleicht etappenweise, und daß man ihm einen neuen, sicheren und warmen Schlafplatz am Rande der Wohnung, im unteren Stockwerk, beispielsweise in der Küche, zuweisen muß. Das Recht, sich in das obere Stockwerk, in den allgemeinen Schlaftrakt der Familie, zu begeben, und insbesondere in das Schlafzimmer von Frauchen und Herrchen, muß verdient werden. Menschen haben dieses Recht, weil sie Meister der »Wohnhöhle« sind, aber der Hund kann dieses Recht nie erwerben, es sei denn, wir erlaubten es ihm zeitweise. Wenn er diese Erlaubnis mit einem Biß verdankt, wenn wir nur dürftig bekleidet und somit weitgehend ungeschützt sind, oder wenn wir scheinbar unterwürfig im Bett liegen, muß diese Erlaubnis zurückgenommen werden. Der an den Komfort und die soziale Bedeutung des Schlafzimmers gewöhnte Hund wird natürlich heftig protestieren, wenn man ihn hinauswirft, aber die Blakewells müssen dies unbedingt durchstehen. Innert einiger Tage oder Wochen kann Jones' Schlafkorb immer näher zur Schlafzimmertüre gestellt werden, dann außerhalb des Zimmers, und schließlich unten und in der Küche. Man kann dies aber auch von einem Tag zum andern machen – mit der Konsequenz, daß der Hund reklamiert.

Obwohl dies eigenartig anmuten kann, müssen die Blakewells sich das Recht nehmen, Zutritt zu jedem Ort im Haus zu haben – inklusive zu Jones' Schlafstelle. Von Zeit zu Zeit sollten sie einfach darin stehen oder sitzen, wenn der Hund dabei zuschaut; allerdings sollten sie zu Beginn darauf achten, daß der Korb leer ist, und daß sie nicht zuerst den Hund herauszerren müssen, weil dies zu einer gefährlichen Auseinandersetzung ausarten könnte. Die Blakewells werden das Recht, Jones mit einem einfachen Wort oder Befehl aus seinem Schlafkorb, aus einem Sessel oder aus einem anderen wichtigen Ort zu vertreiben, erst später ausüben dürfen, wenn der Hund bereits unterwürfiger ist.

Man sollte Dinge, die Jones Wettkampfgeist heraufbeschwören, vermeiden, besonders wenn der Hund dabei gewinnen könnte. Insbesondere darf man ihm nicht erlauben, die Hand des Besitzers in die Schnauze zu nehmen, und falls der Hund dies immer wieder versucht, sollte ihn ein gut gezielter Strahl von »Bitter Apple« in sein

Maul davon abhalten. Danach sollten die Blakewells darauf bestehen, daß er sitzt, und ihn streicheln oder ihm anderen Kontakt anbieten als das schmerzhafte Fassen der Hand. Das Entfernen aller Spielsachen und die Weigerung, Wettkampfspiele durchzuführen, kann bereits einen markanten Effekt auf Jones Wunsch haben, das Haus zu beherrschen.

Im Freien wird Jones so viel Bewegung wie möglich haben müssen, um zu ermüden. Man sollte mit ihm viele Spiele spielen, die Befehle wie »sitz«, »wart«, »bring«. »komm und gib« enthalten, insbesondere Ballspiele, wobei der Hund den Ball holen und zurückbringen muß. Man kann auch zu diesem Zweck sein Spielzeug mitnehmen, aber wenn man nach Hause zurückkommt, muß der Besitzer das Spielzeug behalten und es an einem sicheren Ort, außer Sicht und Reichweite des Hundes, aufbewahren, so daß er es nicht stehlen und bewachen kann. Kurz: Alles Spielzeug gehört jetzt dem Besitzer, nicht dem Hund, und letzterer muß sich das Recht, vorübergehend damit zu spielen, durch Zusammenarbeit mit dem Besitzer verdienen.

Das Zuhause ist dann vermehrt ein Ort der Ruhe, wo Jones so ruhig wie möglich gehalten wird. Die Spielsachen werden später wieder hervorgeholt, wenn es für den Hund weniger wichtig ist, Trophäen zu besitzen, und wenn der vorübergehende Besitz von Gegenständen, die dem Meister gehören, als Belohnung für Gehorsam betrachtet wird. Spiele wie Seilziehen gehören jedoch ein für allemal der Vergangenheit an, und Jones muß lernen, jeden Gegenstand auf Befehl herzugeben und dafür belohnt zu werden.

Die Fütterungszeiten sind diejenigen Momente, in denen Jones vermutlich am besten Befehle wie »sitz«, usw. ausführen wird, um sein Futter zu verdienen. Viele dominante Hunde zeigen aber auch ihre schlechteste Seite, wenn die größte Belohnung angeboten wird, so daß die Blakewells mit Jones in jenen Momenten besonders vorsichtig umgehen müssen. Er muß das von ihm Verlangte ausführen, aber wenn er bereits knurrt, sobald er den Futternapf sieht, oder beginnt, ihn zu verteidigen, sobald man ihn auf den Boden gesetzt hat, ist es vielleicht klüger, ihn während einiger Zeit im Freien zu füttern und diesen Aspekt der Behandlung vorerst außer acht zu lassen. Wir werden uns in Kapitel 8 – Futter und Verhalten, näher damit befassen. Sicherlich sollten Hunde nicht dasselbe Essen erhalten wie die Besitzer, und niemals direkt vom Tisch. Beim dominanten Hund ist das Betteln auch eine Form von Forderung. Wenn er etwas vom Tisch erhält, bedeutet dies für ihn, daß man ihm aus Respekt vor seinem Rang den Zugang zum Futter, und vor allem zum besten Teil davon, erlaubt.

Die Besitzer eines dominanten Hundes sollten ihm am besten zu ganz bestimmten Zeiten seinen Napf vorsetzen. Einige Verhaltensforscher empfehlen, daß der Hund nach der Familie gefüttert werden sollte, so daß er die Fütterung als ein Überlassen der Reste für den Unterlegenen empfindet und nicht als das Recht des hochrangigen Hundes, als erster zu fressen und dann für noch mehr Futter zurückzukommen, wenn die Familie sich zum Essen an den Tisch setzt. Wenn der Hund während der Mahlzeiten immer bettelt und stört, sollte er aus dem Zimmer verbannt oder angebunden werden, so daß er nicht mehr eingreifen kann. Obwohl dies logisch klingt, bin ich nicht ganz überzeugt, daß es bei der Behandlung eines dominanten Hundes wirklich nützt. Allerdings wird das Einführen von regelmäßigen Fütterungszeiten statt Fütterung auf Wunsch zweifellos helfen, eine notwendige Routine einzuführen und das Recht des Besitzers betonen, das Leben des Hundes zu regeln. In extremen Fällen von Dominanz kann man dem Hund die Fütterung verwehren, bis er die Anweisungen seines Meisters befolgt. Der Hund wird auf Trockenfutterdiät gesetzt; der Besitzer kann etwas von diesem Trockenfutter in seine Tasche stecken und den Hund tagsüber füttern, wenn er auf Befehl kommt, sitzt, usw., oder eine unerwünschte Verhaltensweise konfliktlos einstellt. In manchen Fällen erreicht man damit eine bessere Wirkung, als wenn der Hund zu bestimmten Zeiten gefüttert wird. Der Besitzer wird nämlich vermehrt als ständiger Lieferant guter Sachen betrachtet, aber nach seinen eigenen Bedingungen. Der Hundehalter kann dem Hund als letztes vor dem Schlafengehen noch eine kleine Portion Futter geben. Eine solche Taktik ist natürlich nicht risikolos und darf nur von sehr kompetenten Hundehaltern unter sorgfältiger Aufsicht angewendet werden.

Wenn diese Änderungen der Lebensgewohnheiten verankert worden sind und geduldet werden, können die Hundehalter beginnen, Jones ihre neu etablierte Dominanz etwas vermehrt spüren zu lassen. Jetzt sollte er bereits viel folgsamer sein, und die ganze Familie sollte mit ihm Gehorsamsübungen durchführen, in denen er sitzen, warten, kommen, sich hinlegen und bei Fuß sitzen muß. Die älteren Familienmitglieder können dabei die Kinder oder die vom Hund vorher als rangniedriger eingestuften Personen unterstützen. Vielleicht lohnt es sich, zu Beginn mit Hilfe eines erfahrenen Hundetrainers zu arbeiten – vorausgesetzt, er arbeitet nur mit sanften Methoden. Eine allzu große Strenge wird den Hund nur herausfordern – und er kann immer noch gewinnen.

Danach sollte man Jones zu Hause eine Laufleine tragen lassen, um ihn gegebenenfalls daran zu hindern, sich dem Befehl zu widersetzen, aus seinem Schlafkorb zu kommen oder unter einem Möbelstück hervorzukriechen, und um ihn auch sanft von einem Sessel oder einem anderen vorteilhaften Hochsitz herunterzuholen, sollte es ihm in einem unbewachten Augenblick gelingen, dorthin zu gelangen. Nachdem der Meister ihm befohlen hat, zu kommen, kann er auch durch leichtes, aber ständiges Ziehen an der Leine dafür sorgen, daß der Hund wirklich herkommt, und ihn dann belohnen. Diese Taktik sollte nur dann angewendet werden, wenn die Leine gefahrlos gefaßt werden kann. Wenn der Hund etwas stiehlt, kann ihn sein Meister heranziehen, ihm befehlen zu sitzen, den Gegenstand gegen Belohnung oder weil er ansonst mit Bitter Apple bespritzt wird, herzugeben, so daß der Meister ihn mit möglichst wenig Widerstand zurückerhält. Vorsichtig muß man sein, wenn der Hund seine Beute bereits aggressiv verteidigt; ein Spritzer Bitter Apple könnte hier den Besitzer in Gefahr bringen. Es ist in jedem Fall besser, die Methode der Belohnung mit Lob, einem Leckerbissen oder vielleicht einem Spielzeug (mit dem der Hund aber nicht weglaufen darf!) anzuwenden und den Zwischenfall möglichst belanglos erscheinen zu lassen.

Mit Hilfe der Leine sollte man Jones auch daran hindern, als erster durch eine Türe hindurchzugehen; man kann die Türe auch ganz einfach vor seiner Nase schließen, wenn er sich ihr nähert. Allerdings sollte man dabei nicht den Kopf des Hundes einklemmen, wie dies ein grausamer Hundetrainer tut, den ich kenne. Nach einigen Erfahrungen geht der Hund einige Schritte zurück, sobald die Türe geöffnet wird, und läßt seinen Meister zuerst hindurchtreten. Wenn die Methode nichts genützt hat, kann man stärkere Ablenkungsmanöver anwenden, zum Beispiel mit Hilfe eines Taschenalarms, einer Wurfkette oder eines Wasserstrahls, um den Hund zu erschrecken, sobald er sich auf die geöffnete Türe stürzt. Auch hier ist Vorsicht am Platz, da der Hund unter Umständen häßlich reagieren kann. Man sollte Jones lehren, seinen Besitzer nicht an der Leine hinterher zu zerren, aber kurzfristig könnte ein Kopfhalfter nützliche Dienste erweisen, falls der Hund überhaupt zuläßt, daß man ihm ein solches umlegt. Bei korrekter Anwendung kann ein Kopfhalfter den Lernprozeß, nicht an der Leine zu zerren, sehr beschleunigen, und es ist ohnehin dem grausamen Würgehalsband vorzuziehen.

Wichtig ist, daß die Dauer der verschiedenen Behandlungsstadien den Fortschritten des Hundes angepaßt wird. Gewisse Hunde vertragen alle Änderungen auf einmal und reagieren gut, andere müssen ihren Rang langsam verlieren und brauchen etwas mehr Zeit, um auf die Behandlung anzusprechen. Es gibt sogar Hunde, die scheinbar wochenlang keinen Fortschritt machen und sich dann plötzlich fügen. Dominante Deutsche Schäfer scheinen die Kunst, ihre Besitzer und mich auf die Palme zu treiben, bis aufs Äußerste perfektioniert zu haben, um sich kurz, bevor wir aufgeben, vollständig und definintiv zu ändern.

Von äußerster Wichtigkeit ist, daß eine offene Konfrontation und Konflikte mit dem Hund um jeden Preis vermieden werden. Man muß nicht unbedingt in jedem Kampf siegen, um den Krieg zu gewinnen und sich als Ranghöchster zu etablieren. Es ist immer viel besser und sicherer, einem Konflikt vorzubeugen, indem man die verursachenden Elemente abschafft, zum Beispiel den Hund mittels einer Leine daran hindert, sich in gewisse Räume des Hauses zu begeben; sollte er jedoch bereits die Oberhand gewonnen haben und den Besitzer herausfordern, wenn dieser keine oder nur wenig Gewinnchancen hat, sollte man sich einfach entfernen. Der Hund, der den Geldbeutel unter dem Schrank versteckt hat, kann nicht wirklich verlieren, so daß es nicht sehr sinnvoll ist, unbedingt noch einen Sieg erringen zu wollen. Wenn der Hund knurrt, sollte man besser weggehen oder ihn ablenken, indem man an der Türe läutet oder die Büchse mit den Leckerbissen schüttelt. Der Erfolg kann einige Zeit auf sich warten lassen, zum Schluß aber aus dem Hund einen äußerst angenehmen Gefährten machen. Vielleicht behält er seine besonderen Vorlieben und Abneigungen, aber bestimmte Situationen, in denen er sich nach wie vor ungezogen benimmt, zum Beispiel wenn er oben auf der Treppe steht, sollten ein für allemal vermieden werden. Vielleicht lohnt es sich, Gitter zur Kindersicherung zu benützen, um dem Hund den Zugang zu bestimmten Räumen zu verwehren; wenn ihn dies auch bei der Bewachung des Hauses behindern wird, werden zumindest die Familienmitglieder nachts gefahrlos das Badezimmer benützen können.

Während der Dauer der Behandlung brauchen die Besitzer Unterstützung und Aufmunterung. Einige werden zuerst Fortschritte feststellen müssen, wie zum Beispiel den Erfolg einer Kastration oder der Wegnahme der Spielsachen, das sich Setzen des Hundes, wenn er sein Futter erhalten möchte, usw., um die notwendige Motivation und den Mut zu finden, die Behandlung fortzusetzen. Ein richtiges Timing ist immer ein wichtiges Element der Behandlung, aber insbesondere im Falle eines dominanten Hundes.

Opportunistische Hunde

Sehr geehrter Herr Neville

Bella, meine dreijährige Colliehündin, ist in den letzten paar Monaten immer mürrischer geworden. Sie knurrt mich an, wenn sie in ihrem Hundekorb liegt oder wenn ich versuche, sie zu streicheln, wenn sie beim Fernsehen neben mir auf dem Bett oder dem Sofa sitzt. Sie hat auch angefangen, nach mir und meiner Tochter zu schnappen, wenn wir ihre Spielsachen aufheben wollen, und hat sich auch schon warnend quer durch den Raum auf uns gestürzt, wenn wir uns ihnen zufällig genähert haben. Sie erlaubt uns auch nicht mehr, ihre Pfoten zu kontrollieren oder ihre Krallen zu schneiden, und wir sind gezwungen, sie vorsichtig zu behandeln. Die Situation scheint sich langsam verschlimmert zu haben... können wir diesen Prozeß umkehren und unsere liebe Bella zurückgewinnen?

Mit freundlichen Grüßen

Patricia Montlake

Obwohl echt dominante Charaktere wie bei Jones in jeder Rasse oder Mischung vorkommen können, sind sie nach meinen Erfahrungen doch eher selten. Ein häufigeres – vielleicht das häufigste – Problem, mit dessen Behandlung ich mich zu befassen habe, ist das des Hundes, dem seine Familie ungewollt eine höhere soziale Stellung eingeräumt hat. Wenn er einen Rang bekleidet, den er sich nicht wirklich erobert hat, fängt der Hund an, sich wie ein dominanter Hund zu benehmen, um seinen Status zu verteidigen, und insbesondere gewisse Vorteile, die diesen Status begleiten. Praktisch jeder Hund kann sich so benehmen, außer jener, der zu den besonders unterwürfigen Hunden auf der niedrigsten Rangstufe gehört, deren einziger Wunsch ist, zu gefallen und jeder Schwierigkeit aus dem Weg zu gehen. Wie beim echten dominanten Hund handelt es sich bei dem, der zufällig einen hohen Rang einnimmt, meist um einen Rüden, aber es gibt auch viele Hündinnen wie Bella, denen ein falsches Standesbewußtsein beigebracht wird. Es gibt einen bestimmten Hundehalter-Typ, der für solche Situationen prädestiniert zu sein scheint. Diejenigen, die von ihrem Hund viel Liebe und Zuneigung erwarten und die ihnen menschliche Nahrung geben, werden eher mit einer solchen Situation konfrontiert werden, weil der Opportunist von den angebotenen Vorteilen profitiert und danach das Muster diktiert, nach dem ihm das Erwünschte gewährt wird.

Es ist leicht, in dieser Kategorie einige Individuen herauszupicken und festzustellen, daß sie einfach »verwöhnt« sind und, wie verwöhnte Kinder, sich einfach schlechtgelaunt zeigen oder unerzogen aufführen, wenn man nicht nach ihrer Pfeife tanzt. Dies mag für gewisse Hunde stimmen, die von ihren Besitzern nach Strich und Faden verwöhnt werden, wie zum Beispiel jener Hund, der sein eigenes Schlafzimmer mit einem Himmelbett besaß; in den meisten Fällen handelt es sich aber um Hunde, denen die Besitzer ungewollt zu einem höheren Status verholfen haben. Manchmal kommt dies bei Hundehaltern vor, die nicht wissen, wie Hunde denken und warum sie sich so oder anders verhalten, aber es kann durchaus auch in einer Familie vorkommen, die seit Jahren Hunde in immer gleichbleibender Weise hält und noch nie Schwierigkeiten erlebt hat. Sie haben zum Schluß keinen dominanten, aber einen opportunistischen Hund. In einem Hunderudel nehmen Opportunisten meist einen mittleren Rang ein; weil sie keine echte Absicht hegen und keine Wettkämpfernaturen sind wie Jones, werden sie nur einen höheren Rang einnehmen, wenn sich eine einfache Gelegenheit dazu ergibt. Wenn ihnen dann die Privilegien des höheren Ranges zugebilligt werden, akzeptieren sie sie gerne und verteidigen sie möglicherweise genau so heftig, wie es ein echt dominanter Hund tun würde. Die Verzweiflung der Hundehalter kann in diesem Falle noch größer sein, als wenn sie einen pausenlos herausfordernden Hund haben, weil Hunde wie Bella oft Leuten gehören, die für ihr Tier nur das Beste wollen, sie fragen sich entsetzt, was die Aggressivität ihres Hundes verursacht haben mag, und bemühen sich, für seine Angriffe oder Drohungen Verständnis aufzubringen. Für Hundehalter, deren Hund anhänglich sein kann und ihnen erlaubt, ihm einen Knochen aus dem Maul wegzuziehen, in der nächsten Minute jedoch wild knurrt und sogar beißt, wenn man sich seinem Lieblingsspielzeug nähert, ist die Situation besonders schwierig. Solche opportunistischen Hunde wissen oft nicht genau, welches ihre Stellung innerhalb der Familie ist. Ihrem Wesen nach möchten sie unterwürfig sein und nicht mit den Meistern wetteifern, doch die Dinge, um die sie sich normalerweise nicht reißen würden, werden ihnen freiwillig von den Besitzern gegeben oder stehen ganz einfach zur Verfügung und können ohne jeglichen Protest seitens der Besitzer einfach genommen werden. Solche Hunde sind in der Folge eher unberechenbar, und interessanterweise sehen sie in unseren Augen oft so aus, als fühlten sie sich »schuldig«, nachdem sie ihre Besitzer herausgefordert und vorübergehend einen Vorteil errungen haben. Dieser Ausdruck ist in Wirklichkeit jener einer versöhnenden Unterwürfigkeit bei einem Hund, der allzu genau weiß, daß er kein Recht auf seinen vorübergehenden hohen Rang hat. Der Hund fürchtet vielleicht auch die Strafe seines ranghöheren Meisters, der das Fehlverhalten des Hundes möglicherweise mit einem gewalttätigen Gegenangriff vergelten könnte. Wenn ich von jedem Hundehalter, der sagt »er schaut immer schuldbewußt aus, wenn er mich gebissen hat«, ein Pfund zugute hätte, wäre ich ein sehr reicher Mann!

Alle Hunde wie Bella sind sich ihrer wahren Stellung in der Gruppe in Wahrheit sehr gut bewußt, und sie können viel schneller gebessert werden als echt dominante Individuen. Viele Hundehalter erreichen dies, indem sie plötzlich genug von den schlechten Manieren ihres Hundes haben und ohnehin weniger mit ihm zu tun haben wollen. Andere, wie die Besitzer der Golden Retriever-Hündin, mit denen ich kürzlich zu tun hatte, versuchen, ihren Hund mit Liebe zu besänftigen. Die Besitzerin legte ihre Arme um die knurrende Hündin, schaute ihr in die Augen und streichelte sie liebevoll, um sie zu besänftigen. Die Hündin knurrte weiter, aber immer weniger grimmig, weil sie wahrscheinlich nicht den Willen eines wirklich dominanten Hundes hatte. Wenn Jones auf diese Weise behandelt worden wäre, hätte er mit Sicherheit zugebissen.

Wie bei echt dominanten Hunden darf bei der Behandlung eines Opportunisten nie Gewalt angewendet werden oder eine Konfrontation stattfinden, weil auch er seine Zähne gebrauchen könnte, um seinen Rang zu verteidigen. Solche Hunde beißen vor allem gern, wenn sie es bereits einmal getan und nicht nur damit gedroht haben. Bei der Behandlung müssen eine ganze Reihe Maßnahmen getroffen werden, wie bei Jones, und man muß eine neue Beziehung zur Familie einführen und die Schlüsselpositionen sowie die Besitztümer des Hundes kontrollieren. Wenn man sich vergewissert, daß Bella keine Möglichkeit mehr hat, aus einer bestimmten Situation einen Vorteil zu ziehen, außer wenn sie sich unterwürfiger benimmt, kann Bella systematisch wieder auf den Platz gewiesen werden, der ihr zusteht, und sie wird sich in der Gruppe immer noch wohlfühlen, und vor allem wieder als angenehmer und gefahrloser Familienhund empfunden werden. Die Behandlung von Hunden wie Bella dauert normalerweise nicht allzu lang und kann nach relativ kurzer Zeit gelockert werden; sie ist jedenfalls kürzer als die Behandlung von Hunden wie Jones und ist für Hund und Besitzer weniger traumatisch.

Aggressivität unbekannter Ursache

»Der Hund, der einen privaten Vorteil ergattern wollte, flippte aus und biß den Mann. Der Mann erholte sich vom Biß. Es war der Hund, der starb.«
Oliver Goldsmith

Sehr geehrter Herr Neville

Mein Hund Sebastian hat einen furchtbaren Jekyll-und-Hyde-Charakter. Er kann halb schlafend neben dem Kamin sitzen und in der nächsten Minute eine Riesenwut kriegen und mich wild angreifen. Da gibt es nichts zu Lachen, weil es sich um einen riesigen Pyrenäen-Berghund handelt und ich meine ganze Kraft aufbringen muß, um ihn zurückzustoßen und aus dem Zimmer zu stürzen. Er scheint seine Taten nie zu bereuen und sieht während der ganzen Zeit aus, wie wenn er in Trance wäre. Nachher ist er wieder lammfromm. Er leidet – oder besser gesagt, ich leide – unter diesen Anfällen ungefähr einmal im Monat und ist sonst während der ganzen Zeit ein sanfter Riese. Er läßt die Kinder auf ihm herumklettern und hat noch nie einen anderen Hund angeknurrt. Ist er verrückt? Ist er gefährlich, nicht nur für mich, sondern auch für andere Leute? Die Angriffe haben sich immer zu Hause ereignet, und ich habe mich jetzt ungefähr zwei Jahre lang damit abgefunden, aber nach dem letzten Mal, als ich ziemlich arg gebissen wurde, habe ich mich gefragt, ob es klug ist, den Hund zu behalten.

Mit freundlichen Grüßen

Maggie Swift

Während es in der Hundewelt viele leichtverständliche Formen von Aggressivität gibt, zeigen einige Hunde verwirrendere Verhaltensweisen. Wenn es keinen ersichtlichen Grund für eine plötzliche und radikale Veränderung des Benehmens gibt, sprechen Wissenschaftler von einer »idiopathischen Aggressivität«. Lassen Sie sich nicht täuschen – dies bedeutet »Aggressivität unbekannter Ursache«. Die Folgen solcher unvorhersehbarer Angriffe von Hunden wie Sebastian können schockierend und ernsthaft sein. Es ist vermutet worden, daß diese plötzliche Aggressivität bei gewissen Rassen, oder besser in gewissen Zuchtlinien, auftritt und erblich ist. In Amerika wurden hauptsächlich Fälle von Dobermännern, Deutschen Schäfern und Berner Sennenhunden beschrieben. Dr. Benjamin Hart, 1985 einer der Gründer der Verhaltenstherapie von Tieren, wies darauf hin, daß das Problem in Holland zumindest beim Berner Sennenhund erblich bedingt ist.

In Großbritannien sind vor allem Fälle beim roten Cocker Spaniel bekannt, aber man konnte bisher das Problem noch nicht einkreisen, geschweige denn unter Kontrolle bekommen. Trotz gründlicher klinischer Untersuchungen konnten weder neurologische noch physiologische Abnormitäten identifiziert werden. Es scheint jedoch, daß viele Hunde, die unter solchen Anfällen leiden, erfolgreich mit antikonvulsiven Mitteln behandelt wurden, wie sie normalerweise bei der Behandlung von epileptischen Krankheiten verwendet werden. Das heißt, daß es doch eine neurologische Abnormität gibt, die noch entdeckt werden muß.

Es gibt keinen Zweifel, daß eine kleine Minderheit von Vertretern gewisser Rassen, insbesondere der roten Cocker Spaniel, des Pyrenäen Berghunds und des Englischen Bullterriers, sehr gefährliche und anscheinend unprovozierte Tendenzen aufweisen, ihren Besitzer oder Hausbesucher anzugreifen. Nebenbei gesagt, ich könnte auch Einzelfälle beim Lhasa Apso, dem West Highland Terrier, dem Yorkshire Terrier, dem Jack Russell und vielleicht der Bulldogge aufzählen. Verschiedene Aspekte und die Art des Angriffs scheinen bei allen diesen Fällen gemeinsam zu sein. Typischerweise handelt es sich bei allen Hunden um angenehme Haustiere, die ihren Meistern und Besuchern gegenüber meist sehr folgsam und anhänglich sind. Normalerweise handelt es sich um Rüden, und die Angriffe erfolgen vermehrt abends. Ein beunruhigendes und charakteristisches Zeichen dieser Angriffe ist, daß der Hund kein warnendes Knurren hören läßt, sondern sich einfach auf sein Opfer stürzt und es wild beißt, normalerweise in die Arme und Beine, aber auch ins Gesicht, wenn er dies erreicht. Wie in anderen Fällen von hündischer Aggressivität hat der Hund oft einen starren, vagen Blick, der ihn aussehen läßt, als wäre er in Trance. Die Angriffe können sogar lebensbedrohlich sein, besonders bei großen Hunden wie dem Pyrenäen Berghund. Viele Cocker Spaniels gehören älteren Frauen; ein Angriff kann tödlich sein, und zwar nicht nur wegen der physischen Verletzungen, sondern wegen des fürchterlichen Schocks, den er bewirkt. Ein Anfall kann rasch abflauen oder längere Zeit dauern, bis der Hund geprügelt wird, wie es Maggie Swift mit ihrem Sebastian tun mußte. Wenn der Angriff gestoppt werden kann oder von sich aus aufhört, ist der Hund wieder so sanft wie üblich. Andere Hunde scheinen während einiger Zeit noch etwas verwirrt zu sein, machen einen eher müden Eindruck und legen sich einfach hin, um sich auszuruhen.

Die »Wüteriche« zeigen einige interessante Gemeinsamkeiten. Erstens wenden sich ihre Angriffe immer gegen Menschen, und normalerweise gegen Familienmitglieder. Kein einziger Hundehalter ist je nach Hause gekommen, um seinen Hund mitten in einem Anfall vorzufinden, bei dem er Vorhänge oder das Fernsehgerät angreift. Zweitens ereignen sich die Anfälle oft abends, wenn der

Hund mit der Familie ist und sich vielleicht im Wohnzimmer ausruht, oder um die Fütterungszeit, wenn er möglicherweise bereits etwas aufgeregt ist oder wenn er sich ausruhen und sein Futter verdauen möchte. »Wüter« sind oft auch grimmige Verteidiger von Knochen und manchmal auch anderer Gegenstände. Hiermit meine ich, daß es kein eigentliches »Wutsyndrom« gibt, und daß die Angriffe eher eine ungewöhnliche und ausgeprägte Form von Dominanzaggressivität sind. Es ist meine persönliche Meinung, und sie wird von vielen Kollegen geteilt, daß die Wutanfälle wahrscheinlich auftreten, wenn sich einiges aufgestaut hat und der normalerweise unterwürfige Hund nicht in der Lage ist, seinem höhergestellten Meister den Rang streitig zu machen. Einige Wochen lang kann sich der Hund beherrschen und nichts weist darauf hin, daß sich eine Gewitterwolke zusammenbraut, aber plötzlich überschreitet der Hund die Schwelle seiner Selbstkontrolle, greift den Besitzer in hochdramatischer Weise an und fordert ihn heraus. Obwohl die Hundehalter den Angriff normalerweise beschreiben, als sei er ohne jegliche Provokation erfolgt, ist es ziemlich wahrscheinlich, daß der Hund vor Wut kocht, und daß der Angriff durch eine harmlose und alltägliche Tätigkeit des Hundehalters ausgelöst wird. Es könnte zum Beispiel schon genügen, daß der Hundehalter mit den Füßen über den Boden schleift, bevor er aufsteht, um das Zimmer zu verlassen – etwas, das von einem normalen dominanten Hund als Herausforderung betrachtet werden kann. Vielleicht stört es den ruhenden Hund, wenn der Hundehalter an seinem Korb oder Ruheplatz vorbeigeht. Leichte Bewegungen können auch als Auftakt zu einer Herausforderung gesehen werden, wenn der Hund in der Nähe eines Spielzeugs liegt. Der Angriff ist offensichtlich unverhältnismäßig heftig, und man glaubt dann, der Hund habe eine sehr niedrige Hemmschwelle, während ich jedoch überzeugt bin, daß er im Gegenteil eine sehr hohe Hemmschwelle hat. Der Hund ist ja normalerweise unterwürfig in der Beziehung zu seinem Meister, aber zähneknirschend, sozusagen. Der vergleichsweise harmlose Auslöser des Angriffs ist nur der berüchtigte Tropfen, der das Faß zum Überlaufen bringt.

Nach meinen Erfahrungen müssen »Wüter« wie dominante Hunde behandelt werden, und dies unter Umständen ihr Leben lang. Wenn der Hund möglichst an den Rand der Gruppe verdrängt wird, bleibt er meist weit unter der Wutschwelle. Die Kastration ist auch ein unerläßlicher Faktor der Behandlung der Rüden und hat in vielen

Fällen wahre Wunder gewirkt. Auch dies scheint darauf hinzuweisen, daß es sich dabei um ein Dominanzproblem handelt, das mit dem Einfluß des Testosterons zusammenhängt. Es sind ja weit mehr Fälle von wütenden Rüden als von wütenden Hündinnen bekannt. Allerdings gibt es viele Fälle, die nicht behandelt werden können. Ob »Wüter« oder dominanter Hund: für Maggie und ihrem Pyrenäen Berghund oder die alte Dame mit ihrem süßen Cocker Spaniel, der ihr eine Verletzung am Arm zufügte, die im Spital mit zwanzig Stichen genäht werden mußte, spielt der Unterschied keine Rolle.

Für solche Hunde bleibt möglicherweise nur die Euthanasie durch den Tierarzt. Jüngere, kräftige Hundehalter können auf Wunsch versuchen, bei einem solchen Hund dieselbe Behandlung zu versuchen wie bei einem dominanten Hund, ihm zudem Antikonvulsiva zu verabreichen, wenn sie etwas nützen, und das Risiko eines weiteren Angriffs auf sich zu nehmen, während sie das Tier beobachten und schauen, ob und wieviele Fortschritte gemacht werden können. Viele sind durch den erreichten Erfolg überrascht. Gewisse ehemalige »Wüter« greifen nie mehr an, aber bei den meisten kommen solche Anfälle immer noch in unverminderter Heftigkeit vor, aber in viel größeren zeitlichen Abständen. Wenn man den Hund am Leben läßt, muß er natürlich kastriert werden, um jede Möglichkeit zu verhindern, daß er seine unangenehmen Anlagen an eine weitere Generation vererbt. Hoffentlich erfahren wir in den kommenden Jahren noch mehr über die Dominanz und das allgemeine Sozialverhalten zwischen Mensch und Hund und entdecken vielleicht einen Verursacher des »Wutsyndroms«, der »idiopathischen Aggressivität« oder jeder sonstigen Aggressivität unbekannter Ursache.

Aggressivität in der Öffentlichkeit

»Ich verwünsche Leute, die Hunde halten. Es sind Feiglinge, die den Mut nicht haben, die Leute selbst zu beißen.« August Strindberg

In einigen Städten herrscht eindeutig der Wunsch, sich einen großen Schutzhund zu halten. Es gibt in London beispielsweise Quartiere, in denen ich mich bei meinen Hausbesuchen nicht besonders sicher fühle. Um die Wahrheit zu sagen: Diese Unsicherheit kann auch daher rühren, daß in solchen Gegenden viele große

Wachhunde und manchmal auch Streuner frei umherlaufen und nicht nur Straßenräuber. Gegenden mit hoher Kriminalitätsrate sind nicht die einzigen Orte, an denen ich glaube, daß der Hund unser Selbstvertrauen stärken kann. Kürzlich erhielt ich eine Anfrage eines Missionars aus Tanzania, der seine Hunde zu seinem besseren Schutz und zum Schutz seiner Mission gegen Einbrüche aggressiver machen wollte. Der Friede und meine Wachhunde seien mit Dir, mein Sohn. Wie bei allen anderen Anfragen, die daraufhin zielen, die Aggressivität eines Hundes zu verstärken, verweigerte ich jeglichen Rat.

Die Anzahl der großen Hunde, die oft unter ungeeigneten Umständen gehalten werden, entspringt einem echten Bedürfnis nach Sicherheit und dem Wunsch, eine Waffe zu besitzen. Die Unsicheren fühlen sich durch die Gegenwart eines großen Vertreters einer als scharf berüchtigten Rasse bestärkt und genießen es, daß viele Leute ihnen aus dem Weg gehen. In Großbritannien verursachten vor einiger Zeit vor allem die zahlreichen falsch gehaltenen Deutschen Schäfer große Probleme. Man hörte und las immer wieder von grausam gebissenen Kindern auf Fabrikgeländen oder sogar zu Hause, wenn der Familienhund zugleich als Wachhund gehalten wurde. Dann wurde der Dobermann zum Modehund der sechziger Jahre, ein chic aussehender, aber sehr reaktionsschneller und für seine besondere Bellfähigkeit berühmter Hund. Aber beide Rassen sind oft eher nervös als kämpferisch und gehören nach meinen Erfahrungen eher zum Typ des Angstbeißers als des dominant aggressiven Hundes, wenn bei ihnen Probleme auftreten, die nicht im Zusammenhang mit ihrem angelehrten oder erwarteten Arbeitseinsatz stehen.

Ich verallgemeinere bewußt die rassischen Temperamente, nur um den Unterschied zwischen den beliebtesten Wachhunden vergangener Zeiten und den heute populären Rassen zu zeigen, die zu einem ganz anderen Hundetyp gehören. Während der Deutsche Schäfer und der Dobermänner für verschiedene Zwecke gezüchtet wurden und erst später als Wachhunde eingesetzt wurden, sind der Rottweiler, der Amerikanische Pit Bullterrier, andere Bullterriers und der Bullmastiff (entschuldige, Cassie!) alle für ihre aggressiven Eigenschaften selektiert worden, sei es als Kampfhunde, als Rattenvernichter, als Stierkämpfer, zur Bekämpfung von Bären und anderer Opfer der früher so populären »sportlichen« Anlässe. Wenn solche Hunde aggressiv sind, meinen sie es oft viel ernster als die normalerweise gehemmteren, wenn nicht bewußt enthemmten, Deutschen Schäfer oder Dobermann. Obwohl jene Kampfhunderassen, mit Ausnahme vielleicht des Amerikanischen Pit Bullterriers, in unserem Jahrhundert vermehrt wieder als anhängliche Begleithunde selektioniert und insbesondere die brachycephalen Rassen – diejenigen mit den kurzen, runden Schädeln – als anhängliche und kinderliebende Familienhunde bekannt worden sind, haben sie ihre Fähigkeit zur Selbstverteidigung und, wenn auch weniger oft, ihre Aggressivität grundsätzlich behalten. Solche Hunde können angreifen, ohne vorher drohend zu knurren, zu bellen oder sonstwie zu warnen; diese manchmal ernsthaften Angriffe auf ihre Besitzer, auf unschuldige Dritte oder andere Hunde erfolgen als Antwort auf scheinbar harmlose Herausforderungen oder manchmal vermeintlich grundlos. Insbesondere der männliche Rottweiler kann manchmal zusätzlich einen extrem dominanten Charakter aufweisen, und wenn diese Wesensveranlagung mit Wetteifer und Kraft gepaart ist, kann die Gefährdung allerdings sehr reell sein.

Es ist typisch für die »Bulls«, daß sie sich an ihre Opfer hängen, wie sie es früher mit den Stieren und Bären taten, und sie zermalmen oder zerreißen. Sie können furchtlos kämpfen und ertragen ungeheure Verletzungen, ohne sich zu ergeben – eine Fähigkeit, die natürlich in der distinguierten Hundekampfwelt besonders goutiert wird.

Die aggressive Wut vieler Hunde ist so groß, daß sie ihr Opfer noch angreifen, nachdem es bereits lange tot ist. Aus dem Gesichtspunkt unserer Sicherheit und jener der sanfteren Haushunde ist es wichtig zu wissen, daß diese Rassen nicht imstande sind, bei ihren Opfern die Zeichen der Unterwürfigkeit zu erkennen. Wenn sie also einen Menschen oder einen anderen Hund angreifen, haben sie keine Beißhemmung, wenn das Opfer sich auf den Rücken legt oder wegläuft. Im Gegenteil – der Angriff kann dadurch womöglich noch verstärkt werden, da das Schreien oder die Verteidigung ihre Erregung steigern. Wenn ein Erwachsener bei einem angreifenden Bullterrier noch einige Chancen hat, sich erfolgreich zu verteidigen, sinken diese Chancen bei einem 70 Kilogramm schweren Bullmastiff oder Rottweiler praktisch auf Null.

Warum hat man solche Hunde, die im Durchschnitt vielleicht weniger aggressiv sind als beispielsweise die Terrier, weiterhin als Haushunde gehalten, wenn die Folgen ihrer unkontrollierten

Angriffe so schlimm sind? Die Antwort ist, daß die »Bulls« trotz ihrer kämpferischer Natur ausgezeichnete Familienhunde sein können und im Grunde genommen auch gegenüber anderen Hunden und gegenüber Menschen nicht aggressiver sind als Vertreter anderer Rassen; viele Leute behaupten, sie seien sogar gefahrloser als viele andere Rassen.
Sie weisen zu Recht darauf hin, daß, wenn wir zwar von einem Jack Russell erwarten, daß er Temperament usw. zeigt und ab und zu sogar schnappt, aber sofort die Alarmglocke läuten, wenn ein Bullterrier sich ähnlich verhält. Ähnlich, aber nicht identisch. Wenn ein Bullterrier schnappt, schüttelt und reißt er auch, und die Folgen sind verheerend.

Die Krise erreichte ihr Maximum aber erst, als die Popularität des Rottweilers zunahm. Während im Jahre 1980 noch 2000 Rottweilerwelpen im Hundestammbuch des britischen Kennel Clubs eingetragen wurden, waren es bereits 9000 im Jahre 1987. Wegen der negativen Schlagzeilen ging diese Zahl 1988 etwas zurück. Der Rottweiler ist ein sehr selbstsicherer, starker und großer Kampfhund. Und obwohl die allermeisten Rottweiler gefahrlos und loyale Musterhunde sind (ich muß mehr Rottweiler wegen Trennungsängsten behandeln als wegen Aggressivität!), können sie, wenn sie in die falschen Hände oder außer Kontrolle geraten, die Gesellschaft sehr viel stärker gefährden als andere Rassen. Mehr als sechzig Prozent aller gemeldeten Angriffe gehen auf große (mehr als 23 Kilogramm schwere) Hunde zurück, und die Schäden, die sie anrichten, sind schlimmer als diejenigen kleinerer Hunde.

Wie erwartet gehen drei Viertel der Angriffe auf das Konto unkastrierter Rüden, insbesondere jüngerer Rüden während der »wetteifernden« Entwicklungsphase. Sechzig Prozent aller Angriffe auf Menschen erfolgen nach irgendeiner Form von Manipulation zwischen Mensch und Hund, zum Beispiel, wenn die Hunde angefaßt, erschreckt, gefüttert oder gereizt werden.

Können wir das Bedürfnis, einen großen Schutzhund zu halten, mit unserer Sicherheit vereinbaren? Sollte ich, als Tierverhaltensforscher, den Versuch wagen, einen Fall von Aggressivität zu behandeln, wenn der Hundehalter glaubt, sein Rottweiler sei außer Kontrolle geraten? Vielleicht sollte ich es nicht, aber ich habe das Gefühl, daß wenn meine Kollegen und ich es nicht versuchen, der Hund und vielleicht auch die Gesellschaft darunter leiden werden, denn die

Hundehalter werden ihr Tier einfach aussetzen und sich ein anderes beschaffen.

Kümmern wir uns jetzt aber um Sex – das macht mehr Spaß.

7

Sex

»Wenn der Sex sein häßliches Haupt hebt, schließe die Augen, bevor Du den Rest erblickst.« Alan Ayckbourn

Hypersexualität

Sehr geehrter Herr Neville

Mein Jack Russell ist ein sexuell sehr aktiver kleiner Kerl. Er rivalisiert mit allen anderen Rüden und versucht, jede Hündin zu besteigen, wenn sie nur lange genug stillhält; dabei spielt ihre Größe überhaupt keine Rolle. Auch zu Hause ist er sexuell überaktiv, und wenn er auf meinem Schoß sitzt, versucht er oft, meinem Arm aufzureiten, oder meinem Bein, wenn ich zu lange am Ort stehenbleibe, insbesondere wenn ich telefoniere. Ich bin der Meinung, daß Hunde ein Anrecht auf Sex haben, und deshalb halte ich ihn nicht davon ab, aber jetzt hat er begonnen, dies auch bei meinen Freunden zu tun, und diese sind natürlich weniger tolerant. Ich will ihn nicht kastrieren lassen. Kann ich irgend etwas anderes unternehmen?

Mit freundlichen Grüßen

Robin Hughes

Dieser Brief ist kein Witz! Ich habe mit vielen Hundehaltern gesprochen, die es gerne haben, wenn ihr Hund ihnen aufreitet, in der irrigen Annahme, daß sie ihm helfen, seine normale männliche Sexualität auszuleben. Obwohl ich oft versucht habe, die sexuelle

Natur des Hundes zu erklären, scheinen solche Hundehalter eindeutig nicht zu wissen, was der Mensch tolerieren kann und wie nötig oder unnötig es ist, alle Forderungen des Hundes zu erfüllen. In ihrem eigenen Haus sind gewisse Hundehalter möglicherweise glücklich, das Ziel der sexuellen Wünsche ihres Hundes zu sein, aber der Ekel ihrer Freunde und ihre ärgerlichen Bemerkungen lassen sie wieder (nahezu) zur Vernunft kommen. Die Unart des Hundes ist einfach und problemlos abzustellen, indem der Hundehalter bei diesem Spiel nicht mitmacht, die Energie des Hundes in erwünschtere Bahnen lenkt, ihn mit einem Anti-Hormon behandeln oder kastrieren läßt, usw.

Streunen

Sehr geehrter Herr Neville

Unser Hund ist ein Ausbrecherkönig, ein wahrer Künstler, den wir Houdini nennen sollten. Wir können noch so hohe Umzäunungen mit noch so tiefen Fundamenten aufstellen, den Garten mit Maschendraht einzäunen und die Türen verriegeln – Henry wird immer einen Weg hinaus finden.
Er ist durch Fenster gesprungen, aus dem verschlossenen Wagen ausgebrochen, und über drei Meter hohe Zäune mit nach innen gerichteten Überhängen entkommen. Wir waren nahe daran, elektrische Zäune mit Wachttürmen aufzustellen und haben langsam genug, Henry immer wieder auf dem Polizeiposten abholen zu müssen. Manchmal wird er meilenweit von zu Hause aufgegriffen, andere Male kehrt er ganz einfach zurück und verlangt seelenruhig sein Futter, nachdem er uns halbverrückt vor Sorgen gemacht hat. Er ist jetzt sechs Jahre alt und hat sich vom ersten Tag an so verhalten, als wir ihn im Alter von drei Jahren zu uns nahmen. Zu Hause ist er ein freundlicher Bursche, aber er scheint immer ein Auge auf der Türe zu haben – und die Möglichkeiten abzuwägen, einen eventuellen Spalt zur Flucht zu benützen. Wie können wir ihn

dazu bringen, mehr zu Hause zu bleiben, wo wir ihn doch alle so gern haben?

Mit freundlichen Grüßen

Jeff und Teresa Smith

Sexuell hyperaktive Hunde sind oft auch Streuner, und diese Unart scheint insbesondere vom männlichen Hormonspiegel abhängig zu sein. Die Kastration ist der nützlichste Eingriff, hat man doch festgestellt, daß 90 Prozent aller kastrierten Hunde weniger oder überhaupt nicht mehr streunten. Auch hier spielt natürlich das Alter des Hundes eine Rolle – bei jüngeren Tieren, die noch nicht die Freuden des freien Lebens und der Begegnungen mit läufigen Hündinnen kennen und schätzen gelernt haben, ist der Erfolg meist größer.

Mangel an Interesse

Sehr geehrter Herr Neville

Ich habe ein vermutlich seltenes Problem mit meinem Belgischen Schäferhund. Die meisten Leute scheinen Hunde zu besitzen, die an Gegenständen, Beinen, Möbeln und anderen Hunden aufreiten. Meiner tut dies nicht. Tristan, Mighty Baron of Avondale der Neunte, kümmert sich überhaupt nicht um das, und ich glaube nicht, daß er in seinem ganzen Leben je einen Gedanken an Sex verschwendet hat. Das ist jammerschade, weil der Hund immerfort an Hundeausstellungen gewinnt und als Deckrüde gefragt wäre. Man hat ihm die attraktivsten Hündinnen vorgestellt, die auf dem Höhepunkt ihrer Läufigkeit waren, aber er geht einfach und legt sich nieder. Wie kann man ihn an Sex interessieren?

Mit freundlichen Grüßen

Philippa Patel

Hier handelt es sich offensichtlich um die Kehrseite der Sexmedaille. Gewisse Hunde scheinen einfach überhaupt kein Sexualinteresse zu entwickeln, möglicherweise wegen einer zu niedrigen Testosteronausschüttung oder wegen eines Mangels an empfänglichen Stellen im Gehirn. Vielleicht hat Tristan keine vorgeburtliche Ausschüttung von Testosteron oder nie Gelegenheit gehabt, mit Wurfgeschwistern sexuelle Reaktionen und Verhaltensweisen zu üben, wie dies manchmal bei Einzelwelpen vorkommen kann.

Ich habe auch schon »geschlechtslose« Hunde gesehen, die ohne Hoden geboren sind – nicht sogenannte »Kryptorchide«, deren Hoden in der Bauchhöhle versteckt sind. Diese Hunde – einer war ein Deutscher Schäfer, der andere ein Collie-Bastard – hatten beide einen funktionierenden Penis, aber man sah sie nie das Bein heben oder andere männliche Züge hervorkehren. Der Zweck des Austritts der Hoden aus dem Körper und in den Hodensack ist, daß sie kühler bleiben, weil die Hormone und Spermien bei tieferen Temperaturen produziert werden. In der Bauchhöhle verbliebene Hoden sind deshalb oft funktionslos und können für das Fehlen des Sexualverhaltens beim Hund verantwortlich sein.

Ein Besuch beim Tierarzt, um zu kontrollieren, ob bei Tristan alles am richtigen Ort und funktionstüchtig ist, wäre angezeigt. Ein oft gesehener Grund für mangelnde Libido ist, daß Hunde wie Tristan nicht nur unerfahren, sondern auch eher unterwürfige Hunde sind. Die Anwesenheit von anderen höherrangigen männlichen Wesen im Hause kann sie daran hindern, auf Hündinnen zu reagieren. Er gesteht sich selbst einfach kein Recht zu, sich zu verpaaren. Wenn er gesellschaftlich unerfahren ist, hat er vielleicht Angst vor der Hündin, insbesondere weil sie ja anders riecht und vielleicht auf unverschämte Weise mit ihm »flirtet«, um seine Aufmerksamkeit zu erwecken.

Vielleicht hat er aber noch mit keiner der Hündinnen sympathisiert, die ihm bisher vorgestellt worden sind! Während die meisten Rüden alles besteigen, wie Tristans Besitzer sagt, gibt es einige, die ganz besondere Vorlieben haben und sich nur mit einer bestimmten Hündin in ihrem Rudel und mit keiner anderen – falls sie nicht in einem Rudel sind, mit überhaupt keiner Hündin – paaren wollen. Man könnte versuchen, Tristan während einiger Zeit andernorts unterzubringen, weg von den Rüden, mit denen er eventuell das Zuhause teilt, um ihm zu helfen, seine Sexualität besser auszudrükken. Wenn er ständig in einer gemischten Gruppe leben und Sozialkontakte aufnehmen kann, wird er möglicherweise die verpaßten Erfahrungen nachholen. Vielleicht empfiehlt der Tierarzt eine zusätzliche Behandlung mit Testosteron, obschon dies in den Fällen, die ich bisher behandelt habe, nicht notwendig war. Die meisten Hundezüchter sind weit besser im Bilde als ich über das Deckverhalten der Hunde und lösen ihre Probleme selbst.

Da ich mir langsam wie eine Radiotante für menschliche Sexualprobleme vorkomme, wenden wir uns jetzt zu den weiblichen Vertreterinnen dieser Spezies. Wie Sie es vermutlich bereits erraten haben, gibt es bei ihnen viel weniger Probleme im Zusammenhang mit Sex.

Prämenstruale Spannung?

Sehr geehrter Herr Neville

Unsere 21 Monate alte Bullmastiffhündin Kirrie ist neuerdings vor und nach ihrer Läufigkeit äußerst niedergeschlagen. Letztesmal litt sie ziemlich stark, und wir müssen vermutlich alle Hoffnungen auf Zuchterfolge mit ihr aufgeben und sie kastrieren lassen. Außerdem zeigt sich Kirrie ab und zu leicht aggressiv gegenüber unserer anderen Hündin, auch einem Bullmastiff, die jedoch bereits kastriert ist, und wir fragen uns, ob die Kastration von Kirrie ihre Beziehung nachträglich beeinflussen könnte.

Mit freundlichen Grüßen

Nanette und Roger Monk

Hündinnen sind nicht pausenlos unter dem Einfluß ihrer Hormone wie Rüden. Hormone spielen nur eine Rolle, wenn sie den Körper und das Verhalten der Hündin für die Vermehrung vorbereiten. Die ziemlich plötzlich auftretende Produktion des Östrogens bei der Läufigkeit kann bewirken, daß die Hündin aktiver und »zum Flirten aufgelegt« ist, was sogar so weit gehen kann, daß die Hündin sich einladend an ihre Besitzer lehnt oder ihnen ihr Hinterteil zum Besteigen hinstreckt. Es gibt auch Hündinnen, die beim Urinieren wie Rüden das Bein heben, und andere, die sich eher »musikalisch« zeigen. Einige werden anderen Hunden, inklusive Rüden, gegenüber aggressiver, bis sie voll aufnahmefähig sind. Wenn dieses Benehmen stört oder die Hündin, wie es manchmal auch vorkommt, an einer prämenstrualen Spannung leidet oder nach ihrer Läufigkeit infolge der Hormonproduktion niedergeschlagen ist, insbesondere auch bei einer Scheinträchtigkeit, ist es besser, sie zu kastrieren. Dadurch werden alle diese zweimal jährlich auftretenden Änderungen ein für allemal abgeschafft, und die Hündin bleibt gleichmäßigerer »Laune«. Es nützt nichts, Hündinnen mit hormonellen Problemen tragen zu lassen, außer während der Trächtigkeit selbst und der Säuge- und Aufzuchtzeit der Welpen. Bei der nächsten Läufigkeit treten die alten Probleme unverändert wieder auf, so daß sich eine Kastration in jedem Fall empfiehlt.

Gewisse Paare oder Gruppen von Hündinnen kommen weniger gut miteinander aus, wenn eine oder mehrere unter ihnen alle sechs Monate ihren Geruch und ihr Verhalten ändern. Die Spannung kann manchmal zu Streitigkeiten und sogar Kämpfen ausarten, und es gibt keinen Zweifel daran, daß gewisse Hündinnen sich herausgefordert fühlen, wenn niederrangigere Hündinnen läufig werden und mit ihnen um die Gunst der Rüden rivalisieren. Eine Kastration aller Hündinnen im Hause kann ein ruhigeres und friedlicheres Zusammenleben gewährleisten. Bei jüngeren Hündinnen können Konflikte auftreten, wenn eine von ihnen sexuell reif aber sozial noch unreif ist. Bei Kirrie und ähnlich gelagerten Fällen wäre es demnach empfehlenswert, Probleme mit der anderen Hündin zu vermeiden, bis Kirrie sozial erwachsen ist, das heißt im Alter von ungefähr zweieinhalb bis drei Jahren. Bis zu diesem Alter können ihre Läufigkeiten vom Tierarzt chemisch kontrolliert werden, und ihren Depressionen läßt sich vorbeugen.

Wir haben bereits erwähnt, wie gewisse Hündinnen Spielsachen oder Kissen einsammeln und sie wie Welpen behandeln oder sich nach ihrer Läufigkeit sowie während einer Scheinträchtigkeit äußerst besitzergreifend aufführen können. Andere entwickeln neue Freßgewohnheiten und Vorlieben für neues Futter. Eine läufige Hündin kann auch unsauber sein, und natürlich gibt es da die ganze Warteschlange von Rüden auf der anderen Seite des Gartenzauns, die ihre Anwesenheit oft lautstark bekunden. Wenn Hundehalter nicht beabsichtigen, mit ihren Hündinnen zu züchten, sollten sie sie kastrieren lassen. Tierärzte sind sich jedoch über den Zeitpunkt nicht einig; einige sind der Ansicht, man sollte dies noch vor der ersten Läufigkeit tun, andere meinen, es sei besser, eine Läufigkeit oder sogar einen ersten Wurf abzuwarten. Ein Nachteil der Kastration bei Hündinnen wie bei Rüden ist, daß sie danach bessere Futterverwerter sind und dazu tendieren, Gewicht anzusetzen, wenn ihre Futterration nicht sorgfältig kontrolliert wird. Dies bringt uns zum zweitwichtigsten Aspekt im Hundeleben nach Sex, nämlich zum Futter.

8

Futter und Verhalten

»Schlechte Menschen leben, um zu essen und zu trinken, währenddem gute Menschen essen und trinken, um zu leben.« Plutarch

Eines der weitestverbreiteten Mißverständnisse in der Hundehaltung, und dazu eines, das von vielen Futtermittelherstellern weidlich ausgenützt wird, ist, daß der Hund ein reiner Fleischfresser sei. Natürlich frißt er Fleisch und genießt es, aber im Gegensatz zur Katze ist er kein ausschließlicher Karnivor. Eigentlich gleicht er uns diesbezüglich und ist ein Allesfresser, der sogar bei rein vegetarischer Ernährung überleben kann.

Der Hund lernt als Welpe, was er fressen oder nicht fressen soll; das gehört zur Entwicklung seines normalen Entdeckungsverhaltens. Er nimmt viele Gegenstände in sein Maul, kaut an ihnen herum und entwickelt Vorlieben für gewisse Futterarten. Die Mutter bringt ihrem Wurf Futterbrocken und würgt auch vorverdautes Futter heraus; gleichzeitig verwehrt sie den Welpen den Zugang zu ihrer langsam versiegenden Milchquelle. Der Hunger, der Entdeckungsdrang und ein wachsendes Bedürfnis nach der Entwöhnung der Welpen, nach gewissen Nahrungsbestandteilen wie Protein, das die Welpen während ihrer starken Wachstumsphase vermehrt brauchen, sind Garant dafür, daß der Welpe viele unterschiedliche Lebensmittel ausprobiert. Als ausgewachsener Hund wird er mehr von Aas leben als von selbst erlegtem Fleisch, und in der freien Wildbahn überleben viele Wölfe und Hunde dank vegetarischem Futter wie Früchten, Gras und Wurzeln, ohne jegliche Nebeneffekte zu verspüren. Die meisten Haushunde fressen ab und zu auch Gras, das ihnen vermutlich willkommene Ballaststoffe und Mineralien liefert, den Hund aber auch erbrechen läßt. Möglicherweise half dies den Urhunden, sich eines Teils der in ihrem Magen schmarotzenden Rundwürmer zu entledigen.

Der Hund hat eine große Kapazität, um eine quantitäts- und qualitätsmäßig suboptimale Diät während längerer Zeit schadlos zu vertragen. Für den Menschen ist ein sechzig Tage dauernder Hungerstreik normalerweise tödlich, oder er verursacht unwiderrufliche

Schäden. Um den Verdauungsapparat nicht noch zusätzlich zu belasten, muß nach einer solchen Null-Diät sehr langsam wieder zu normalen Eßgewohnheiten zurückgekehrt werden. Der Hund kann jedoch auch nach einer langen Hungerkur mit großem Appetit fressen.

Für alle Lebensformen ist die Nahrung lebenswichtig. Die Jagd und die Fütterung ziehen jedoch auch gesellschaftliche Verpflichtungen nach sich. In einem Rudel hat der ranghöchste Hund das Recht, als erster zu fressen und sich die besten Brocken auszuwählen. Aber die räuberische Natur des Hundes bewirkt auch bei schwächeren und rangniedrigeren Individuen, daß sie nach einer erfolgreichen Jagd schnell etwas Futter an sich reißen und nur ungern und zögernd ihren Platz den ranghöheren Tieren überlassen. Das Überleben hängt von der Fähigkeit ab, möglichst viel Futter zu stehlen und sich damit den Bauch zu füllen, und obwohl wir unseren Haushunden Futter im Überfluß anbieten, bleibt dieser Instinkt manchmal trotzdem erhalten. Deswegen fressen die meisten Hunde so schnell wie möglich ihren Futternapf leer.

Verteidigung des Futters

Sehr geehrter Herr Neville

Archie, unser anhänglicher und süßer kleiner Mischlingshund, wird schrecklich aggressiv, sobald man ihn füttert. Bei der Vorbereitung des Futters ist er fürchterlich aufgeregt, aber immer noch freundlich, und bleibt so lange auf Befehl sitzen, bis wir den Futternapf loslassen. Sobald der Napf auf dem Boden ist, steht er breitbeinig darüber, wild knurrend und sogar bellend, wenn wir zu nahe daneben stehenbleiben, und fletscht manchmal sogar die Zähne, wenn wir uns nähern. Wenn wir im selben Zimmer bleiben, schlingt er das Futter in sich hinein, als gäbe es kein Morgen mehr, und knurrt immer noch wild. Sobald der Napf leer ist, kommt er zu uns, wedelt mit dem Schwanz und ist so freundlich wie eh und je. Wir haben versucht, ihn für sein Geknurre zu bestrafen, aber da wurde es noch zehnmal schlimmer. Wir haben auch versucht, ruhig mit ihm zu sprechen und uns langsam zu nähern, aber auch das nützte nicht viel, so daß wir ihn jetzt einfach füttern und ihn allein lassen, bis er fertig ist. Jetzt hat er aber begonnen, auch Nahrungsbrocken zu verteidigen, die auf den Boden gefallen sind, und weil wir das nicht immer frühzeitig merken, wird sein Verhalten etwas gefährlich. Haben Sie einen guten Rat?

Mit freundlichen Grüßen

Katz und David Sweep

Die Verteidigung des Futters ist ein Problem, mit dem ich mich oft befassen muß. Es ist eine Verhaltensweise, die die meisten Hundehalter gut verstehen, weil sie ja schließlich das Überleben des Hundes in der freien Wildbahn ermöglicht. Als Welpe hat Archie vielleicht seine Wurfgeschwister angeknurrt, um sie zu vertreiben und sich den besten Teil des Futters zu sichern. Mit seinem neuen menschlichen Rudel wendet er ganz einfach dieselben Taktiken an, obwohl er Gelegenheit gehabt hat, zu sehen, daß das Futter noch schneller kommt, wenn er sich während der Vorbereitung anständig benimmt und sogar einem Befehl gehorcht. Sobald die Sweeps ihm das Futter geben oder, wie Archie es vielleicht sieht, sobald die ranghöheren Rudelgenossen sich von ihrer Beute zurückgezogen haben und ihm den Zutritt erlauben, wird er die Beute verteidigen und schauen, daß sie ihm niemand wieder streitig macht. Es geht hauptsächlich um Besitz, und der sonst freundliche und folgsame Hund läßt andere sich nur unter Gefahr nähern. Die meisten Hundehalter, deren Hunde beim Fressen knurren, ärgern sich und schimpfen oder geben dem Hund einen Klaps und versuchen, ihn wegzuzerren. Für den Hund, der vom Überlebensinstinkt gesteuert wird, bedeutet dies, daß er sein Futter zu Recht verteidigt. Archie und ähnlich reagierende Hunde werden bei der nächsten Fütterung umso mehr knurren, und der kleinste Versuch des Hundehalters, sich zu nähern, löst das Aggressionsverhalten aus. Zum Glück beschränkt sich die Aggressivität auf den Futternapf, und die Hundehalter können vermeiden, daß sie gebissen werden, indem sie sich entfernen oder, wie die Sweeps, den Hund in einem anderen Zimmer oder im Freien füttern. Ich habe jedoch einige Futterverteidiger erlebt, die während den

Fütterungszeiten so aggressiv werden, daß sie jeden vertreiben oder beißen, der im gleichen Raum bleibt, um eine größtmögliche Sicherheitszone rund um den Futternapf zu schaffen. Es ist typisch für die Hunde, die ihr Futter verteidigen, daß sie noch viel aggressiver und gefährlicher werden, nachdem man sie einmal herausgefordert hat.

Leider lernen solche Hunde auch, daß sie durch ihr aggressives Verhalten Siege davontragen, und deshalb gebrauchen sie eine ähnliche Taktik in anderen Situationen, zum Beispiel wenn sie Gegenstände oder ihren Lieblingssessel verteidigen. Die Behandlung eines Futterverteidigers ist die Behandlung eines Hundes, der eigentlich mit seinen Besitzern Rangordnungskämpfe ausficht. Bezeichnenderweise handelt es sich in den meisten Fällen um Rüden. Man behandelt diese Unart wie den ständig herausfordernden Hund, wie wir es im Zusammenhang mit dem Dalmatiner Jones in Kapitel 6 gesehen haben.

Dies allein wird jedoch solche Hunde oder den normalerweise unterwürfigen Archie nicht davon abhalten, ihr Futter zu verteidigen. Eine spezifische Behandlung muß in Archies Bewußtsein das Recht der Sweeps auf jederzeitigen Zugang zu allem Futter verwurzeln. Mein Kollege John Fisher hat dazu folgende Methode entwikkelt. Er ruft den Hund zu sich, heißt ihn sitzen und belohnt ihn sofort mit einem kleinen Hundekuchen; gleichzeitig sagt er »nimm es«. Er wiederholt dies mehrere Male, und der Hund weist bald eine gut konditionierte Reaktion auf, die auch von seinen Besitzern ausgenützt werden kann. Dann wird die Belohnung noch etwas zurückbehalten. Wenn er versucht, sie sich selbst aus der Hand zu nehmen, wird die Hand geschlossen, während gleichzeitig mit tiefer Stimme »hör auf« gesagt und der Hund angestarrt wird. Die meisten Hunde lassen sich natürlich nicht beeindrucken und versuchen noch heftiger, den Hundekuchen aus der Hand zu schnappen. Dies wird mit einem donnernden »HÖR AUF!« quittiert, und dem Hund wird diesmal streng in die Augen gestarrt. Die meisten Hunde – und ich, als ich John beim ersten Mal zuschaute – machen einen Riesensatz rückwärts und blicken erschrocken und verwirrt. In diesem Augenblick gebraucht John sofort wieder einen freundlichen Ton und zeigt dem Hund den Kuchen, während er ihn ruft und wieder zum Sitzen auffordert. Das Ganze braucht normalerweise nur zwei- oder dreimal wiederholt zu werden, bis der Hund begreift, daß der Kuchen nur dann aus der Hand erhältlich ist, wenn der Befehl »nimm es« erfolgt, und daß er sitzen muß, bis er diesen Befehl hört.

Die Theorie, die dahinter steckt, ist das Nachahmen der Hundemutter, die ihre Welpen während der Entwöhnungszeit füttert. Wenn die Welpen zu hart saugen oder ihre Mutter ganz einfach »die Schnauze voll« hat, verändert sie ihre Lage im Nest. Wenn die Welpen nicht loslassen, knurrt sie die Welpen an, was dem ersten »hör auf« von John entspricht. Wenn sie immer noch weitersaugen und sie noch klein sind, steht die Hündin einfach auf und geht fort, so daß die Welpen von ihren Zitzen abfallen. Sind sie jedoch alt genug, um ihr zu folgen, dreht sie sich um und sagt ihnen eine viel lautere und hündische Version von »HÖR AUF!«, manchmal sogar begleitet von einem vermeintlichen Schnappen, das in Wirklichkeit ein gehemmtes, abschreckendes und warnendes Beißen ist. Die Hündin schließt ihre Schnauze in letzter Sekunde und stubst ihre Welpen bloß mit der Nasenspitze und nicht mit den Zähnen an. Die Welpen lernen rasch, daß das erste »hör auf« genau das meint, was es besagt, und daß sie einer zusätzlichen, furchteinflößenden Intervention ihrer Mutter aus dem Weg gehen, wenn sie gehorchen. All dies gehört zum Heranwachsen und zur Angewöhnung an solides Futter. Danach müssen sie selber herausfinden, wer zuerst frißt und welche Regeln dabei beachtet werden müssen.

Johns Methode funktioniert zweifellos mit vielen Hunden, aber ich würde sie bei älteren, allgemein dominanten und selbstsicheren Hunden nur unter Anleitung eines Verhaltensforschers empfehlen. Das Zurückhalten von Futter, »Bellen« und Anstarren des Hundes könnte von solchen Hunden als Herausforderung aufgenommen werden, sie erregen und den Besitzer der Gefahr eines Angriffs aussetzen.

Angenommen, diese Methode hat das Recht des Besitzers zur Kontrolle über den Zugang des Hundes zu kleinen Futterbrocken etabliert, kann man es auf mehrere Hundebiscuits, die in einem Napf angeboten werden, ausweiten. Der Befehl »hör auf« bedeutet für die meisten Hunde jetzt »geh zurück und überlaß dem höherrangigen Meister den Zugang zum Futter«, und sie verhalten sich dementsprechend; einige Hunde, meist ältere Hunde, die ihr Futter schon seit langem erfolgreich verteidigen, werden jedoch nicht zurückweichen und wieder anfangen, zu knurren, wenn ihnen größere Futtermengen angeboten werden, die der Hundehalter nicht so schnell verbergen kann wie einzelne kleine Hundekuchen.

Für Hunde wie Archie beginnt die Aufregung wahrscheinlich, wenn die Fütterungszeit nahe ist, und sicher spätestens dann, wenn der Hundehalter den Futternapf in die Hand nimmt oder sich dem Schrank nähert, der das Hundefutter enthält. Soll die Behandlung also Erfolg haben, muß sie noch vorher beginnen. Eine solide, ungefähr meterlange Leine wird an das Halsband des Hundes gebunden. Er muß diese Leine zu Hause ungefähr eine halbe Stunde vor der Fütterung tragen oder vielleicht sogar kurz ausgeführt werden, um jede futterbezogene Aufregung zu vermeiden, wenn die Leine hervorgeholt wird. Bei der Rückkehr nimmt man die Leine einfach nicht weg. Bevor man sich dem Schrank mit dem Futter oder dem Napf nähert, läßt man den Hund in einiger Entfernung vom Ort, wo sein Futter zubereitet wird, sitzen (wie gewöhnlich gegen eine kleine Belohnung). Wenn er versucht, sich nach vorne zu stürzen, sollte man ihn anbinden oder von einem anderen Familienmitglied festhalten lassen. In diesem Stadium akzeptieren die meisten Hunde, daß das Futter noch immer ihrem Meister gehört, und gehorchen dem Befehl in Erwartung der letztlichen Belohnung.

Wenn das Futter zubereitet ist, kann sich der Hundehalter dem Hund nähern, ihn losbinden und die Leine einmal um einen fixen Gegenstand, zum Beispiel ein Stuhlbein, schlingen. Ketten eignen sich nicht so gut, weil sie nur ungenügend gleiten und dabei auch noch ein unangenehmes Geräusch verursachen. Dann zeigt man den Futternapf, und der Hund wird, wie gewöhnlich, sitzenbleiben, bis man den Napf in einiger Entfernung vom Hund und dem Hundehalter und sicher außer Reichweite des Hundes auf den Boden stellt. Um zum Futter zu gelangen, muß der Hund an der Leine ziehen, die der Hundehalter fest in der Hand hält. Wenn er den Hund vom Futter wegzieht, muß der Hundehalter so stehen, daß er dabei den Hund auch von sich wegzieht, was ja gut möglich ist, wenn die Leine um das Tischbein geführt worden ist, das wie ein Fixpol funktioniert. Der Hund darf sich dem Futter zwar nähern, muß aber jedesmal auf Befehl sitzen, wenn er nahe daran ist, zu fressen. Wenn er nicht gehorcht, behält der Hundehalter die Leine weiterhin angespannt und wartet, bis der Hund gehorcht. Wenn er dies bereitwillig tut, kann man ihn zum Futter gehen lassen. Wenn der Hund jedoch anfängt, zu knurren, sollte der Halter ihn an der Leine zurückziehen, den Futternapf hochheben und somit wieder in eigenen Besitz nehmen. Dann beginnt die Prozedur von neuem. Auf diese Weise wird ein Konflikt vermieden, und der Futternapf kann gefahrlos weggenommen werden – vorausgesetzt, daß sich alles am richtigen Ort befindet. Der Zugang des Hundes zum Futter hängt einzig und allein vom Hundehalter ab, der es somit als »sein Futter« behält und dem Hund nur dann überläßt, wenn er sich an die gestellten Bedingungen hält und ruhig bleibt. Dieses System ist sicherer als beispielsweise eines, bei dem eine Person den Hund kontrolliert und die andere das Futter.

Wenn der Hund frißt, glaubt er, er sei wieder im Besitz des Futters und wird unter Umständen wieder knurren, aber der Halter kann dank derselben Technik auf seinem Recht bestehen, sich dem fressenden Hund zu nähern und ihm das Futter wegzunehmen, wenn er knurrt. In diesem Stadium der Intervention kann man den Befehl »stop« geben, wenn man den Hund physisch am Fressen hindert und ihn von seinem Futternapf wegzerrt. Der Halter nimmt den Napf, gibt dem Hund den Befehl, zu sitzen; wenn der Hund gehorcht, wird zur Belohnung der Futternapf wieder auf den Boden gestellt, und nach einem kurzen »wart« läßt man den Hund wieder fressen. Auch hier geht es um das Prinzip, das unerwünschte Verhalten gefahrlos abzustellen und das erwünschte zu belohnen.

Hundehalter wie die Sweeps müssen wie immer versuchen, ruhig zu bleiben und den Hund möglichst nicht herauszufordern, und ihm außerdem keine Gelegenheit mehr geben, sein Futter zu verteidigen. Im Wissen, daß sie gefahrlos einschreiten und die Situation im Griff haben können, sollten sie entspannt und selbstsicher vorgehen.

Geschmack

»Das ist der einzige Hund, den ich kenne, der riechen kann, wenn jemand bloß ans Essen DENKT.« Charles M. Schulz (Peanuts)

Die Zusammensetzung des Hundefutters hat einen großen Einfluß auf seinen Wunsch und auf seine Motivation, das Futter zu verteidigen. Ich kann mich nicht daran erinnern, je einen Fall von Futterverteidigung gehabt zu haben, wenn dem Hund nicht entweder Frischfleisch oder saftiges Büchsenfutter verfüttert wurde. Wenn ich schließlich versuchen würde, Ihnen ein saftiges Rindssteak vom Teller zu stehlen, wären Sie sicher äußerst aufgebracht (das heißt, falls Sie nicht Vegetarier sind) und würden mit der Gabel auf meinen Handrücken einstechen, sollte ich Ihrer Aufforderung, das Stibitzen zu lassen, nicht nachkommen. Wenn ich jedoch versuchen würde, Ihre Portion ebenfalls nahrhafter Bohnen zu stehlen, würden Sie möglicherweise auf einen Protest verzichten und mir hungrigem Knaben freiwillig noch den Rest anbieten. Dasselbe gilt für unsere Hunde, und bei vielen Futterverteidigern kann das übliche Futter durch ein weniger schmackhaftes ersetzt werden, und schon ist das Problem gelöst. Wenn es sich um Trockenfutter handelt, dann ist bereits die ganze Vorbereitung weit weniger interessant als bei rohem oder gekochtem Fleisch.

Knochen

Sehr geehrter Herr Neville

Goldie, unsere dreijährige Golden Retrieverhündin, ist ein perfekter Familienhund. Ihren Futternapf verteidigt sie nicht, aber sie wird extrem bösartig, sobald wir ihr einen Knochen geben. Wir geben ihr keinen Knochen mehr, weil sie uns nicht mehr in ihre Nähe ließ und sie ihn stundenlang verteidigte, auch wenn schon lange kein Fleisch mehr daran war. Wir möchten ihr jedoch gerne wieder Knochen geben, da sie sie doch so mag. Braucht sie eigentlich Knochen, und gibt es eine gefahrlose Möglichkeit, ihr Knochen anzubieten?

Mit freundlichen Grüßen

Gill Mattew

Vom ernährungsphysiologischen Standpunkt ist es nicht nötig, dem Hund Knochen zu geben, vorausgesetzt, er erhält ein ausgewogenes Futter. Natürlich lieben die meisten Hunde große, nicht splitternde Knochen, die übrigens helfen, ihr Gebiß sauber zu halten. Einige Hunde leiden an Magenbeschwerden, wenn man ihnen Knochen gibt, und viele haben dieselben aggressiven Reaktionen wie Goldie und erhalten aus diesem Grunde keine Knochen. Es gibt Hunde, die alte, ausgetrocknete Knochen, die im Garten liegen oder die sie dort vergraben haben, ewig verteidigen – solchen Hunden sollte man wirklich keine Knochen geben, insbesondere wenn man weiterhin mit ihnen in den Garten gehen möchte. Anderen Hunden kann man beibringen, sich weniger possessiv zu verhalten; man fängt damit am besten sofort an, wenn man den Junghund oder Welpen übernimmt. Das Vorgehen ist dasselbe wie beim Futternapf, und der Hund muß lernen, daß sein Besitzer ein uneingeschränktes Recht auch auf die Knochen hat und sie jederzeit wieder zurücknehmen darf. Dann sollte das Problem gar nicht erst auftauchen.

Futterdiebe

Sehr geehrter Herr Neville

Unser Dandie Dinmont Phantom ist ein schrecklicher Dieb. Wir können einfach nirgends Futter oder Nahrungsmittel stehenlassen, wo er sie finden könnte, und wir müssen den Kehrichtkübel in unserer Küche fest verankern oder ihn in der Nacht hinausstellen, um zu verhindern, daß Phantom ihn plündert. Wenn wir bei ihm sind, macht er dies nicht, aber sobald wir den Rücken kehren, verschwinden der Kuchen, das Nachtessen und die Cornflakes, oder der Abfallkübel ist ausgeleert, oder wir hören einen Riesenkrach, wenn der Hund auf der Suche nach etwas Freßbarem die Teller vom Tisch reißt. Wir füttern ihn zweimal täglich, und er ist weder ausgehungert noch mager. Wir haben versucht, angesichts der Scherben, der leeren Teller oder der Unordnung in der Küche mit ihm zu schimpfen, aber nichts hält ihn vom Stibitzen ab. Können wir überhaupt etwas dagegen tun?

Mit freundlichen Grüßen

Roy und Beth Grayling

Es erstaunt mich immer wieder, warum eigentlich nicht mehr Hunde opportunistische Futterdiebe sind wie Phantom. Schließlich überleben der Urahne Wolf und alle wilden Hundeartigen unter anderem auch, weil sie ausgezeichnete Futterdiebe sind und jede Möglichkeit ergreifen, um zu stibitzen. Möglicherweise haben die meisten Hunde das Gefühl, daß alles Freßbare ihren ranghöheren Besitzern gehört, und daß sie selbst nur dann fressen dürfen, wenn ihnen der Futternapf überlassen wird. Bei einigen Hunden führen die Probleme des Futterdiebstahls jedoch nicht nur zu verschwundenen Mahlzeiten und ausgeleerten Abfallsäcken, sondern zu Magen-Darm-Beschwerden, wenn der Hund alles frißt, was er im Hause und auf Spaziergängen findet. Es gibt Hunde, die nur stehlen, wenn sie hungrig sind; wenn man ihnen häufiger magenfüllende Mahlzeiten anbietet, reduziert sich ihr Appetit und eventuell auch das Ausmaß des Problems. Andere Hunde stehlen, weil sie infolge eines medizinischen Problems ebenfalls hungrig sind. Lassen Sie Ihren Hund durch den Tierarzt untersuchen, bevor sie ihn wegen einer vermeintlichen Verhaltensstörung behandeln.

Gewisse Rassenvertreter wie der Labrador und der Dackel sind besonders berüchtigte Futterdiebe und allgemeine Vielfraße. Obwohl Blindenführhunde sonst für ihre mustergültige Disziplin bekannt sind, können Labradors oft ganz einfach dem in der Gosse liegenden Sandwich nicht widerstehen. Sie stürzen sich darauf, und ihr armer blinder Meister fällt auf die Straße – eine gefährliche Situation. Solche Hunde müssen meist für einige Zeit wieder zurück ins Ausbildungszentrum, bevor sie ihre Aufgabe als Blindenführhunde wieder wahrnehmen können.

Für den normalen Hundehalter kann das Futterstehlen und Stibitzen seines Hundes alptraumhafte Züge annehmen; wenn Nahrungsmittel in der Nähe sind, darf der Hund keine Sekunde aus den Augen gelassen werden. Hunde wie Phantom zu bestrafen, nachdem der Schaden angerichtet worden ist, nützt nichts und halten sie nicht davon ab, bei der nächsten Gelegenheit den Abfallsack zu plündern oder den Teller zu leeren. Manchmal kann das Problem gelöst werden, indem die Besitzer einen appetitlichen Köder auf dem Tisch liegen lassen, sich hinter der Türe verstecken und den Hund durch das Schlüsselloch beobachten. Sobald er den Köder nimmt, stürzen sich die Besitzer unter großem Krach in den Raum, nehmen ihm das Futter weg und befehlen ihm, zu sitzen. Wenn er wirklich im richtigen Moment ertappt wird, kann der Hund den erlittenen Schrecken mit seiner unerwünschten Tat verbinden. Oft lernen aber solche Hunde, bei ihren Diebstählen raffinierter und schneller vorzugehen.

Ich würde eher eine Therapie empfehlen, bei der der Hund keine Verbindung zu seinem Meister entdecken kann. Man kann eine druckempfindliche Knallkapsel zum Beispiel unter ein unwiderstehliches Stück Schokolade legen oder am Deckel des Müllkübels befestigen, die explodiert, sobald sich der Hund daran zu schaffen macht. Der Hund wird schnell gestohlenes Futter oder geplünderte Abfallkübel mit dem lauten, unangenehmen, aber im übrigen harmlosen Knall verbinden und nicht im entferntesten an seinen Meister denken, der während dieser Zeit sogar außer Hause sein kann und nur zurückkommt, um den Hund zu beruhigen. Manchmal genügt eine einzige derartige Erfahrung, um den Hund zukünftig vom Futterstehlen abzuhalten.

Man sollte diese Methode jedoch nie bei Hunden anwenden, die Angst vor Gewehrschüssen oder vor anderem Lärm haben oder an sonstigen nervösen Störungen leiden; allerdings habe ich persönlich diese Kombination von Verhaltensstörungen noch nie gesehen und habe mir darum keine Gedanken über eine andere Behandlungsmethode gemacht. Man könnte in einem solchen Fall versuchen, einen Spritzmechanismus einzurichten, bei dem der stibitzende Hund durch einen Wasserstrahl erschreckt wird. Jedenfalls muß die Behandlung auf Abstoßung und nicht auf Bestrafung basieren, soll sie von dauerhaftem Erfolg sein.

Gefräßigkeit

»Die Gefräßigkeit ist eine emotionelle Flucht, ein Zeichen, daß uns etwas auffrißt.« Peter de Vries

Sehr geehrter Herr Neville

Mein Labrador trägt den überaus passenden Namen »Pig« (Schwein). Er frißt alles, was er findet und ist bereits zweimal vom Tierarzt operiert worden, weil sich unverdauliche Gegenstände in seinem Magen befanden. Der eine war eine Kuchenform aus Aluminium, die er zusammen mit dem Kuchen vom Tisch gestohlen hatte, der andere ein Rad von Rollschuhen, die meinem Sohn gehö-

ren. Was können wir tun, um seinen unersättlichen Appetit zu bremsen – er ist ohnehin schon zu schwergewichtig?

Mit freundlichen Grüßen

Gordon Allen

Eine Freundin, die auf einem Bauernhof lebte, erzählte mir einmal von ihren Labradors, die regelmäßig verschwanden, und die sie nach gründlichen Suchaktionen in der Scheune fand. (Sie lernte, sie später immer dort zu suchen – und zu finden.) Dort lagen sie jeweils, zum Bersten vollgefressen mit Viehfutter, und konnten sich buchstäblich nicht mehr bewegen.

Polyphagie, oder übermäßiges Fressen, kann nicht nur dazu führen, daß unverdauliche und gefährliche Gegenstände verschluckt werden, sondern natürlich auch, daß der Hund übergewichtig wird. In den USA und in Großbritannien sind rund ein Drittel aller Haushunde zu dick und müssen auf Diät gesetzt werden.

Im Gegensatz zur Katze, die normalerweise ihre Futteraufnahme und ihren Energiehaushalt bestens reguliert, ist der Hund programmiert, jedes Futter aufzunehmen und sich im Hinblick auf eine mögliche magere Zeit den Bauch vollzustopfen. Es ist Sache des Hundehalters, die Futtermenge so zu berechnen, daß der Hund sich nicht überfrißt. Hunde wie Pig sollten ein ballaststoffreiches, kalorienarmes Futter erhalten. Unter Anleitung des Tierarztes kann man Pig auch eines der vielen fixfertigen Diätfuttermittel verfüttern.

Gewisse Hunde haben, wie der Mensch, die Tendenz, in Streßsituationen, oder wenn sie sich langweilen, zuviel zu fressen und übergewichtig zu werden. Hilft man ihnen, indem man zum Beispiel ihren Rang in der Gruppe festigt oder ihnen zu mehr Bewegung verhilft, kann das Problem vielleicht beseitigt werden.

Und nun zum Problem der unverdaulichen Gegenstände wie Räder von Rollschuhen, Nadeln, Gummibälle und die tausend anderen Sachen, die von den Tierärzten jedes Jahr aus Hundemägen herausoperiert werden müssen. Hier sollte man auch wie bei den Futterdieben die Widerwillen erzeugenden Methoden anwenden und auch den Befehl »laß los« üben, der dann angewendet werden kann, wenn man den Hund auf frischer Tat ertappt. Sonst gibt es nicht viel anderes, als den Hund zu überwachen oder ihm vielleicht einen

Maulkorb umzuhängen. Allerdings sollte man vermeiden, immer allzunahe neben dem Hund zu stehen, da er versucht sein könnte, sich bei erstbester Gelegenheit noch schneller auf Gegenstände zu stürzen und sie zu verschlucken, bevor man sie ihm wegnehmen kann. Die Halter sollten entspannt bleiben und den Hund wie immer loben oder mit einem Spielzeug oder einem Leckerbissen belohnen, wenn er Gegenstände außer acht läßt, die ihn vorher anzogen.

Appetitmangel

Sehr geehrter Herr Neville

Sadie, mein Cavalier King Charles Spaniel, frißt nur ungern und überhaupt nur sehr wenig. Mein Tierarzt hat allerlei Untersuchungen gemacht, kann aber nichts Krankhaftes finden. Sie macht einen munteren und gesunden Eindruck, obwohl sie manchmal zwei Tage lang praktisch nichts frißt. Handelt es sich hier um ein psychologisches Problem oder mache ich mir allzu viele Sorgen?

Mit freundlichen Grüßen

Miss Sheila Ford

Der Hund kann einerseits überaus gefräßig sein, andererseits aber während längerer Zeit mit wenig oder Ungeeignetem überleben, ohne darunter zu leiden. Natürlich sollte immer Wasser zu seiner Verfügung stehen, aber wenn der Hund in gutem Allgemeinzustand bleibt und seinem Appetitmangel keine medizinische Ursache zugrunde liegt, sollten sich Hundehalter wie Sheila wegen gelegentlich ausgelassenen Mahlzeiten keine großen Sorgen machen. Schließlich ist es eine menschliche Gewohnheit, täglich zu bestimmten, festen Tageszeiten zu essen. Viele Hunde passen sich gerne an diesen Tagesablauf an; sollten sie es aber nicht tun, sollten wir die Alarmglocke nicht zu schnell läuten.

Hunde haben viele Gründe, um das Fressen zu verweigern. Dazu gehört auch ein vorübergehender Appetitverlust während der ersten paar Tage, die sie während der Ferien ihrer Besitzer im Hundeheim verbringen müssen. Jegliche Änderung der Gewohnheiten kann einen Hund gefühlsmäßig belasten und ihm vorübergehend den Appetit rauben. Manchmal kann man ihn wieder zum Fressen überreden, indem man ihm aromatischeres Futter anbietet, es vielleicht aufwärmt oder mit der Hand verfüttert. Es ist jedoch wichtig, den Hund von dieser Droge zu entwöhnen, sonst kann man sich auf eine ewige Handfütterung gefaßt machen. Wenn man einen Hund von Hand füttert, sollte man möglichst vermeiden, ihn in seiner Hilflosigkeit zu verstärken, wie man zum Beispiel auch vermeiden sollte, einen hypernervösen oder ängstlichen Hund allzu abhängig und hilfsbedürftig zu machen.

Wieder andere Hunde fressen besser, wenn die Fütterung zu einer Art Wettkampf umfunktioniert wird. Vorausgesetzt, sie streiten sich nicht, können manchmal zwei Hunde gleichzeitig gefüttert werden, so daß die Konkurrenz den Appetit des schlecht fressenden Hundes vielleicht anregt. Man kann diese Konkurrenzsituation simulieren, indem man dem Hund nach fünf Minuten den Napf mit dem restlichen Futter wegnimmt, oder der Halter kann so tun, als fordere er den Hund wegen des Futters heraus, so daß der Hund wahrscheinlich schneller fressen wird. Allerdings muß man dabei aufpassen, daß der Hund sich nicht in einen Futterverteidiger der schlimmsten Sorte verwandelt – dazu einen, der sein Futter nicht einmal frißt.

Es gibt auch Hunde, die glauben, sie hätten überhaupt kein Recht, zu fressen, so lange der Meister in der Nähe ist; ihr Verhalten ist das Gegenteil eines Futterverteidigers. Solche Hunde sind ganz einfach so unterwürfig, daß sie die höherrangigen Rudelmitglieder um keinen Fall herausfordern wollen, auch wenn der Rudelführer ihnen den Weg zum Futter freigemacht und ihnen den Futternapf hingestellt hat. Man ist versucht, einem solchen Hund das Futter von Hand zu geben, aber richtig wäre es, den Hund allein zu lassen, so daß er fressen kann, ohne jemanden zu verärgern.

Wählerische Fresser

Sehr geehrter Herr Neville

Pepe, mein 18 Monate alter Pudel, will sein normales Büchsenfutter einfach nicht fressen. Wir haben versucht, ihm allerlei Futter zu geben, aber sogar, wenn wir ihm das beste Steak oder Hühnchen geben, sorgfältig für ihn gekocht und mit Hundekuchen vermischt, um eine ausgewogene Fütterung zu garantieren, pickt er sich nur die besten Fleischbrocken heraus. Ich weiß, daß er auch die Hundekuchen fressen sollte, wegen der ausgewogenen Ernährung und um sein Gebiß sauber zu behalten, aber er scheint immer wählerischer zu werden. Was könnte ich sonst noch dagegen unternehmen?

Mit freundlichen Grüßen

Annabelle Carswell

Bei den Hunden sind wählerische Fresser gar nicht selten, und viele davon leiden in der Folge effektiv an Mangelernährung. Besonders bekannt in dieser Hinsicht sind die kleineren Schoßhunde wie Zwergpudel und Yorkshire Terrier, aber es gibt auch größere. Normalerweise gibt es keinen Zusammenhang zwischen der Art des Futters und dem Verhalten des Hundes, obwohl bei gewissen Hunden Vorlieben und Abneigungen erkennbar sind. Häufiger erhalten die kleinen Begleithunde zwischen den Mahlzeiten viele Hundekuchen und andere Leckerbissen, so daß sie ganz einfach nicht hungrig sind, wenn sie ihr normales Futter fressen sollten. Dann kümmert sich der Halter möglicherweise sehr viel intensiver um den Hund, der sofort lernt, daß er nur das Futter zu verweigern braucht, um von seinem Meister mit Aufmerksamkeit überhäuft zu werden, was für den Hund lohnender sein kann als das Futter. In den meisten Fällen kann man wählerischen Fressern eine ausgewogene Vollnahrung oder ein hochqualitatives Trockenfutter anbieten. Vielleicht nützt es auch, wenn man dem Futter etwas mehr Fett beimischt, zum Beispiel etwas Margarine oder Öl oder einen würzigen Bouillonwürfel, um den Geschmack des Futters zu verbessern.

Sobald sie sich für eine ausgewogene Diät entschieden haben, sollten die Hundehalter dabei bleiben und nicht in Panik geraten, wenn der Hund sie ein- oder zweimal verweigert. Als Richtlinie gilt, daß, wenn ein normal aktiver Hund gesund aussieht und sich ansonsten unauffällig benimmt, es keinen Grund zur Sorge gibt, falls er bis zu drei Tage lang sein Futter verweigert. Danach sollte man allerdings den Tierarzt anrufen. Man sollte sich auch vergewissern, daß der Hund nicht irgendwo eine Futterreserve entdeckt hat, wie beispielsweise einen Komposthaufen, oder Zugang zu von so vielen Hunden heißgeliebtem Katzenfutter hat.

Das normale Futter sollte geschmackvoll und nicht frei verfügbar sein, so daß der Hund sich wegen der vermeintlichen Konkurrenzsituation darauf stürzt, sobald er es erhält. Wenn der Hundehalter dies jedoch wünscht, kann er das Futter trotzdem zur freien Verfügung hinstellen; allerdings sollte er sich vergewissern, daß der Hund nicht plötzlich ins andere Extrem verfällt und übergewichtig wird. Wenn Sie Zweifel wegen der Freßgewohnheiten Ihres Hundes haben, sprechen Sie mit dem Tierarzt, weil die meisten Probleme, insbesondere eine plötzliche Änderung der Freßgewohnheiten, eine medizinische Erklärung haben und behandelt werden können.

Eigenartige Freßgewohnheiten

»Wie ein Hund sein Gespeites wieder frißt, also ist der Narr, der seine Narrheit wieder treibt.« Sprüche 26: 11

Sehr geehrter Herr Neville

Ab und zu ist es meinem Hund übel, insbesondere nach dem Fressen von Gras. Mein Tierarzt hat nichts Abnormales gefunden, und es kommt auch zu selten vor, um mich wirklich zu beunruhigen. Was mich am meisten daran stört, ist, daß der Hund das Erbrochene bewacht und später alles wieder auffrißt. Es ist wirklich unappetitlich, aber wir können ihn nicht vom Erbrochenen entfernen, um es aufzuwischen, noch ihn davon abhalten, es zu fressen. Warum tut er dies eigentlich?

Mit freundlichen Grüßen

Robert Mungle

Dieses Verhalten geht vermutlich auch auf die alten Tage zurück, als die Urahnen des Hundes ihr Futter nicht regelmäßig von netten

Rudelgenossen erhielten. Sogar beim modernen, gut ernährten Haushund enthält der Magen des Hundes, der ja gelegentlich auch Abfall frißt, viele Sachen, die uns ziemlich unappetitlich vorkommen. In der freien Wildbahn kann das Überleben auch davon abhängen, daß der Hund sich den Bauch in Windeseile mit allerlei Freßbarem, auch minderwertigerer Qualität, füllt. Das Erbrochene ist vielleicht eines der nahrhaftesten Futtermittel, denen er begegnet; es enthält außerdem verschiedene Elemente, die vom Hund bereits als freßbar beurteilt wurden. Es geht wirklich darum, nichts zu vergeuden, insbesondere wenn der Hund hungrig ist. Ein ballaststoffreicheres Futter könnte diesen Hunger reduzieren, aber Hunde, die ihr Futter schnellstmöglich verschlingen, neigen dazu, das Gefressene zu erbrechen und danach wieder aufzunehmen. Auch wenn es nach unserem Geschmack unappetitlich ist, sollten wir daran denken, daß Welpen von wilden Hunden und Wölfen von ihrer Mutter auf diese Art gefüttert werden. Nach einem Jagdausflug kommt sie heim und erbricht ihren Mageninhalt vor den Welpen, die noch nicht in der Lage sind, selber zu jagen oder nach Freßbarem zu suchen. Auch wenn dieser Instinkt bei unseren Haushunden weitgehend verschwunden ist, sieht man bei den Welpen immer noch das Schnauzenstoßen.

Kotfressen

Sehr geehrter Herr Neville

Als er jung war, fraß mein Irischer Setter auf unseren Spaziergängen über den Feldern immer Schafs- und Pferdekot. Wir nahmen an, daß dies nur eine vorübergehende Phase sei, und daß er diese Gewohnheit mit der Zeit ablegen würde. Da es ihm nicht zu schaden schien, und der Hund unserer Freunde dasselbe machte, ignorierten wir dieses Verhalten. Aber Clancy hat seine Gewohnheit überhaupt nicht abgelegt. Jetzt frißt er nicht nur jeglichen Kot von Nutztieren, den er findet, sondern auch Hundekot, sogar den eigenen. Abgesehen davon, daß es uns beim Zuschauen schlecht wird, riecht sein Atem fürchterlich. Wir überlegen uns jetzt ernsthaft, ob wir ihn deswe-

gen nicht einschläfern lassen sollten, weil wir seine Unart wirklich nicht mehr ertragen. Kann dieser Zwang behandelt werden?

Mit freundlichen Grüßen

Klaus Artmann

Die Koprophagie – so lautet die wissenschaftliche Bezeichnung für das Kotfressen – gibt Anlaß zu den meisten Klagen, und weil sich die Hundehalter wegen der unappetitlichen Seite des Problems ganz besonders schämen, wagen sie es oft nicht, mit einem Tierarzt oder einem Verhaltensfachmann darüber zu sprechen. Für den Hund ist die Koprophagie jedoch kein Problem, sondern das Verhalten eines Aasfressers, der von jeder Nahrungsquelle profitieren möchte. Kot enthält normalerweise unverdautes oder halbverdautes Material, das dem Hund gewisse Nährstoffe liefern kann. Die säugenden Hündinnen fressen ja auch den Kot ihrer Welpen, was normalerweise eher akzeptiert wird. Es gibt wahrscheinlich nur sehr wenig Hunde, die nicht ab und zu ein Maulvoll Dünger fressen, insbesondere, wenn sie auf dem Lande wohnen. Für den Hundehalter ist dies auch verständlicher, als wenn sein Hund Kot von anderen Hunden oder sogar den eigenen frißt. Hier ist das Risiko einer Ansteckung mit Parasiten und eine Magen-Darm-Störung nicht auszuschließen.

Gewisse Hunde scheinen wirklich so etwas wie eine fixe Idee zu entwickeln, und sie spazieren nur noch mit der Nase am Boden, auf der Suche nach Kot. Vor einiger Zeit sah ich sogar einen Dobermann, der sich beim Kotabsetzen jeweils umdrehte und den eigenen, noch warmen Kot, auffraß. Er hatte dabei eine Technik entwickelt, die ihm ermöglichte, den Kot noch fast auf halbem Wege zum Boden aufzufangen.

Wenn der Hund nur seinen eigenen Kot frißt, muß man diesen sofort aus dem Garten entfernen. Danach sollte man den Hund lehren, den Kot auf Befehl abzusetzen. Das ist nicht so schwierig, wie es tönt, und viele Arbeitshunde lernen dies im Verlauf ihrer normalen Ausbildung. Zu Beginn muß man achten, daß man beim Hund ist, wenn er von sich aus Kot absetzen will. Sobald er die charakteristische Stellung einnimmt, sollte man ein bestimmtes Wort sagen, den Hund loben und ihn, wenn er fertig ist, mit einem Leckerbissen belohnen. Nach einigen Erfahrungen lernt der Hund, daß der gewählte Befehl nur im Zusammenhang mit dem Kotabsetzen und der diesbezüglichen Körperhaltung erteilt wird. Wenn es ohnehin Zeit dafür ist, kann er dann zu einem bestimmten Platz gehen, wo er sich versäubern darf. Tut er dies auf Befehl, wie erhofft, wird er natürlich sofort belohnt.

Hunde, die sich langweilen, insbesondere solche, die während langer Zeit zuwenig Auslauf erhalten oder im Zwinger eingesperrt bleiben müssen, können anfangen, Kot zu fressen. In einem solchen Falle genügt es, dem Hund ausreichend Bewegung zu verschaffen, um die Unart zumindest teilweise auszuschalten. Bei einem Hund, der ausschließlich den eigenen Kot frißt, muß man der Fütterung große Beachtung schenken. Gewisse Tierärzte sind der Meinung, daß die Koprophagie beim Hund durch einen Mangel an gewissen Vitaminen des B-Komplexes und an Vitamin K verursacht wird, die normalerweise durch die Darmbakterien hergestellt werden und größtenteils mit dem Kot verlorengehen. Während die meisten Hunde genügend Nährstoffe aufnehmen, gelingt es dem kotfressenden Hund wohl weniger – daher sein Bedürfnis, sich durch Fressen des eigenen Kotes damit einzudecken. Unter Anleitung des Tierarztes sollte man dem Futter diese Vitamine hinzufügen. Außerdem sollten alle kotfressenden Hunde zwei bis drei kleinere Mahlzeiten täglich erhalten anstelle einer einzigen, größeren.

Futter, das viel Fleisch enthält, verursacht aromatischeren Kot, der entweder mehr unverdautes Protein oder attraktive Bestandteile enthält. Trockenfutter sollte den Kot für den Hund weniger attraktiv gestalten.

Wenn man einen Hund bestraft, der bereits ein Maulvoll Kot frißt, kommt die Strafe zu spät, um das Verhalten des Hundes in Zukunft zu beeinflussen. Auch bei gelegentlichem Erfolg ist zu befürchten, daß der Hund ein andermal den Kot schneller fressen wird, bevor sein Meister ihn daran hindern kann.

Auch hier muß Widerwillen hervorgerufen werden. Der Schlüssel zum Erfolg liegt im richtigen Timing. Der Hund wird an der ausziehbaren Leine in die Nähe von Kot (fremdem oder eigenem) geführt. Man sollte ihm erlauben, den Kot zu untersuchen. Wenn er ihn einfach beschnüffelt, ist dies normal und sollte zu keinerlei Reaktion des Halters führen. Wenn der Hund dann weiter geht, sollte er gelobt und vielleicht herangerufen werden, um einen Leckerbissen zu erhalten. Wenn er jedoch versucht, ein Maulvoll Kot aufzunehmen, sollte der Besitzer sofort reagieren, den Hund zurückziehen und gleichzeitig einen Taschenalarm einschalten (oder mit einem Schlüsselbund, einer Kette, usw. die neben den Hund geworfen wird, einen starken Lärm verursachen), oder den Hund mit Wasser oder Bitter Apple bespritzen. Es eignet sich alles, was den Hund erschreckt. Wie bei anderen unerwünschten Verhaltensweisen, die durch die Aversionstherapie behandelt werden, sollte der Hund den Schrecken unbedingt mit seiner Unart verbinden, das heißt, er sollte glauben, daß der Lärm, usw., eine Konsequenz des versuchten Kotfressens ist. Nach jedem solchen Eingriff sollte der Hundehalter seinen Hund trösten und vielleicht mit einem Spiel ablenken, bevor er wieder an den Kot herangelassen wird. Wird die Übung mehrmals wiederholt, sollte der Hund bald einmal den Zusammenhang herstellen und auf das Kotfressen verzichten. Während der Behandlung sollte er jedoch nie die Möglichkeit haben, unbestraft Kot zu fressen; läßt man ihn unangeleint laufen, sollte er deshalb einen Maulkorb tragen oder nur in einer »kotfreien« Zone ausgeführt werden, falls es einen solchen Ort überhaupt gibt.

9

Probleme mit der Sauberkeit

»Hat man kein Geld, ist das Problem das Essen; hat man Geld, ist das Problem der Sex. Hat man beides, ist es...« J.P. Donleavy

Was an einem Ende hineingeht, muß am anderen Ende wieder herauskommen – und das tut es auch. Die 7,3 Millionen Hunde Großbritanniens produzieren täglich über 1000 Tonnen Kot und 4,8 Millionen Liter Harn. Wir machen uns jetzt berechtigte Sorgen über die Qualität unserer Umwelt, und es gibt nicht viel Schlimmeres, als wenn man auf der Straße in Hundekot tritt oder wenn die Kinder beim Fußballspielen im Park darin ausrutschen. In allen europäischen Ländern haben die Behörden diesbezüglich Gesetze erlassen, und den Hunden ist nicht mehr überall freier Zugang zu öffentlichen Parkanlagen gestattet.

Nach einer anfänglichen Lernperiode als Welpen sind die meisten Hunde im Hause stubenrein. Manchmal können Probleme auftauchen, aber sie sind meist mit Gesundheitsstörungen verbunden. Die Behandlung muß die Ursache berücksichtigen und ist von Fall zu Fall verschieden.

Markieren im Haus

Sehr geehrter Herr Neville

Seit dem Tode meines Mannes, letztes Jahr, hebt mein Mischlingshund Mack zu Hause oft das Bein. Er hat dies praktisch an jedem Möbel gemacht, das ich besitze. Ich schimpfe immer mit ihm und reinige alles, aber jeden Tag fängt das Theater wieder an. Wie kann ich ihn davon abbringen?

Mit freundlichen Grüßen

Frau A. Redbourne

Hier handelt es sich ganz klar nicht um ein Problem von Stubenreinheit, sondern von territorialem Markieren, wie das Beinheben an jeder Straßenlampe und an jedem Baum. Normalerweise müssen sich die Hunde zu Hause nicht in dieser Weise aufführen, weil das Haus als Wohnhöhle und als so sicherer Ort betrachtet wird, daß man sich nicht darum bemühen muß, es zusätzlich zu markieren. Das Markieren zu Hause kommt typischerweise bei jungen Rüden während der Pubertät vor, später bei sich besonders territorial verhaltenden, sehr ranghohen oder eher dominanten Rüden. Sie markieren insbesondere, wenn in der Nähe eine Hündin läufig wird. Beim Markieren wird ein kleiner Harnspritzer abgegeben, und es scheint, daß gewisse Rüden ein schier unerschöpfliches Harnreservoir besitzen; jedenfalls fragt man sich manchmal, ob es in ihrem Inneren noch Platz hat für etwas anderes als eine Riesenharnblase. Wie denn sonst sollte ein Hund, ohne zu trinken, während eines dreistündigen Spaziergangs jeden Busch markieren können und bei seiner Rückkehr immer noch genügend Flüssigkeit haben, um sich um den eigenen Garten zu kümmern?

In über fünfzig Prozent der Fälle kann dieses unerwünschte Verhalten durch die Kastration abgeschafft werden, da es beim unkastrierten Rüden oft vom Hormon Testosteron beeinflußt wird. Wenn der Eingriff kurz nach der Pubertät durchgeführt wird, ist die Erfolgsrate höher. Der Tierarzt kann einen Hund, der zu Hause plötzlich oder nur ab und zu markiert, mit einer anti-männlichen Hormonspritze oder mit Progestin behandeln. Dies hilft unter Umständen auch bei Hunden, die sich in der Wohnung anderer Leute oder sogar an deren Beinen auf diese Weise bemerkbar machen. Die Reaktion des Hundes auf diese Behandlung zeigt normalerweise, ob eine Kastration das Problem definitiv lösen kann. Interessanterweise werden solche Hunde im Freien und im Wartezimmer des Tierarztes immer noch markieren, was darauf hinweist, daß der Geruch anderer Markierungen zum Teil die eigene Reaktion beeinflußt.

In einigen Fällen helfen weder die chirurgische noch die vorübergehende chemische Kastration. Das sind Fälle wie der Macks, wo das Markieren eine Antwort auf die plötzliche Unsicherheit des Hauses ist. Mack versucht, seine Gegenwart zu verstärken und sich und seine Besitzerin zu schützen, indem er jedem möglichen Herausforderer signalisiert, daß das Haus bereits bewohnt wird. Möglicherweise versucht er, sein eigenes Sicherheitsgefühl zu verstärken, indem er sich mit dem eigenen Geruch umgibt. Typischerweise hebt er sein Bein an senkrechten Gegenständen wie Möbel und Vorhänge, um den Geruch auf Nasenhöhe anzubringen. Man sollte versuchen, ihn im Auge zu behalten und im richtigen Moment zu erschrecken (und danach zu beruhigen). Mit etwas Glück entwickelt sich vielleicht ein konditionierter Reflex.

Auch wenn das Markieren zu Hause eher die Reaktion eines nervösen Hundes ist oder die Reaktion eines Hundes, der sich nach dem Tod eines Familienmitglieds (Mensch oder Hund) unsicher fühlt, kommt diese Unart fast ausschließlich bei Rüden vor. Hündinnen markieren manchmal zu Hause, wenn sie läufig sind, aber das unerwünschte Verhalten ist nur kurzlebig und verschwindet ohnehin gänzlich, wenn die Hündin kastriert wird.

Will man den Hund erfolgreich behandeln, muß die Ursache einer eventuellen Unsicherheit herausgefunden und dem Hund geholfen werden, damit zurecht zu kommen, wie wir es bereits in Kapitel 5 bei der Behandlung anderer nervöser Störungen beschrieben haben. Beim Verlust eines Familienmitglieds werden Zeit und liebevolle Zuwendung von den üblichen Familienmitgliedern, und vielleicht im Fall von Mack und seiner Familie eine besser definierte Sozialstruktur mit eher hündischen Merkmalen helfen. Weil dies oft schwierig ist, da in solchen Fällen die Familie den Hund mehr denn je als Gefährten braucht, kann man ihn mit leichten Beruhigungsmitteln oder mit alternativen Heilmitteln (von einem auf diesem Gebiet bewanderten Tierarzt) behandeln; dies hilft dem Hund, sich schneller wieder aufzufangen und nicht so beunruhigt zu sein, daß er seine Gegenwart durch Markieren bestärken muß.

Der Geruch seiner eigenen Markierung verführt ihn oft dazu, nochmals darüber zu markieren; deshalb müssen, ungeachtet der Ursache, alle Spuren der vorangegangenen Markierungen gründlich entfernt werden. Am besten geschieht dies mit einer warmen Lösung eines starken biologischen Reinigungsmittels, einer nachfolgenden Spülung mit kaltem Wasser und zum Schluß einen Spritzer Alkohol. Vorhänge und Kissenbezüge usw. sollten in die Trockenreinigung gegeben werden, und alle gereinigten Gegenstände sollten gut austrocknen, bevor der Hund wieder – zuerst noch überwachten – Zugang zu ihnen erhält. Wenn man den Hund an einem stark bevorzugten Markierungsposten füttert oder seinen Schlafkorb dorthin verlegt, kann dies jenem Ort eine größere Sicherheit verleihen und das Bedürfnis des Hundes, ihn zu markieren, verringern.

Zweifellos lernen gewisse Rüden, zu Hause das Bein zu heben, um Aufmerksamkeit auf sich zu ziehen, und andere tun es, wenn sie aus irgend einem Grund aufgeregt sind oder sich verletzlich fühlen. Anstatt den Hund zu bestrafen, sollte man die sozialen Beziehungen neu definieren und das Benehmen des Hundes ignorieren. Für den Aufmerksamkeit heischenden Hund enthält die Bestrafung oft Elemente einer Belohnung, und sie kann somit das Problem unter Umständen verstärken. Wenn der Hund nur markiert, wenn er alleingelassen wird, ist dies wahrscheinlich ein Zeichen von Trennungsangst; wir haben dieses Problem und dessen Behandlung in Kapitel 5 erläutert. Andere Fälle enthalten Elemente aller dieser möglichen Ursachen.

Konkurrenzbedingtes Markieren

Sehr geehrter Herr Neville

Wir haben vier unkastrierte Rüden, zwei Foxterrier und zwei Englische Bullterrier. Nachts trennen wir sie, das heißt, die beiden Foxterriers schlafen in der Küche und die beiden Bullterrier im angrenzenden Wohnzimmer. Nachts – jede Nacht – hebt einer oder heben beide Foxterrier ihr Bein an der Trennungstüre. Wir haben gereinigt, bestraft und Pfefferpulver gestreut, aber es hat alles nichts genützt. Was können wir tun?

Mit freundlichen Grüßen

Janice und Martin Standen

Als ich zu den Standens ging, um mir den Fall anzusehen, fand ich zu meinem Erstaunen vier junge, reinrassige Rüden und Vertreter zweier starrköpfiger Rassen vor, die friedvoll zusammenleben. Alle spielten hoch kompetitive, von viel Geknurre begleitete Spiele, aber es war noch nie zu einem Kampf oder sogar einem einzigen Schnappen gekommen. Sie hatten eine absolut stabile Hierarchie, wobei die beiden Foxterrier offensichtlich die Nummers Eins und Zwei im

Rudel und die beiden Bullterrier mit den Nummern Drei und Vier zufrieden waren. Die Hundehalter verstärkten dies durch ihr Verhalten den Hunden gegenüber in perfekter Weise – mit einer Ausnahme. Nachts schliefen beide rangniedrigeren Hunde (die Bullterrier) näher zum sicheren Mittelpunkt des Hauses und relegierten die beiden Chefs (die Foxterrier) in die weniger sichere Küche mit ihrer Außentüre. Sie protestierten, indem sie die Türe markierten. Wir änderten ganz einfach die Schlafplätze, um den Foxterrier den rechtmäßigen Zugang zum bevorzugten Wohnzimmer zu lassen, und überließen den Bullterrier die Küche, und das Problem verschwand über Nacht.

Unkontrollierter Harnabgang

Junge Welpen können anfangs nicht ohne physische Stimulierung durch ihre Mutter Harn oder Kot lassen, aber sie lernen es dann schnell. Sie müssen den Kot- und Harnabgang kontrollieren lernen, um das Nest sauber zu halten und sich nicht selbst zu beschmutzen. Später wird der Harn zu einem wichtigen Kommunikationsmittel für den heranwachsenden, geselligen Hund. Während die meisten sehr rasch lernen, sich nicht zu Hause zu versäubern, verlieren einige ab und zu diesbezüglich die Kontrolle. Wenn kein medizinischer Grund vorliegt, ist dieser gelegentliche Kontrollverlust unwillkürlich und erfolgt, weil die verschiedenen Blasenschließmuskeln sich manchmal entspannen, wenn der Hund aufgeregt ist oder wenn er schläft.

Erregungsbedinger Harnabgang

Sehr geehrter Herr Neville

Jedesmal, wenn mein Mann und ich nach Hause zurückkehren, springt unser anhänglicher, 8 Monate alter West Highland White Terrier vor Freude hoch, legt sich dann auf den Rücken und pißt sich den ganzen Bauch voll. Um zu verhindern, daß unser Teppich jedesmal verschmutzt wird, mußten wir in der Nähe der Türe eine häßliche Plastikfolie ausbreiten, wo er sich bei der Begrüßung hinlegen kann. Es ist uns unangenehm, mit ihm schimpfen zu müssen, wo er doch so viel Freude bekundet. Wie können wir dies abstellen?

Hochachtungsvoll

Evelyn Robertson

Die helle Aufregung über die Heimkehr der Besitzer ist zuviel für gewisse Junghunde und bewirkt diesen unwillkürlichen Harnabgang, typischerweise aus der unterwürfigen Stellung, die der Hund einnimmt, um zusätzlich zu zeigen, daß er sich über die Rückkehr seiner Rudelgenossen, die für ihn sorgen, so sehr freut. Die Halter sollten sich bei ihrer jeweiligen Rückkehr unbedingt reservierter zeigen und insbesondere nicht reagieren, wenn der Hund auf dem Rücken liegt; ihre Begrüßung sollten sie auf einige wenige Worte beschränken, der Versuchung, sich über den Hund zu beugen und ihn zu streicheln, widerstehen und kühl an ihm vorbei in das Haus eintreten. Sie könnten den Hund kurz in den Garten hinauslassen, um sich zu erleichtern, wenn er längere Zeit allein zu Hause geblieben ist. Wenn die augenblickliche Aufregung sich etwas gelegt hat, können sie den ruhigeren Hund zu sich rufen, ihn vor sich sitzen lassen und ihn am Kopf streicheln, anstatt ihn zu ermuntern, sich auf den Rücken zu rollen. Mit der Zeit wird die Aufregung über die Rückkehr der Meister in den Augen des Hundes ohne jeglichen Verlust von Zuneigung an Stellenwert verlieren. Wenn er älter ist und seinen Harnabgang besser kontrollieren kann, kann man ihn wieder überschwenglicher begrüßen.

Harnabgabe aus Unterwürfigkeit

Sehr geehrter Herr Neville

Wir haben eine sehr scheue, gerettete Dackelhündin. Wir sind sicher, daß Heidi von ihren vorherigen Besitzern sehr schlecht behandelt wurde, weil sie sich jedesmal, wenn wir aus irgend einem Grunde mit ihr schimpfen müssen oder wenn wir ihr einfach sagen, sie solle von einem bestimm-

ten Ort weggehen, auf den Rücken rollt und über den Boden uriniert. Es sieht aus, als ob sie sich einfach nicht kontrollieren könne, aber weil der Harn stoßweise kommt, vermute ich, daß sie versucht sich zurückzuhalten. Wir wissen, daß sie nichts dafür kann, aber können wir ihr irgendwie klarmachen, daß wir ihr nichts Böses antun wollen?

Mit freundlichen Grüßen

Beryl und Richard Robinson

Bei Heidi handelt es sich vielleicht um einen dieser unglücklichen Fälle von Hunden, die entweder von Natur aus sehr unterwürfig sind oder die von unvernünftigen Besitzern dazu gemacht wurde, indem sie sie weiterhin bestraften, nachdem sie bereits Unterwürfigkeit gezeigt hatte. Heidi hat vielleicht gelernt, daß eine normale unterwürfige Reaktion nicht genügt, um die Bedrohung abzuwenden, und kriegt deshalb Angst. Sie verliert deshalb die Kontrolle und uriniert. Wie es die Robinsons bemerkt haben, weiß die Hündin wahrscheinlich, daß dies zu Hause neuen Ärger bewirken wird, und sie versucht, allerdings erfolglos, den Harn zurückzuhalten. Viele andere Hunde, normalerweise unterwürfige Hündinnen, urinieren ungewollt aus derselben Rückenlage, wenn sich im Freien andere Hunde nähern. Bei Hunden, die durch eine schlechte Behandlung so geworden sind, ist die Behandlung schwierig, aber die meisten reagieren auf einen ruhigen und sanften Umgangston. Die Robinsons sollten vermeiden, mit ihr zu schimpfen; wenn sie möchten, daß sie eine bestimmte Stelle verläßt, sollten sie sie einfach freundlich zu sich rufen. In jedem Falle sollten sie jede unterwürfige Reaktion vollständig ignorieren, weil jede zusätzliche Beachtung in diesem Augenblick sie verunsichern und wahrscheinlich zum Urinieren verleiten könnte. Diese Art von vollständiger Unterwürfigkeit ist Heidis Art zu sagen, »ich bin mit jeder Bedingung einverstanden«, und durch Erfahrung wird sie lernen, daß ihr überhaupt nichts mehr angetan wird, wenn sie sich in dieser Stellung befindet. Im Idealfall wird sie auch lernen, ihre Unterwürfigkeit ohne diese dramatische Zurschaustellung zu bekunden.

Erziehung zur Stubenreinheit

»Gibt es irgendeinen Punkt, auf den Sie meine Aufmerksamkeit lenken möchten?«
»Auf das merkwürdige Ereignis mit dem Hund, nachts.«
»Der Hund hat nachts gar nichts gemacht.«
»Das war das merkwürdige Ereignis«, bemerkte Sherlock Holmes.
Sir Arthur Conan Doyle

Gewisse Hunderassen sind bekannt für die Schwierigkeiten, die sie bei der Erziehung zur Stubenreinheit verursachen, und sie haben auch häufiger Rückfälle als andere. Bei den Katzen sind es die Perser, bei den Hunden die Pudel und Bichon Frisés. Obwohl die Deutschen Schäfer und die meisten der Jagdhunderassen zu den zahlreichsten Patienten meiner Praxis gehören, kann ich mich an keinen einzigen Fall von mangelnder Stubenreinheit bei ihnen erinnern.
Sie sind im Gegenteil sehr leicht zu erziehen und haben auch als Welpen sehr selten Rückfälle. Wenn einige während der Abwesenheit ihrer Meister unsauber sind, so ist es ein Zeichen von Trennungsangst, aber es handelt sich dabei um eine unwillkürliche Reaktion auf die Angst, die normalerweise gut auf die in Kapitel 5 beschriebene Behandlung anspricht.

Sehr geehrter Herr Neville

Charlie, mein Bichon Frisé, ist nie wirklich stubenrein geworden, trotz allen unseren Bemühungen, ihn als Welpen an Zeitungen zu gewöhnen. Er ist jetzt neun Monate alt, und wenn er in gewissen Nächten sauber bleibt, wird er andere Male trotz Spaziergang vor dem Schlafengehen Kot und Harn lassen. Manchmal benützt er dabei das Zeitungspapier, das wir dafür ausbreiten. Er macht dies auch tagsüber, und gelegentlich sogar, wenn wir uns im selben Raum befinden. Wir haben versucht, freundlich mit ihm zu sein, aber ihn auch zu bestrafen, indem wir ihm die Bescherung gezeigt und mit ihm geschimpft haben, aber er scheint es einfach nicht zu begreifen. Was machen wir falsch?

Mit freundlichen Grüßen

Sonia und Clive Marksham

Die Behandlung des problematischen Bichon Frisés ist dieselbe wie für andere Hunde, die nicht stubenrein sind, aber sie verlangt eine weit größere Beachtung der Details. Hundehalter müssen wissen, daß diese besonderen Rassen diesbezüglich einfach problematischer sind, und daß das Risiko, daß morgens geputzt werden muß, immer bestehen wird. Viele dieser Hunde bessern sich mit zunehmendem Alter etwas, fallen jedoch in ihre alten Gewohnheiten zurück, wenn sie alt sind. Bei den meisten Problemen mit der Stubenreinheit muß man den Hunden dieselbe Lernmöglichkeit anbieten wie den Welpen.

Viele Halter gewöhnen ihren neuen Welpen zunächst an Zeitungen, die sie immer näher zur Ausgangstüre hinlegen, bis der Hund imstande ist, zu warten, daß er in den Garten hinausgelassen wird. Wenn dies oft eine wirksame Erziehung zur Stubenreinheit ist, kann sie ziemlich lange dauern, und für den Welpen ist sie keine Alternative, die ihn zu vermehrten Bemühungen auffordert. Wenn man ihn dazu ermuntert, nachts oder wenn er allein bleiben muß, Zeitungspapier zu benützen, lernt er nicht, sich längere Zeit zurückzuhalten; eigentlich ersparen sich die Halter damit nur die Mühe, in der Nacht aufstehen zu müssen und tagsüber beim Welpen zu bleiben, um sich zu vergewissern, daß er sich am erlaubten Ort versäubert. In gewissen Fällen lernen die Welpen, daß man sich auf jeder Zeitung versäubern darf, inklusive derjenigen, die gerade erst angekommen und noch gar nicht gelesen worden ist. Im allgemeinen ist die Angewöhnung an Zeitungspapier für den Welpen ein Zeichen, daß man sich auch zu Hause versäubern darf, und darum verzögert sie den Lernprozeß, daß dies nur im Freien, außerhalb der Wohnsphäre, erlaubt ist.

Ich bin der Meinung, daß es keine andere Möglichkeit gibt, als alle zwei Stunden mit einem jungen Welpen hinauszugehen und ihn ins Gras oder sonstwo anders zu stellen, wo er sich versäubern darf. Es gibt vielleicht fast soviel zu tun, wie wenn man ein Neugeborenes zu betreuen hat, aber zumindest dauert es nicht so lange, und der Welpe wird ziemlich rasch lernen, das Haus überhaupt nicht mehr zu beschmutzen. Dies ist auch die beste Gelegenheit, ihn das Versäubern auf Befehl zu lehren. Der Hund lernt, das Gras als seinen Versäuberungsplatz, als seine Toilette, anzuerkennen, und wenn man ihn immer an denselben Ort hinführt, wird ihn bereits der Geruch seines eigenen Harns wieder zum Urinieren verleiten. Wenn man dabei den eigenen Garten wählt, leistet man übrigens einen Beitrag zum Umweltschutz und zu einer sauberen Nachbarschaft.

Bei älteren Hunden, die Probleme mit der Stubenreinheit haben, wendet man ähnliche Methoden an. Allerdings darf man hier etwas schnellere Erfolge erwarten, weil der ausgewachsene Hund normalerweise seinen Harn besser zurückhalten kann als ein junger Welpe, dessen Blase sich schnell füllt und dessen Verdauungszeit viel kürzer ist. Tagsüber sollte man mit dem Welpen oder dem problematischen erwachsenen Hund oft, zu Beginn sogar stündlich, hinausgehen und energisch mit ihm auslaufen, um seine Darmträgheit und seine Harnproduktion anzuregen. Sobald der Hund Kot oder Harn absetzt, sollte er ausgiebig gelobt werden, um die Tat positiv zu untermauern. Danach erst darf der Hund spielen oder frei umherlaufen. So lernt er, daß er sich nach Verlassen des Hauses als erstes versäubern muß, und daß er dann dafür belohnt wird und sich vergnügen darf. Sowohl der Welpe wie der ältere Hund werden sich vor allem nach dem Fressen oder nach einer aufregenden Tätigkeit versäubern wollen, so daß sie nach solchen Ereignissen jeweils sofort ins Freie gebracht werden sollten. Nach der Rückkehr können sie noch gefahrlos eine Weile mit dem Meister bleiben, ohne daß wieder ein Mißgeschick passiert, und erst dann zum Schlafen oder Ausruhen zurück in ihren Korb gebracht werden.

Ältere Hunde, die schon lange nicht stubenrein sind, sollten vielleicht nachts neben dem Bett ihres Meisters schlafen dürfen, so daß sie von ihm verlangen können, bei Bedarf hinausgelassen zu werden. Wenn die Besitzer Tiefschläfer sind, sollten sie den Hund an ihrem Handgelenk festbinden, so daß sie erwachen, wenn der Hund aufsteht und in eine Ecke oder aus dem Zimmer gehen will, um sich zu versäubern. Sie können den Hund dann an den erlaubten Ort gehen lassen. Es ist zwar mühsam, aber es lohnt sich meist, weil der Hund dann nie einen Fehler begehen kann. Man muß nur aufpassen, daß der Hund sich nicht allzu stark an den Meister bindet, sondern immer noch genügend Unabhängigkeit bewahrt, um bei der Abwesenheit des Halters nicht in Trennungsängste zu verfallen und deswegen wieder unsauber zu werden.

Wohnungszwinger

Während der Dauer der Behandlung, oder bei der Erziehung eines Welpen zur Stubenreinheit ist es wichtig, daß er lernt, daß die eigene Wohnzone nicht beschmutzt werden darf. Dazu richtet man dem Hund seine eigene »Wohnhöhle« in einer ruhigen, zugluftgeschützten Ecke ein, am besten in der Küche, wo er seine Ruhe- und Schlafzeiten verbringt. Am besten benützt man dabei einen Innenkäfig, der gerade groß genug ist, um dem Hund zu erlauben, aufzustehen, sich zu drehen und als Erwachsener vielleicht sich zu strecken. Der Boden sollte zu Beginn vollständig mit einer weichen Einlage bedeckt sein. Der Hund sollte langsam daran gewöhnt werden, daß er im Käfig eingesperrt wird, und daß er ihn als seine eigene Höhle betrachtet. Hunde, die nicht gerne eingeschlossen bleiben wollen, können angeleint werden, so daß sie ihren Schlafkorb nicht verlassen können und sich bemerkbar machen müssen, wenn sie ihren Schlafplatz verlassen wollen, um sich zu versäubern. Als Welpen haben sie bereits gelernt, daß sie ihren Schlafplatz nicht beschmutzen dürfen, und sie werden sich wahrscheinlich auch weiterhin daran halten. Man darf sie natürlich nicht so lange warten lassen, daß sie es nicht mehr aushalten, denn wenn sie ihr Nest einmal beschmutzt haben, werden sie es wieder und wieder tun, auch wenn sie sich dabei unglücklich fühlen. Wenn man sich also alle ein oder zwei Stunden um den Hund kümmert, nimmt man ihn von einem Ort weg, den er sauber behält oder sich zumindest darum bemüht, und bringt ihn an einen Ort, wo man ihn aktiv dazu aufmuntert, sich zu versäubern, und ihn dafür auch noch belohnt. Langsam sollte der Hund in der Lage sein, während immer längeren Zeitspannen, und schließlich während der ganzen Nacht sauber zu bleiben. Wenn sie gelernt haben, daß sich ihre Toilette im Freien befindet, ist den meisten bald klar, daß sie ihren Haltern zeigen sollten, daß sie »müssen«, wenn dies einmal außerhalb der normalen Spiel- und Spazierzeiten der Fall sein sollte. Danach kann man ihnen auch freieren Zugang zu den anderen Räumen des Hauses gewähren, insbesondere nachts oder wenn der

Hund allein ist und eigentlich die Liegenschaft zu bewachen hätte. Am besten erweitert man diesen Zugang stufenweise, Zimmer um Zimmer.

Der Lernprozeß zur Stubenreinheit basiert auf dem Prinzip der Fehlerfreiheit, und es ist demnach logisch, daß jegliche Bestrafung weder einen Welpen noch einen problematischen Hund zur Stubenreinheit erziehen kann. Die Altweibergeschichte, daß man dem Welpen die Nase in seinen eigenen Kot stoßen oder ihm sein Mißgeschick zeigen und schimpfen soll, erweist sich als völlig zweck- und sinnlos, und der Hund wird nur lernen, sich vor der Anwesenheit seines Meisters zu fürchten, nicht aber, seine eigene Tat mit dem Unwillen des Meisters zu verbinden. Er mag noch so schuldbewußt aussehen: Dabei handelt es sich nur um eine unterwürfige Reaktion auf die momentane Angriffslust des Meisters. Auch wenn man den Hund auf frischer Tat ertappt, sollte man ihn nicht bestrafen. Der Hund kann durch Händeklatschen oder Schreien inmitten seiner Tat zwar gestoppt werden, aber er muß dann ruhig hinausgeführt werden, um das zu beenden, was er im Hause angefangen hat, und um dafür auch belohnt zu werden. Solche Fehltritte sollten als Mißgeschick oder als Fehler des Meisters betrachtet werden, weil der Hund zu selten hinausgeführt oder die Gebärden des Hundes nicht beachtet hat, die darauf hinwiesen, daß er sich versäubern mußte. Der Halter sollte jedoch auch nicht über sich selbst fluchen, weil auch dies wiederum den Hund verunsichern könnte.

Es ist wichtig, alle Pfützen usw. des Hundes aufzuwischen, so daß der Hund sich nicht beim nächstenmal, wenn er Druck verspürt, wieder an denselben Ort hingezogen fühlt. Die Reinigung sollte der feinen Nase des Hundes genügen, nicht nur der unseren; Reinigungsmittel, die Ammoniak enthalten, sollten vermieden werden, weil Ammoniak ein Bestandteil des Harns ist und deshalb auf den Hund anziehend wirken dürfte, obwohl der Ort für unsere Begriffe sauber riecht.

Der Kampf ist bereits halb gewonnen, wenn man voraussieht, wann der Hund sich versäubern muß, und ihn dazu an den richtigen Ort bringt. Bei älteren Hunden muß man auf die Fütterungszeiten und auf den Zugang zum Wasser achten. Bei vielen Hunden ist die morgendliche Fütterung besser, weil sie zur Schlafenszeit dann leer sind und nicht in den frühesten Morgenstunden bereits einen Drang verspüren. Abends sollte man ihnen deshalb auch kein Trinkwasser mehr zur Verfügung lassen, um zu verhindern, daß sich die Blase nachts allzu prall füllt. Natürlich muß man dabei auf größere Rassen, übergewichtige Hunde, junge Welpen, heißes Wetter, überheizte Wohnungen und kranke Hunde besondere Rücksicht nehmen. Zur Sicherheit sollte man den Tierarzt befragen, bevor man die Fütterungs- und Trinkzeiten des Hundes ändert.

Die Zusammensetzung des Futters kann die Säuberungsgewohnheiten des Hundes ebenfalls beeinflussen. Ein höherer Fasergehalt kann die Dauer der Verdauung ziemlich voraussehbar machen, aber auch größere Kotmengen verursachen, und vielleicht ist ein Futtermittel mit niedrigem Ballaststoffgehalt aus diesem Grunde empfehlenswerter.

Sobald die Stubenreinheit erlernt worden ist, finden es gewisse Hundehalter nützlich, ihren Hunden – insbesondere den Vertretern kleinerer Hunderassen – eine Hundetüre in den Hinterausgang des Hauses einzubauen. Die von größeren Hunden gebrauchten Klappen stellen die Sicherheit des Hauses in Frage, da sich Einbrecher ihrer bedienen könnten. Kürzlich machte im Westen Englands ein Fall Schlagzeilen, bei dem es einem kleinen Dieb sogar gelang, sich durch eine Katzentüre zu zwängen (er muß wirklich winzig klein gewesen sein!). Zu seinem Pech erwartete ihn im Hause nicht nur eine Katze, sondern ein großer, stiller Hund...

Urinieren nur auf bestimmter Unterlage

Sehr geehrter Herr Neville

Ich habe kürzlich von einer Tierschutzorganisation einen vierjährigen Jack Russel gekauft. Gertie gehörte früher einer kürzlich verstorbenen, älteren Dame. Gertie ist in jeder Beziehung eine perfekte kleine Hündin, aber sie versäubert sich nur auf Zeitungen, die ich nachts und auch tagsüber auslegen muß. Ich verbringe täglich viel Zeit im lokalen Reitstall, wo ich mich um mein Pferd kümmere und reite, und Gertie liebt es, mich dabei zu begleiten. Aber obwohl sie rund um den Stall und im Wald den ganzen Tag lang völlige Freiheit genießt, versäubert sie sich nicht, sondern wartet damit, bis wir zu Hause sind. In einem Versuch, dies zu ändern, habe ich ihr während 24 Stunden kein Papier zur Verfügung gestellt, aber sie ignorierte das völlig – und schien auch nicht darunter zu leiden. Ich wagte nicht, länger abzuwarten, aus Angst, daß sie Schaden davontragen könnte. Ihre Vorliebe für Zeitungspapier ist etwas ärgerlich und ich befürchte, daß ich jedesmal, wenn ich mit Gertie für ein Wochenende verreisen möchte, eine Menge Papier mitnehmen muß, weil sie sich sonst nirgendwo versäubern würde. Kann man sie umprogrammieren?

Mit freundlichen Grüßen

Margaret Farley

Wenn sich ein Hund einmal an eine ganz bestimmte Unterlage gewöhnt hat, um sich zu versäubern, ist es schwierig, ihn als erwachsenen Hund umzugewöhnen oder sogar die Auswahl der Unterlagen zu erweitern. Man sollte sie als Welpen an alle erlaubten Unterlagen gewöhnen, wenn man gedenkt, ihnen auch als ausgewachsene Hunde zu erlauben, sich an verschiedenen Orten zu versäubern. Welpen, die während allzulanger Zeit in einem Zwinger mit Zementboden gehalten werden, lernen nie, sich an Gras zu gewöhnen, wenn sie im Alter von mehreren Monaten zu anderen Hundehaltern kommen – noch eine Folge der »Zwingerneurose«. Hunde wie Gertie, die gelernt haben, sich ausschließlich auf Zeitungspapier zu versäubern, werden sich oft nicht mehr umerziehen lassen, auch wenn die Gelegenheiten, die ihnen angeboten werden, noch so bequem und attraktiv erscheinen. Wenn solche Hunde vorübergehend in Hundeheimen untergebracht werden, sind sie imstande, mehrere Tage lang zu fressen und zu trinken, ohne sich zu versäubern, weil ihnen die gewohnte Unterlage fehlt. Mit Gertie versuchten wir verschiedene Tricks, um sie an Gras zu gewöhnen. Wir fütterten sie im Garten und stellten ihr Zeitungen zur Verfügung, später immer weniger Papierschnipsel. Sie akzeptierte natürlich die Zeitungen und auch die Schnipsel, aber nur so lange sie mindestens in der Größe des Viertels einer Zeitung und außerdem mehrere Schichten dick waren. Wir ließen sie in Ruhe, aber beobachteten sie, um sie zu belohnen. Wir versuchten allerlei Sachen, aber es gelang uns nicht, sie an den Naturboden zu gewöhnen. Zuletzt gaben wir es auf, und jetzt braucht sie zu Hause ein mit Zeitungen ausgelegtes Kistchen, das die Halterin mitnimmt, wenn sie mit Gertie mehr als acht Stunden verreisen will. Die Antwort auf Ihre letzte Frage, Frau Farley, ist also »nein«, aber Gertie hat uns gezeigt, wie wohlerzogen ein Hund sein kann. Dies sollte anderen Hundehaltern, deren Hunde Probleme mit der Stubenreinheit haben, Mut geben.

10

Lärmprobleme

Eine Untersuchung einer privaten britischen Krankenkasse hat ergeben, daß der Lärm, der die meisten Leute ablenkt, nicht derjenige eines Luftdruckbohrers, des starken Straßenverkehrs und auch nicht des Flugverkehrs ist, sondern derjenige eines immer wieder bellenden Hundes. Dieser Lärm irritiert, weil er laut ist, plötzlich und in unvoraussehbaren Abständen erfolgt. Wenn wir uns auch an das Japsen und Bellen unserer eigenen Hunde gewöhnen, vergessen wir gerne, wie unglaublich störend es auf andere Leute wirken kann.

Natürlich gehört die stimmliche Kommunikation großteils zum natürlichen Repertoire des geselligen Hundes. Dies fängt beim Schreien des Welpen an, das bei der Mutter den Schutzinstinkt auslöst und sogar die Milch zum Fließen bringt, und geht bis zum tiefen, warnenden Bellen des erwachsenen Hundes, der sein Territorium verteidigt. Die verschiedenen Geräusche, die ein Hund produzieren kann, ermöglichen ihm, eine Botschaft über seine momentanen Gefühle, seine Gesundheit, seinen sexuellen Status zu übermitteln, oder die Aufmerksamkeit seiner Eltern oder Rudelgenossen auf sich zu ziehen oder sie zurückzuweisen. Die meisten aufgeregten Hunde bellen oder japsen, und verängstigte oder verletzte Hunde können jaulen, aber jede Hundestimme ist einmalig. Wir können meist die Stimme unseres eigenen Hundes aus dem Gebell einer Meute heraushören, und eine Mutterhündin kann vermutlich die einzelnen Welpen bereits wenige Tage nach ihrer Geburt an ihrer Stimme erkennen. Das Wimmern und Winseln der Welpen ist aufmerksamkeitheischend, es drückt Unbehagen oder Behaglichkeit aus und dient vor allem dem Schutz der Welpen, aber der ältere Hund kann sich auch später uns gegenüber so ausdrücken, weil wir ihn dazu aufmuntern, bis lang in sein Erwachsenenalter welpengleich zu bleiben. Wenn sich die Haushunde, und insbesondere die Vertreter der kleineren, »bemutterten« Rassen, mit uns wie Welpen verhalten, erhalten sie erfahrungsgemäß Aufmerksamkeit, Zuneigung und Futter, weil diese stimmlichen Äußerungen bei uns denselben Beschützerinstinkt auslösen wie das Geschrei eines Säuglings oder das Miauen eines Kätzchens.

Unter sich tendieren ausgewachsene Hunde eher zum Bellen, Heulen, Knurren und Murren; wenn ein unterwürfiger Hund oder ein Verlierer sich vor einem ranghöheren Hund zurückzieht, winselt er, möglicherweise um dieselbe friedfertige Reaktion auszulösen. Das Knurren wird normalerweise durch offensichtliche Körperstellungen untermauert, die entweder eine Drohung oder Angst ausdrücken, wie auch das Gebell. Wie jeder Hundehalter weiß, gibt es viele unterschiedliche Möglichkeiten zu bellen. Kurzes, wiederholtes und ziemlich hohes Bellen weist auf einen beunruhigten Zustand hin und sollte möglicherweise die Rudelgenossen warnen und zur Hilfe aufrufen, während das regelmäßigere und oft tiefere Warngebell von selbstsichereren Hunden geäußert wird, die ihr Rudel verteidigen und sich eher direkt an die Quelle der Bedrohung richten als hilfesuchend an die Rudelgenossen. Noch anders bellt der Hund, wenn er aufgeregt ist, beispielsweise wenn man sich anschickt, mit ihm hinauszugehen. Dieses Gebell ist eines der irritierendsten, weil es besonders hochgeschraubt ist und wiederholt wird. Spaniels und mein Bandit sind dafür berüchtigt, aber sie hören glücklicherweise damit auf, sobald der Spaziergang beginnt.

Während die Vertreter größerer Rassen, insbesondere der Wachhunderassen wie dem Dobermann oder dem Deutschen Schäfer normalerweise eine tiefere Stimme haben, bellen Vertreter kleinerer Rassen, insbesondere Terrier, in einem viel schnelleren Rhythmus. Andere wie der Greyhound und der Basenji bellen äußerst selten, und noch andere fallen ihrer Umgebung als pausenlose Kläffer auf die Nerven.

Interessanterweise bellen die meisten Haushunde häufiger als ihre wölfischen Ahnen; der Wolf ist allerdings berühmt für sein Geheul, und die meisten wilden Hundeartigen sowie, bei unseren Haushunden, die Jagdhunderassen, heulen ebenfalls. Das Heulen ist ein Langstrecken-Kommunikationsmittel der Hundeartigen, das als Sammelruf bei der Jagd oder als Alarmruf bei Gefahr eingesetzt wird. Manchmal ist das Heulen auch ein aufgeregter Willkommensgruß, wenn Rudelgenossen zusammentreffen und eine Jagdspur aufnehmen, oder wenn sie auf der Jagd die Beute erlegen.

Ein isoliertes Rudelmitglied heult manchmal, um sich anhand der Reaktionen der Rudelgenossen zu orientieren und sie wiederzufinden. Daher mag auch das Geheul der an Trennungsängsten leidenden Hunde rühren. Wenn sie alleingelassen werden und ihr Heulen nicht beantwortet wird, heulen sie noch verzweifelter weiter, in der Hoffnung, daß endlich eine beruhigende Antwort erfolgt. Aber das auf weite Distanzen ausgerichtete Signal ist so durchdringend, daß jedermann, der das Pech hat, in der Nachbarschaft zu wohnen, sich wahrscheinlich noch rascher darüber beschweren wird, als wenn es nur um Gebell ginge. In Zwingern und Hundeheimen fürchtet man die Ankunft eines Heulers und weigert sich manchmal, Vertreter von Jagdhunderassen oder gewisse individuelle Hunde aufzunehmen, weil die restlichen Zwingerinsassen oft in das Geheul einstimmen und das Leben für die unglücklichen Ohrenzeugen dann unerträglich machen.

Während die Behandlung des heulenden Hundes meist nicht allzu große Probleme aufwirft, gehören Lärmbelästigungen durch bellfreudige Hunde oft zu den größten Schwierigkeiten, insbesondere beim Dobermann und bei vielen Jagdhunden. Das warnende Gebell des Hundes, der unser Zuhause verteidigt, ist oft willkommen, aber viele Haushunde nehmen ihre Aufgabe allzu ernst und weigern sich, auf Befehl zu schweigen. Manchmal bellen sie immer noch weiter, wenn der Besucher wieder fortgegangen ist oder wenn man ihn in die Wohnung eingelassen hat. Wenn sie aus irgendeinem Grunde aufgeregt sind, bellen Hunde oft pausenlos und sind schwierig zu kontrollieren.

Viele Hunde bellen oder winseln, um beachtet zu werden, und verdoppeln ihre Bemühungen, wenn wir sie ignorieren. Wir haben die Tendenz, einen laut oder unnötig bellenden Hund anzuschreien, das heißt zu übertönen oder zu »überbellen«. Wenn unser warnendes Gebell bei einem nicht allzu stark erregten oder natürlich stimmgewaltigen Hund wirken mag, weil es bei ihm eine leicht unterwürfige Reaktion bewirkt, die normalerweise keine stimmliche Komponente hat, bedeutet unser Geschrei für die meisten Hunde, daß wir genau so aufgeregt sind wie sie. Konsequenterweise bellen sie noch lauter und länger, und wir sind mehr und mehr frustriert. Viele Halter sind die Opfer ihrer eigenen Bemühungen, ihren Hunden das Bellen auf Befehl beizubringen – was bei den meisten Hunden als konditionierter Reflex auf eine Belohnung durch Leckerbissen eine einfache Sache ist. Wenn der Hund jedoch gelernt hat, daß er für sein Bellen belohnt wird, lernt er, dieselbe Methode ungefragt anzuwenden, und viele Hundehalter wären froh, wenn sie niemals damit angefangen hätten.

Kläffer

Sehr geehrter Herr Neville

Mein Dobermann Jordan ist ein ausgezeichneter Wachhund, aber er bellt beim kleinsten Geräusch und hört dann einfach nicht auf, auch wenn wir es ihm befehlen. Ich habe versucht, mit ihm zu schimpfen, aber er scheint mich einfach nicht zu hören; ich habe auch versucht, ihn mit einem Wasserstrahl zum Schweigen zu bringen, aber er scheint dies nicht zu bemerken, und als ich ihn geprügelt habe, ist er ganz einfach außer Reichweite weggerannt und hat weitergebellt. Er interessiert sich nicht für Hundekuchen und andere »Bestechungsmittel«, und wenn er zu bellen anfängt, weiß ich mir wirklich nicht mehr zu helfen. Haben Sie eine Idee, bevor ich völlig taub werde?

Mit freundlichen Grüßen

Andy Thrower

Die Behandlung eines Kläffers kann schwierig sein, aber bei einem Hund wie Jordan würde man sicher dieselbe Methode anwenden wie beim übereifrigen Territoriumsverteidiger, den ich in Kapitel 6 beschrieben habe. Wenn der Halter die Reaktion des Hundes voraussieht und sich darauf vorbereiten kann, kann er an der Eingangstüre eine bessere Kontrolle über den Hund erlangen und ihm vielleicht alternative Reaktionen beibringen. Die physische Nähe zu einem bellenden Hund ist oft eines der wichtigsten Elemente der Behandlung, weil es das Recht des ranghöheren Meisters, sein Territorium zu verteidigen, ins Spiel bringt oder, häufiger noch, sein Recht verstärkt, das Verhalten des rangniedrigeren Hundes nach seinen eigenen Wünschen zu bestimmen und bei ihm eine unterwürfige Reaktion auszulösen. Hunde wie Jordan und solche, die japsen, um Aufmerksamkeit zu erregen, haben vermutlich schon vor langer Zeit gelernt, die nötige Fluchtdistanz von ihrem Besitzer zu bewahren und so eventuellen Schlägen auszuweichen. Dies zu verhindern ist manchmal das einzige, was es braucht, um das Bellen abzustellen. Andere Hunde können durch einen Wasserstrahl oder ein ungewohnt lautes Geräusch (Taschenalarm, usw.) so erschreckt werden, daß sie schweigen, und der Halter kann eingreifen, den Hund beruhigen und die Kontrolle über die Lage übernehmen. Leider gibt auch dies leicht erregbaren Hunden nur einen zusätzlichen Grund, zu bellen; bei ihnen muß man etwas anderes versuchen.

Wichtig ist, daß der Hundehalter ruhig bleibt und sich nicht in das Gebell einmischt, indem er den Hund anschreit. Er sollte ihn auch nicht bestrafen, wenn er neben ihm steht, weil der Hund dies als eine Folge der Bedrohung oder des Ereignisses betrachten würde, die oder das ihn ja zum Bellen veranlaßt hat. Beim nächsten Mal würde er noch lauter und noch länger bellen. Der Halter muß sich also entspannen und die Ruhepausen des Hundes durch Lob belohnen. Man kann den Hund auch für einen Futterhappen oder ein Spielzeug sich setzen lassen, wobei die Belohnung auch den Zweck erfüllt, daß der Hund das Maul voll hat und schwerlich weiterbellen kann. Man sollte in ruhigeren Momenten mit dem Hund auch den Befehl »Platz« üben, weil viele Hunde weniger bellen, wenn sie liegen, da dies eine verletzlichere Körperhaltung ist und die Hunde in dieser Lage keine Aufmerksamkeit auf sich ziehen möchten. Nervöse Kläffer können mit weit besseren Aussichten auf Erfolg zum Schweigen gebracht werden, wenn man ihnen hilft, mit ihren Ängsten fertigzuwerden, und sie für ihr ruhiges Benehmen belohnt, wie ich es in Kapitel 5 beschrieben habe. In jedem Falle wird die Behandlung der Kläffer durch stete Wiederholung und eine gute Vorbereitung verstärkt. Das Ziel ist immer, den Hund so rasch wie möglich zu beruhigen, und nicht, ihn durch Schreien oder eine Verfolgungsjagd und eine physische Bestrafung noch mehr aufzuregen.

Bei keinen anderen Schwierigkeiten ist die Vorbeugung so viel besser als die Behandlung. Im Alter von 12 bis 18 Wochen lernen die Welpen am besten, ihr Gebell unter Kontrolle zu halten, aber man kann dieselben Methoden vielfach auch bei älteren Hunden anwenden. Das erste wachende oder aufgeregte Gebell ist normalerweise nicht voraussehbar; unmittelbar danach sollte der Hundehalter mit fester Stimme »Nein« sagen, um beim angeleinten Hund eine leichte unterwürfige Reaktion auszulösen. Eine solche Reaktion ist vielleicht ein Senken des Kopfes oder ein leichtes Anlegen der Ohren; der Hundehalter sollte sie sofort mit ruhiger Stimme loben, um das gewünschte Schweigen zu verstärken.

Bei weniger erregbaren oder natürlich unterwürfigen Hunden ist sogar ein »Nein« furchteinflößend, und man sollte ihnen vielleicht noch klarmachen, daß alles in Ordnung ist, um zu verhindern, daß der Hund in ein lautes, angsterfülltes Bellen verfällt.

Bellen aus Nervosität

Sehr geehrter Herr Neville

Ich habe eine 16 Monate alte Springer Spaniel-Hündin, genannt Becky, die jedem Hund und manchmal sogar Leuten entgegenrennt und sie aus der Nähe wütend anbellt, wobei sie jedoch den Schwanz einklemmt und einen besorgten Gesichtsausdruck zeigt. Wenn ich sie rufe, kommt sie manchmal reuevoll zurück, oder bellt einfach weiter, als hätte sie nichts gehört. Eigenartigerweise tut sie dies beim Training nicht; dort führt sie sich sogar ausgesprochen gut auf. Es bringt mich ziemlich in Verlegenheit... was kann ich dagegen unternehmen?

Mit freundlichen Grüßen

Lavinia George-Smith

Dieser Reaktion begegnet man ziemlich oft bei unsozialisierten oder eher nervösen Hunden. Sie lernen, daß Angriff die beste Verteidigung ist, und daß sie gut tun, andere Hunde oder Menschen aus einer gewissen Distanz, die ihnen eine Flucht ermöglicht, sollte das »Opfer« sich nicht beeindrucken lassen, durch lautes Gehabe anzugreifen. Wenn diese Distanz nicht eingehalten werden kann, oder wenn der Hundehalter eine beschützerische Haltung einnimmt wie während Beckys Training, kann der Hund absolut entspannt und ruhig bleiben. Wie bei Hunden, die ein ähnliches, aber aggressiveres Benehmen an den Tag legen, muß die Behandlung darauf zielen, durch eine Aufrolleine auch auf Distanz eine bessere Kontrolle und einen größeren Einfluß auf den Hund auszuüben, so daß das Gebell sofort gestoppt werden kann. Auch hier kann man versuchen, den Hund zu erschrecken, und wenn er kurz schweigt, kann man ihn dafür belohnen, so wie man auch jede ruhigere Annäherung an einen anderen Hund oder einen unauffälligen Rückzug belohnen sollte. Mit etwas Übung, möglichst an verschiedenen Orten und mit vielen Hunden, werden Becky und ihresgleichen normalerweise ihre gesellschaftlichen Fähigkeiten verbessern und können danach wieder unangeleint laufengelassen werden.

11

Bizarre Probleme

Wir haben uns bisher mit den üblichen Verhaltensstörungen befaßt, die mir zur Behandlung anvertraut werden. Jetzt möchte ich Ihnen noch von einigen bizarren Problemen erzählen, denen ich ab und zu begegne, und die in keine der beschriebenen Kategorien passen oder so speziell sind, daß sie eine gesonderte Erwähnung verdienen.

Streß

Streß ist ein nicht immer richtig verstandener Ausdruck, den ich bisher zu vermeiden versucht habe. Jedermann weiß, was unter Streß gemeint ist, und jedermann leidet irgendeinmal unter Streß, wenn nicht gerade unter Dauerstreß. Auch Hunde können darunter leiden, und viele der Probleme, die ich behandeln muß, könnten als Reaktion auf die eine oder andere Art von Streß betrachtet werden. Die Verbindung zwischen Umwelt, Verhalten und Physiologie ist offensichtlich, wenn wir oder unsere Hunde unter Streß leiden, und Wissenschaftler haben eben erst angefangen, die Komplexität dieses Problems zu entdecken.

Fluchtreflexe und Lernfähigkeit helfen dem Hund, Gefahren zu überwinden und zu überleben. Wenn es ihnen durch abwehrendes Knurren oder durch die Einnahme einer unterwürfigen Körperstellung nicht gelingt, eine Gefahr auszuschalten, ziehen gewisse Hunde es oft vor, die Flucht zu ergreifen. Andere, etwas selbstsicherere Individuen, wehren sich aktiv gegen lebendige Herausforderungen, indem sie zum Beispiel nach anderen überfreundlichen Hunden schnappen, statt vor ihnen zu flüchten. Nervösere Hunde verstecken sich vielleicht in einer sicheren Ecke, hinter den Beinen ihres Besitzers oder unter der Bettdecke, wenn sie mit den vermeintlichen Gefahren zu Hause nicht zurecht kommen. Bei beiden Verhaltensweisen soll das veränderte Benehmen helfen, den momentanen Konflikt zu reduzieren.

Vom physiologischen Standpunkt ist der Hund in der Lage, zu

reagieren, weil seine Nebenniere Adrenalin in seinen Blutkreislauf pumpt. Das Adrenalin ermöglicht dem Hund, zu kämpfen oder zu flüchten, indem es einen höheren Herzrhythmus bewirkt, so daß mehr sauerstoffreiches Blut zu den Muskeln gelangt. Gleichzeitig bereitet es den Organismus auf vermehrte Stickstoffabfälle vor, die durch körperliche Tätigkeiten wie das Ergreifen der Flucht oder die Durchführung eines Kampfes entstehen.

Streß ist eine sehr weitverbreitete Ursache für Verhaltensänderungen. Umstände, die zu Streß führen können, sind beispielsweise ein veränderter Lebensstil oder Änderungen in der täglichen Routine, der Aufenthalt in einer ungewohnten Umgebung wie beispielsweise der tierärztlichen Praxis, das Leben mit einem aggressiven Rivalen oder das längere, unbeabsichtigte Eingesperrtsein zu Hause. Wenn ein Hund während allzu langer Zeit beunruhigenden Reizfaktoren wie Hochfrequenztönen ausgesetzt wird, oder wenn er sich über den Tod eines geliebten Gefährten – Mensch, Hund oder gelegentlich sogar Katze – grämt, kann er unter Streß geraten.

Wenn die Reflexe und instinktiven Reaktionen die Gefahr nicht verringern, wird weiterhin Adrenalin ausgeschüttet, um den Organismus bereit für alle Eventualitäten zu halten. Daraus entsteht oft Streß, der sich beim Menschen in Form von Reizbarkeit, Müdigkeit, Angst und Depression äußert. Herzkrankheiten und Magengeschwüre können durch denselben Schutzmechanismus verursacht werden, der uns erlauben sollte, mit dem Verletzungsrisiko fertigzuwerden, wenn es uns nicht gelingt, die streßauslösende Bedrohung abzuwenden.

Viele von uns passen sich dem Streß an und »verhärten« sich sowohl in körperlicher Hinsicht, indem wir uns beispielsweise täglich mit den verstopften Straßen auf dem Weg zur Arbeit auseinandersetzen, wie in physiologischer Hinsicht, indem unser Nervensystem immer weniger auf das Adrenalin in unserem Blut reagiert. Diese »Verhärtung« ist für alle lebenden Spezies ein lebenswichtiger Prozeß im Verlaufe der Anpassung an veränderte Umweltbedingungen.

Gewisse Leute genießen es offensichtlich, immer reaktionsbereit zu sein, und obwohl sie gestreßt sind, hat dies für sie weder physische noch psychische Folgen.

Der Unterschied zwischen denen, die sich unter solchen Umständen wohlfühlen, und denen, die verängstigt oder schlaflos sind oder an Magengeschwüren leiden, scheint in der biochemischen Reaktion ihres Nervensystems und in ihrer individuellen Empfindlichkeit auf dem Niveau der Neurotransmitter begründet zu sein. Wenn diese Erklärung stimmt, hilft sie uns zu verstehen, warum wir und natürlich auch unsere Hunde auf Streß nicht alle gleich reagieren. Bandit scheint es zu genießen, immer reaktionsfähig und tatkräftig zu sein, während mein anderer Hund Cass sehr besorgt reagiert, wenn das Leben nicht nur ausnahmsweise und vorübergehend hektisch ist.

Es gibt keine schlüssigen Hinweise darauf, daß gestreßte Hunde auch Magengeschwüre oder Herzkrankheiten entwickeln, jedoch können viele ihr Verhalten ändern, wenn sie unter Streß stehen, und auch Reaktionen zeigen, die den unseren entsprechen. Wenn ein Mensch oder ein Hund längere Zeit unter Streß steht, wird sein körperliches Abwehrsystem möglicherweise Infektionen nicht mehr so gut bekämpfen.

Gemeinsam sind auch eine niedrige Aggressions- oder Reizschwelle, Depressionen, die sich in apathischem Nichtstun äußern, und ein ausgesprochenes Bedürfnis nach Aufmerksamkeit. Die hündische Reaktion auf jede Art von Streß ähnelt jener aller anderen Säugetiere und läßt sich in zwei Kategorien einteilen: die erregten Reaktionen und die gehemmten Reaktionen.

Die Behandlung von streßbedingten Problemen basiert beim Hund weitgehend auf die Eliminierung oder auf die Änderung der stressenden Einflüsse. Man kann auch versuchen, den Hund nur zeitweise diesen Einflüssen auszusetzen, so daß er sich »abhärten« kann. In den meisten Fällen muß die Behandlung eine Kombination beider Methoden sein, aber sie wird immer erfolgreicher sein als eine ausschließliche Behandlung mit Beruhigungsmitteln. Mit solchen Medikamenten können die streßbedingten Reaktionen während der Dauer der Behandlung zwar verschwinden, aber wenn sich danach nichts geändert hat, wird der Hund unter demselben Streß stehen, und es werden auch wieder dieselben Probleme auftauchen. Man wäre versucht, den Hund also immer unter Medikamenten zu halten, um Streßreaktionen zu vermeiden, aber man würde damit nur die Symptome bekämpfen und hätte die eigentliche Ursache nicht im Griff.

Hat man die Streßfaktoren erkannt und behandelt man den Hund in geeigneter Weise, können die anfänglich eingesetzten Medikamente bald einmal abgesetzt werden.

Selbstverstümmelung

Sehr geehrter Herr Neville

Sadie ist eine sehr empfindliche Hündin. Sie ist jetzt vier Jahre alt und ist im Alter von ungefähr sechs Monaten kastriert worden. Ich habe keine anderen Hunde, so gerne ich auch einen zweiten hätte, aber ich glaube nicht, daß Sadie einen solchen je akzeptieren würde – dazu wäre sie viel zu eifersüchtig. Sie ist ein eher nervöses kleines Wesen, und obwohl sie gerne hinausgeht, bleibt sie dabei immer in meiner Nähe. Manchmal frißt sie tagelang nichts und versteckt sich, wenn Freunde zu Besuch kommen. Manchmal kann sie auch nachtragend sein und mich nicht beachten, wenn ich während einiger Zeit abwesend gewesen bin oder einmal nicht reagiert habe, als sie um Aufmerksamkeit bettelte. Ich habe sie sehr gerne und kann auch verstehen, daß sie sehr empfindlich ist, aber ich mache mir Sorgen, weil sie, wenn viele dieser Probleme zusammenfallen, sich an den Vorderpfoten knabbert und leckt, als wäre sie in einer Art Trance. Danach entsteht auf einer der Pfoten eine häßliche eitrige Wunde und auf der anderen eine entzündete, haarlose Stelle, die tierärztlich behandelt werden muß. Mein Tierarzt meint, es handle sich vor allem um ein psychologisches Problem; deshalb schreibe ich Ihnen, in der Hoffnung, daß Sie einen Rat wissen.

Hochachtungsvoll

Lyn Gordon

Mein Kollege David Shearer von der Tierärztlichen Fakultät der Universität von Bristol vermutet, daß eine Allergie auf bestimmte Futtermittel, insbesondere auf Konservierungsstoffe, Geschmacksverstärker und künstliche Farbstoffe, oder ein Mangel an gewissen Fettsäuren die Ursache von bestimmten Hautkrankheiten ist. Auch Flohallergien und Verletzungen bei der Toilettage können Hautveränderungen wie Dermatitis und Ekzeme verursachen. Gewisse Stellen an den Vorderpfoten, die vom Hund immer geleckt werden, sind vielleicht die häufigste Selbstverstümmelung, die als Symptom einer Streßreaktion von Tierärzten behandelt werden muß. Ich vermute jedoch, daß es außerdem noch viele Streßsymptome gibt, die von den Hundehaltern als harmlos angesehen und deshalb nicht verzeichnet werden.

Der normale erwachsene Hund pflegt sich selber sehr wenig im Vergleich zu der diesbezüglich äußerst gründlichen Katze, die Schuppen, Parasiten, Verfilzungen und tote Haare sorgfältig entfernt und damit möglicherweise auch das Risiko eines Parasitenbefalls reduziert. Hunde, die paarweise oder in einer Gruppe gehalten werden, pflegen einander möglicherweise mehr als Einzeltiere, weil die Fellpflege die sozialen Beziehungen zwischen befreundeten Tieren stärken. Ein Großteil unserer eigenen Beziehungen zum Hund basiert auf dem Vergnügen, das er bei den fellpflege-ähnlichen Tätigkeiten wie Streicheln und Tätscheln empfindet. Die eigene Hautstimulierung durch Belecken, Kratzen oder Beknabbern bringt auch Erleichterung bei leichter Spannung – das sehen auch wir, wenn wir uns bei Nervosität kratzen oder kämmen.

Der Hund kann ohne ersichtlichen Grund plötzlich anfangen, sich zu lecken. Vielleicht beißt ihn etwas, oder diese Tätigkeit geschieht in einer offensichtlich stressenden Situation und der Hund will sich damit ablenken, statt sich seinen Problemen zu stellen. Hunde wie Sadie, die auf Streß oder Veränderungen sehr empfindlich reagieren, oder Hunde, die pausenlos verschiedenen Gefährdungen ausgesetzt sind, denen sie nicht aus dem Weg gehen können, belecken oder beknabbern sich noch öfter und kräftiger. Dieses nervöse Selbstinteresse verursacht oft die sogenannten Leckgranulome, die meist auf den Vorderpfoten vorkommen (diese Körperstelle ist für den liegenden Hund besonders leicht erreichbar).

Ich sehe solche Fälle meist erst, nachdem alle möglichen medizinischen Ursachen ausgeschlossen worden sind und nur noch psychologische Gründe verbleiben. Oft handelt es sich bei diesen Hunden um solche, die mit Sadie wesensverwandt sind. Wie bei nervösen Störungen muß die Behandlung normalerweise die streßverursachenden Faktoren möglichst ausschalten und gleichzeitig den Hund dazu bringen, sich unter kontrollierten Bedingungen damit abzufinden. Nützlich in vielen Fällen ist ein sogenannter Halskragen (bei großen Hunden kann dies ein Plastikkübel sein, in dessen Boden ein Loch gemacht worden ist, um den Kopf durchzulassen), der den Hund einerseits ablenkt und andererseits lange genug daran hindert, seine Pfoten zu belecken, bis die oft schlimme Wunde abgeheilt ist, was manchmal eine geraume Zeit dauert. Vorübergehend kann man dem Hund Beruhigungsmittel verabreichen, um ihm zu helfen, mit dem zusätzlichen Streß, der durch das Tragen des Halskragens verursacht wird, fertigzuwerden und auch den ursprünglichen Streßfaktor zu vergessen. Letzterer sollte anschließend möglichst ausgeschlossen werden, um zu verhindern, daß der Hund nach erfolgter Behandlung wieder in seine alten Gewohnheiten verfällt.

Sehr geehrter Herr Neville

Unser Dobermann Cleef beleckt sich immerzu die Flanke, wenn er in seinem Korb liegt. Da er ohnehin kein sehr dichtes Fell hat, ist dort ein ziemlich ausgedehnter Hautbezirk stark gerötet und haarlos. Wir haben versucht, diese Stelle mit Pfefferpuder und sogar mit scharfem Currypulver zu bestäuben, aber er ist dadurch nur auf den Geschmack von scharf gewürzten Speisen gekommen und bettelt jetzt jedesmal, wenn wir ein indisches Fertiggericht zu Mittag essen. Wenn wir mit ihm schimpfen, hört er kurzfristig mit seiner Unart auf; er leckt sich übrigens sowohl in unserer Gegenwart, als auch, wenn er allein ist. Was können wir tun, bevor er sich zu Tode leckt?

Mit freundlichen Grüßen

Arthur Bingley

Bei vielen Zuchtlinien des Dobermanns, insbesondere bei amerikanischen Zuchtlinien, ist diese Selbstverstümmelung der Flanke ein vererbtes Übel. Der Dobermann leckt sich, wenn er sich ausruht oder wenn er besorgt ist. Diese Unart verursacht oft ein Ekzem, weil die Haut immer feucht ist, und in einigen Fällen geht die Selbstverstümmelung so weit, daß sich der Hund bis aufs Blut oder bis aufs rohe Fleisch leckt. In einigen Fällen haben Tierärzte sogar chirurgisch Haut- und Muskelproben entnommen, um festzustellen, was damit nicht in Ordnung sein könnte. Sie finden natürlich nichts, und man muß die wunde Stelle und die eventuelle Infektion lokal behandeln, dem Hund eventuell einen Halskragen umlegen und ihm bei besonders schlimmen Fällen Beruhigungsmittel verabreichen. Vielleicht wird es den Züchtern dieser Hunderasse gelingen, die genaue Ursache dieser Verhaltensstörung zu identifizieren und auszumerzen.

Es ist offensichtlich, daß der Schmerz der Selbstverstümmelung durch die Tätigkeit selbst verdeckt wird, was übrigens bei vielen streßbedingten Ablenkungen der Fall ist. Trotzdem bleibt das Tier normalerweise genau so schmerzempfindlich wie jeder andere Hund. Im Gehirn muß vermutlich während dieser Tätigkeit eine mächtige Schmerzblockade ausgelöst werden. Dies wiederum zeigt, wie stark die Motivation des Hundes, dem Streß der Einsamkeit, der Feindseligkeit anderer Hunde oder anderer Einflüsse zu entgehen, sein muß, wenn er beginnt, sich selbst zu verstümmeln. Beim Dobermann scheint allerdings oft überhaupt keine Ursache vorzuliegen – es geschieht einfach. Die Ausschüttung von Endorphinen und anderer natürlicher Opiate auf der Hirnebene, die bei Verletzungen schmerzlindernd wirken, verursacht vermutlich ein gewisses Wohlbefinden und wirkt sozusagen als Belohnung. Im gegenwärtigen Stand der wissenschaftlichen Untersuchungen und neurologischen Versuche können wir bloß versuchen, den Streßfaktor zu eliminieren und den Hund wie üblich mit Beruhigungsmitteln zu behandeln.

Psychisch bedingtes Erbrechen

Sehr geehrter Herr Neville

Ich habe drei kastrierte Hunde, zwei Hündinnen und einen Rüden. Alle sind sehr unterschiedlich und haben ihre Vorlieben und Abneigungen. Alle sind jedoch untereinander und mir gegenüber sehr liebevoll. Das Problem betrifft Ben, den Rüden, der zu Hause ziemlich oft erbricht, aber nur, wenn ich mich bei ihm und den beiden anderen Hunden aufhalte. Es begann, als er vor einiger Zeit erkrankte. Mein Tierarzt behandelte die Krankheitssymptome, und Ben ist jetzt vollständig wieder in Ordnung. Ich habe versucht, eine andere Fütterung einzuführen und die Hunde auch zu anderen Tageszeiten zu füt-

tern, aber es war alles nutzlos. Ist Ben ein Zwangserbrecher, oder zeigt er damit nur, daß er mich oder seine Gefährtinnen nicht mag?

Mit freundlichen Grüßen

John McInleys

Bei diesem Falle handelt es sich um eine äußerst unübliche Art, Aufmerksamkeit auf sich zu ziehen. Während seiner Krankheit hat Ben gelernt, daß seine Besitzer sofort herbeieilten und sich um ihn kümmerten, sobald er erbrechen mußte. Wenn er jetzt mit den anderen Hunden um die Gunst und Aufmerksamkeit seiner Besitzer rivalisieren muß, erbricht er und erreicht dadurch sofort den erwünschten Erfolg. Natürlich braucht er diese Methode nicht, wenn die McInleys abwesend sind. Diese müssen ganz einfach Bens Benehmen keine Beachtung schenken (wenn sie sicher sind, daß eine Krankheit als Ursache ausgeschlossen werden kann), und wenn es sich nicht mehr lohnt, wird Ben vermutlich aufhören, zu erbrechen. Die McInleys sollten ihre Beziehung zu allen Hunden und insbesondere zu Ben außerdem überdenken und neu gestalten – ein Rat, der für die Behandlung von so vielen der in diesem Buch beschriebenen Verhaltensstörungen gültig ist.

Trauma

Sehr geehrter Herr Neville

Mein Jack Russell Terrier, Bomber, ist kürzlich vor meinem Hause von einem Auto angefahren worden. Glücklicherweise kam er mit nur harmlosen Schnittwunden und Schürfungen davon, die von meinem Tierarzt sehr gut behandelt wurden. Seit dem Unfall ist Bomber jedoch einfach nicht mehr derselbe wie früher. Seine alte Unbekümmertheit und sein selbstsicheres Benehmen scheinen verschwunden zu sein, und er geht nur noch ungern hinaus, und schon gar nicht in die Nähe der Straße. Ich kann dies verstehen und weiß, daß es noch einige Zeit dauern kann, bevor er den Schock überwunden hat, aber uns bekümmert vor allem sein jetziges Benehmen zu Hause. Von Zeit zu Zeit, und anscheinend grundlos, starrt Bomber einfach ins Leere, oder er starrt eine Wand oder sonst einen Gegenstand an. Wenn wir ihn nicht ziemlich laut rufen oder ihn hochheben, bleibt er während zehn Minuten oder noch länger unbeweglich und nimmt in seiner Umgebung gar nichts mehr wahr. Als wir eines Tages nach Hause zurückkehrten, befand er sich gerade in einer solchen Trance, und wir befürchten, daß sie mehrere Stunden gedauert haben könnte. Jetzt versuchen wir, ihn überallhin mitzunehmen. Haben Sie eine Idee, wie wir ihm sonst noch helfen könnten?

Mit freundlichen Grüßen

Adrian und Vera Greenhough

Ein Trauma kommt überraschend. Der Fluchtreflex des Körpers wird einfach überrannt und der Adrenalinstoß hat überhaupt keine Möglichkeit, stattzufinden und den Körper in Fluchtbereitschaft zu versetzen, bevor das Opfer realisiert, was geschieht. Das Adrenalin kann statt dessen den Nacheffekt von Schock auslösen: eine sinkende Körpertemperatur, eine erhöhte Herzfrequenz, einen höheren Blutdruck, gesträubte Haare und ein unwillkürliches Zusammenziehen der Muskeln, das sich als nervöses Zittern und Schlottern äußert. Es ist zwar dramatisch, verursacht beim Hund zum Glück aber selten langfristige Verhaltensstörungen.

Die psychologischen Nachwirkungen dieses an sich harmlosen Unfalls sind weitreichend und könnten sogar bleibend sein. Bomber sollte sich jedoch ziemlich erholen und sich mit diesen Schwierigkeiten abfinden können, wenn man ihn langsam wieder an den Straßenverkehr gewöhnt und ihn vielleicht während einiger Zeit mit leichten Beruhigungsmitteln behandelt. Sollten sich Hunde wie Bomber jedoch auch nach längerer Zeit nicht von ihrem Schock erholen und sollten sich ihre Probleme sogar noch verstärken, müßten die Besitzer an eine eventuelle Euthanasie denken. In vielen Fällen ist dies die humanste Lösung, insbesondere, wenn der Patient vorher ein äußerst lebhafter und selbstsicherer Hund war.

Kotwälzen

Sehr geehrter Herr Neville

Mein Setter hat die unangenehme Gewohnheit, sich im Mist aller Bauernhoftiere zu wälzen, insbesondere in großen, möglichst dünnflüssigen Kuhfladen. Er wälzt sich auch auf jedem toten Tier, das er auf dem Felde findet, mag es auch so klein wie eine tote Maus sein. Ich habe es langsam satt, ihn nach jeder Rückkehr mit dem Gartenschlauch abspritzen oder in baden zu müssen. Warum tut er dies und wie kann ich ihn davon abhalten?

Mit freundlichen Grüßen

Frau Yvonne Willow

Puh! Das ist vermutlich eine uralte Verhaltensweise, die den Hund früher befähigte, seinen eigenen Geruch durch den eines anderen Tieres zu übertönen, um sich einer Beute auch bei ungünstiger Windrichtung zu nähern, ohne sogleich entdeckt zu werden. Vielleicht ist es für den erfolgreichen Jäger eine zusätzliche Belohnung, wenn er wie seine Beute riecht. Vielleicht wälzt sich der Hund insbesondere auf Hasen- oder Schafskot, wenn der Hund in einer Gegend wohnt, wo diese Tiere besonders zahlreich sind, oder auf kleinen Kadavern, wenn der Hund sich allgemein als Mäuse- und Rattenfänger betätigt. Warum viele Hunde aber auch für Kuhmist eine Vorliebe hegen, bleibt ein Rätsel. Möglicherweise will der Hund gewisse Merkmale des eigenen Geruchs verstärken oder verdecken, und dies mag der Grund dafür sein, daß viele frisch gebadete und toilettierte Hunde sich auf den nächsten Misthaufen stürzen, sobald sie freigelassen werden. Man kann versuchen, bei solchen Hunden die Taktiken anzuwenden, die Widerwillen erzeugen, aber es scheint sich um ein derart tief verwurzeltes Verhalten zu handeln, daß man meist nichts dagegen unternehmen kann, außer den Hund von jeglichen Mist- und Kothaufen fernzuhalten.

Nachwort

Während ich an diesem Buch schrieb, mußten meine eigenen Hunde, Cass und Bandit, hin und wieder an mangelnder Aufmerksamkeit meinerseits leiden oder sich mit kürzeren Spaziergängen begnügen; sie mußten sich auch an meine Ungeduld gewöhnen und haben sich zweifellos oft gefragt, was mit mir eigentlich los sei. Wenn ich ihnen erzählen kann, daß es auch nur einem einzigen Hundehalter nach dem Lesen dieses Buchs gelungen ist, seine Probleme oder die seiner Hunde zu lösen, und daß ihn dies zu einem glücklicheren Menschen gemacht hat, werden meine Hunde sich viel besser fühlen – oder ich mich weniger schuldig. Vielleicht werden die beiden einen menschlichen Seelenklempner dazu bringen, sich um mich zu kümmern, unsere Beziehung zu restrukturieren, sicherzustellen, daß ich mir meine Freuden verdiene, und daß jeglicher Versuch meinerseits, mich wieder in unerwünschte Aktivitäten zu stürzen, durch schreckauslösende Interventionen abgeblockt wird. Ich mache mich auf einiges gefaßt.

Bestellkarte Hundebücher I/92

Ich bestelle gegen Rechnung:

Anzahl	Nr.	Autor / Titel	Preis
	00987.7	Alderton, Hunde-Haltung	Fr. 44.80 / DM 49.80
	01009.3	Anson, Kochen für den Hund	Fr. 29.80 / DM 32.80
	01006.9	Benjamin, Hund aus zweiter Hand	Fr. 29.80 / DM 32.80
	01023.9	Neville, Versteh' deinen Hund	Fr. 44.– / DM 49.80
	00697.5	Ochsenbein, Der neue Weg der Hundeausbildung	Fr. 42.– / DM 46.–
	00951.6	Ochsenbein, ABC für Hundebesitzer	Fr. 44.80 / DM 49.80
	00766.1	Pugnetti, Handbuch der Hunderassen	Fr. 49.– / DM 49.–
	00934.6	Randolph, Vom Welpen zum Hund	Fr. 32.80 / DM 36.80
	00290.7	Reiter, So erzieht man seinen Hund	Fr. 36.80 / DM 39.80
	00992.3	Schelbert/Müller, Schlittenhunde	Fr. 32.– / DM 36.–
	00881.1	Siegal, Hund und Kind	Fr. 36.80 / DM 39.80
	00973.7	Spoerl, Bunte Hundekunde	Fr. 20.– / DM 20.–
	00699.1	Tortora, Schwieriger Hund – was tun?	Fr. 36.80 / DM 39.80
	00605.3	Woodhouse, Hundeerziehung – leicht gemacht	Fr. 36.80 / DM 39.80
Reihe Hunderassen:			
	01016.6	Ochsenbein, Boxer	Fr. 32.80 / DM 36.80
	01000.X	Wild, Labrador-Retriever	Fr. 32.80 / DM 36.80
	01022.0	Wild, Spaniel	Fr. 32.80 / DM 36.80

Lieferung solange Vorrat, Preisänderungen vorbehalten, erhältlich in jeder Buchhandlung!

Name: Vorname:

Straße:

PLZ/Ort:

Unterschrift: Datum:

Bitte Vorderseite adressieren an Ihre Buchhandlung oder an den Verlag

Müller Rüschlikon Verlags AG, Postfach 4561, CH-6304 Zug
Tel. 042 44 30 40.

Müller Rüschlikon